맞벌이 부부의 돈 버는 부동산 투자

맞벌이 부부의 돈 버는 부동산 투자

보리나무, 아이리쉬 지음

BM 황금부엉이

부동산 공부를 처음 시작하는 사람들에게 가장 필요한 것은 나도 할 수 있다는 자신감이다. 평범한 월급쟁이 맞벌이 부부의 땀 냄새 나는 부동산 투자 이야기를 담은 이 책은 어두운 긴 터널을 헤매는 수많은 맞벌이 부부의 가슴에 희망을 불러일으킬 것이다. 이론보다 실천과 경험에서 얻은 노하우를 고스란히 책에 담았을 뿐만 아니라 현장에서 제대로 활용할 수 있게 알려주고자 고민한 부분이 적지 않게 보인다. 이 시대 평범한 맞벌이 부부들에게 희망의 증거가 될 이 책이 반갑기만 하다.

—쏘쿨 |《쏘쿨의 수도권 꼬마 아파트 천기누설》저자, 수도권 전문 투자가

저자 부부가 함께 만들어가는 부동산 투자를 가까이에서 지켜봐 왔다. '10년 전이나 결혼했을 때부터 과하지도 않고 요행을 바라지도 않는 자세로 꾸준히 계획하고 투자하며 임차인까지 배려하는 저자 부부처럼 했다면 지금보다 정신적으로나 물질적으로 풍요로운 삶을 살았을 텐데…'라는 생각을 여러 번 했다.
같은 곳을 바라보고 함께 걸어가며 서로를 이끌어주는 저자 부부의 10년 후가 기대된다. 맞벌이 부부로 투자하면서 실제 경험하고 익힌 노하우를 쉽게 풀어낸 이 책이 재테크를 고민하는 수많은 맞벌이 부부에게 하나의 교본이 될 것이다.

—아시나무 | 인테리어 전문가, 경매 투자가

인류의 문명이 비약적으로 발전하게 된 계기로 문자의 사용을 꼽을 수 있다. 선조의 경험을 받아들여 시행착오를 최소화할 수 있도록 해줬기 때문이다.

투자를 시작할 때 이러한 문자와 같은 역할을 해주는 길라잡이가 있었으면 좋겠다는 생각을 했었다. 이제부터는 이 책이 그 역할을 해준다고 생각한다. 투자 입문자들의 리스크를 크게 줄여주면서 투자의 길을 열어주는 길라잡이가 될 이 책에 거는 기대가 크다.

—IGO 빡시다 | 수도권 교통망 분석 전문가

부동산에 관심 있는 예비 투자자들이 간접적으로 투자 경험을 할 수 있도록 저자의 정보와 사례가 듬뿍 들어간 유용한 책이 나왔다. 임장과 투자 방법 등 기본적으로 알아야 하는 내용에 대해 저자의 경험을 바탕으로 설명하고 있다. 예비 투자자뿐만 아니라 초보 투자자도 이 책 한 권으로 부동산 투자에 필요한 모든 지식을 얻을 것이다.

— 열정이 넘쳐(이정열) | 《한 권으로 끝내는 돈 되는 재건축 재개발》 저자

많지 않은 월급이라도, 움직임에 불리한 여건(임신 및 출산, 육아 등)이라도 남편과 아내가 합심하면 부동산 투자가 충분히 가능하다는 것을 보여주던 저자 부부가 드디어 책을 냈다.

만삭의 몸인데도 강의를 들으려고 2시간 넘게 버스를 타는 아내, 전날에 야간 근무를 했지만 투자를 위해 바로 현장으로 나가는 남편의 모습이 담긴 이 책은 어린 아이가 있어서, 월급이 많지 않아서, 물려받을 유산이 없어서 등의 이유로 부동산 투자를 미뤘던 사람들에게 훌륭한 기폭제가 될 것이다. 적은 금액으로 어떻게 부동산에 투자하고 관리하면서 불리는지를 세세하게 풀어냈다.

부부의 성실함 외에도 감동을 준 것이 또 있다. 이 부부의 투자 목적 중

하나가 소년 소녀 가장을 위해 주거 공간을 무료로 제공해주는 것이라고 한다. 이처럼 예쁜 생각을 가진 부동산 투자가의 목적은 또 하나의 감동으로 다가온다.

—월천대사(이주현) | 《나는 부동산으로 아이 학비 번다》 저자

투자는 부자들만 하는 게 아니라는 사실을 이 책의 저자 부부가 보여줬다. 아무것도 없이 시작했을 때부터 지금까지 부딪치고 경험하면서 느낀 바를 진솔하게 책에 담았다. 투자에 대한 막연한 두려움과 걱정이 있다면 이 책이 큰 용기와 자신감을 줄 것이다.

—절차탁마 | '선한 부동산 투자자 모임(밴드)' 운영자, 부동산 투자가

'재테크 관련해서 배우자를 확실히 내 편으로 만들었는가?'
'나는 둘(남편, 아내)의 생각이 시너지가 나도록 하고 있는가?'
책을 보는 내내 이 생각이 떠나지 않았다. 지금 당장 뭔가 조치를 취해야 할 것 같은 느낌이 강하게 들었다. 다른 투자서와 달리 이 책은 부부가 한마음 한뜻으로 공동의 목표를 향해 나아가는 과정이 아름다울 만큼 잘 나타나 있다. 또한 거창하고 막연한 성과가 아니라 과정 하나하나가 매우 리얼하게 정리되어 있어서 충분히 벤치마킹도 가능하다. 투자 공부도 좋지만, 이제는 배우자를 배워보는 것은 어떨까?

—제네시스박 | 부동산 세금 전문가이자 투자가

부동산 투자를 어디서부터 어떻게 시작해야 할지 그 시작점을 찾고 싶다면 이 책에서 찾을 수 있다. 실전 부동산 투자에 대한 내용을 담고 있지만 신혼부부의 투자 필독서로도 자리매김할 것이다. 더 나은 미래를 꿈꾼다면 저자 부부를 롤 모델로 삼고 시작해보길 추천한다.

—타이거준 | 부동산 투자가

요즘 부동산 투자 관련 책들을 쉽게 찾아볼 수 있다. 그런데 레버리지 투자를 이용해 수백 채를 사서 큰 시세 차익을 얻고 있다는 투자자, 상가에 투자해서 남부럽지 않은 월세를 받고 있다는 투자자, 경매를 통해 고수익을 올렸다는 사례 등을 보면 너무 거창한 이야기에 이질감이 느껴질 정도다. 하지만 이 책은 다르다. 제목처럼 어느 누구와 다르지 않게 아이를 키우고 평범한 가정을 이루고 있는 30대 맞벌이 부부의 현실적인 부동산 투자 이야기다. 저자 부부가 밤잠을 줄여가며 풀어낸 이 이야기는 맞벌이 부부 외에도 부동산에 관심 있는 모든 사람에게 부동산 투자의 훌륭한 길잡이가 되어줄 것이다.

—현대닭킹 | 부동산 대출 전문가

맞벌이 부부를 위한 실전 투자 지침서가 필요하다면 이 책을 읽어야 한다. 꿈이 있으면 행복하고 꿈을 성취하면 위대해진다. 이 책을 내 것으로 만들고 실천하면 꿈을 이루고 행복한 부자가 되는 길을 걷게 될 것이다.

—황야의무법자 | 부동산 투자가

남편은 운전하고
아내는 유모차 끌고 부동산에 간다

맞벌이 부부는 혼자 버는 외벌이보다 소득이 상대적으로 많기에 돈을 많이 모은다고 생각하지만 저축 비율의 차이는 크지 않다. 소득이 많을수록 그에 따른 외식비, 자녀 보육 및 교육비, 경조사비, 문화비, 교통비 등 전체적인 지출도 커지기 때문이다. 부부가 철저하게 역할을 분담하고 인생을 계획하지 않는다면 힘들게 돈을 벌어도 결과적으로 마이너스의 삶을 사는 안타까운 일이 생긴다.

우리 부부는 연애시절 때부터 각자 가계부를 작성했다. 재테크 사이트인 '모네타'에서 서로의 가계부를 다른 사람들과 공유하면서 피드백을 주고받는 것을 좋아했다. 수입의 70~90%는 강제적으로 저축했고 종잣돈을 더 모으기 위해 결혼을 2년 미루기까지 했다. 그 결과, 결혼을 준비할 당시인 2011년에 나는 6,000만 원, 아내는 7,000만 원 정도의 자금을 모을 수 있었다. 결혼은 스스로 벌어서 가라는 부모님의 말씀을 듣고 자라서였는지 몰라도 연애할 때부터 서로 자수성가하자고 자주 이야기했다. 개인에 따라 큰돈이 아니라고 느낄지 모르겠지만 우리는 최선을 다해 돈을 모았다. 키워주신 보답으로 결혼할 때에는 예식 비용은 물론이고 각자 부모님께 용돈을 드렸다. 그리고 9,000만 원 남짓한 돈으로 결혼생활을 시작했다.

아내가 결혼 전 5년 동안 직장생활을 하면서 절실히 깨달았던 사실은 불편함을 감수하면 돈을 모을 수 있다는 점이었다. 그리고 결혼 후 '3년 안에 순자산 2억 모으기'를 목표로 맞벌이를 하면서 아내가 통장 관리와 가계부를 전담했다.

그런데 맞벌이로 수입은 2배가 늘었으나 지출은 3배 이상 증가하는 이상한 가계부가 2개월 동안 계속되는 것을 보고 두려움을 느꼈다. 아내가 임신하면 외벌이로 전환해야 하는데 이렇게 계속 살다가는 돈도 못 모으고 불안한 삶을 살겠다는 생각에 정신을 차렸다. "아이를 낳으면 돈 모으기가 힘드니 신혼 때 악착같이 돈 모아야 한다"라는 지인들의 조언과 충고가 또 다른 자극제가 되었다. 신혼생활 3개월 때부터 수입의 60~70%는 먼저 강제 저축을 한 다음에 지출하기로 했다. 그러고도 돈을 남겨 더 저축했다.

돈을 더 모으기 위해 결혼 전부터 해오던 예·적금, 펀드, CMA 외에도 1그램 이상씩 사는 금 투자, 주식 투자(1,000만 원), 채권 투자(2,000만 원)까지 했다. 하지만 펀드에서 몇 십만 원 손해를, 주식에서는 200만 원 정도 수익이 났다가 결국 800만 원 손해를 봤다. 이렇게 거의 모든 금융상품을 경험해보면서 우리처럼 종잣돈이 적은 월급쟁이 부부에게는 금융상품만으로는 돈 불리기에 한계가 있다는 결론을 내렸다.

예·적금은 안전하지만 금리가 너무 낮아 돈을 모으는 데 시간이 많이 걸리고 펀드나 주식은 상대적으로 수익이 높다고 하지만 안전하지 않았다. 특히 주식은 매일매일 지수가 바뀌고 수익과 손해가 실시간으로 보이니 직장 일에 집중하기 힘들었고 정보 부족으로 계속 한다는 것이 어렵다고 느꼈다. 결국 우리 성향에는 맞지 않는다고 생각했다.

안전하면서 환금성도 있고 펀드보다 수익을 낼 수 있는 방법이 어떤 것일지 고민하고 공부하다가 부동산, 그 중에서도 '소형 아파트'에 투자하기로 했다. 2013년 1월, 가장 잘 아는 지역인 광주의 17평 아파트(투자 1호)로 월세 투자를 시작했다. 첫 투자 경험을 통해 대출이라는 마음의 장벽을 깼고 '투자 2호'에서 매매가와 전세가가 똑같은 신세계를 경험하면서 자신감을 갖게 되었다. 2013년도에만 여러 지역에 월세, 전세 투자로 14채를 샀다. 2013년은 정부가 부동산을 살리기 위해 여러 세제 혜택으로 긍정적 신호를 보낸 시기라서 초보였지만 과감하게 투자할 수 있었다. 그 이후로 지방과 수도권에 있는 소형 아파트로 수를 늘렸다.

아파트 수를 쉽게 늘린 적은 단 한 번도 없었다. 포기하고 싶은 순간도 숱하게 있었다. 매 순간 변수가 많았지만 우리 부부는 서로 머리를 맞대고 의견을 나누면서 때로는 치열하게 다투기도 했다. 퇴근하면 평일, 주말 상관없이 인터넷과 휴대전화로 매물을 찾고 마음에 드는 매물만 있으면 기회가 될 때마다 지방 어디라도 몇 시간 씩 운전해서 보러 갔다. 직장에서 받은 스트레스도 풀고 여행하듯 즐겁게 다녔다. 아내는 만삭 때도 혼자서 버스 타고 지방으로, 서울로 매물을 보러 다녔다.

지금까지 수없이 임장(臨場)을 다녔다. 2016년 가장 뜨거웠던 7월 말에는 돌도 안 지난 아이를 아기 띠로 안고 땀을 뻘뻘 흘리며 부동산 현장을 오갔다. 2017년 1월 최강 한파가 몰아친 주말 오후에도 유모차를 끌고 부동산 현장으로 나갔다.

2017년 현재 우리 부부는 여전히 30년이 넘은 낡은 집에서 돌이 지난 아들과 함께 살고 있다. 생활은 조금 불편하지만 부자가 되는 꿈을 꾸니 하루하루가 소중하다.

언젠가는 부동산 하락기가 올 수 있다고 생각하기 때문에 투자는 항상 겸손한 자세로 하고 있다. 그리고 그때를 대비하기 위해 여전히 공부하고 지출보다 절약하면서 행복한 부자를 꿈꾸는, 우리는 맞벌이 부부다. 지금도 현장에 있을 때가 서로 가장 행복하고 살아 있음을 느끼고 있다.

금수저 부모가 되자

아내의 부모님이자 나의 장인어른, 장모님은 농업인이다. 새벽 4시가 되기 전에 일어나 성실하게 일하신다. 그렇지만 평생 돈에서 자유로울 수 없는 삶을 보며 아내는 부모님처럼 열심히 일만 해서는, 은행에만 돈을 맡겨서는 자산을 많이 모을 수 없다고 생각했다. 평생 알뜰살뜰하게 살아오신 내 부모님도 "저 땅을 내가 샀으면 부자가 되었을 텐데…"라고 가끔 말씀하셨다. 그런 모습을 보면서 어떠한 결과가 있든 관심 있는 부동산에 투자하기로 마음을 먹었다. 시간이 걸리더라도 경제적 독립을 이룰 수 있는 부자가 되는 것을 목표로 삼았다. 우리는 평범했지만 우리 아이에게만큼은 금수저 부모가 되자고 다짐했다.

그저 묵묵히 일하고 한 푼 두 푼 아끼고 저축만 해서는 세금 내고 매번 오르는 전세금 내주기에만 급급할 뿐, 큰돈을 벌 수 없다. 월급만 빼고 다 오른다고 느끼는 지금, 계속 불안감을 떠안으며 살 것인지, 그렇지 않을지는 본인이 선택하고 책임지면 된다.

부동산 투자를 하기 전에 손해를 감당할 생각을 했으면서도 '정말 손해를 보면 어떡하지?'라는 불안한 마음도 있었다. 그러나 투자 5년 차인 지금의 우리 부부는 부동산 가격이 오르락내리락 변동해도 결국 우상향을 한다고 믿는다.

침체기나 불황기에는 가격이 떨어질 수 있지만 그 시기만 잘 견디면 회복기, 상승기 때에는 물가 상승 이상으로 수익을 낼 수 있다고 생각한다. 물론 모든 지역의 부동산 시장이 같이 움직이는 것은 아니다. 불황기, 침체기에도 입지와 수요, 공급에 따라 가격이 오르고 매수의 기회가 되는 지역이 있다. 그래서 우리는 걱정하지 않는다. 오히려 부동산을 모르고 지금까지 살지 않은 것을, 부동산이 많은 사람을 투기꾼으로 생각하지 않은 것을 다행으로 생각하고 있다. 만일 그렇게 생각하고 부동산 투자를 하지 않았다면….

맞벌이로 아무리 열심히 노력해도 자녀 교육과 노후 대비는 캄캄하고 직장에서 정년은 불안하지 않은가? 어린 아이들 양육 걱정에 외벌이가 되고 싶지만 일을 그만두지 못하고 있지 않는가? 뼈 빠지게 일했지만 정당한 보상이 주어지지 않는다고 불평하고 있지 않나? 성장 배경이나 학력, 스펙이 부족하다고 스스로 좌절하고 있지 않나? 메이저리그를 꿈꾸면서도 마이너리그에 사는 삶이 편하다고 만족하고 있지 않는가? 이웃과 비교하면서 나는 왜 부자가 아닌지 속상해 하고 있지 않는가? 우리 부부도 부동산 투자 전에는 그랬었다.

학생일 때 가난에서 벗어나는 길은 교육이며 사회 초년생이었을 때는 저축이라고 생각했다. 지금은 부자로 가는 길이 부동산에 있다고 믿는다. 금융자산만 있을 때에는 부자가 될 가능성이 있을까 의심했지만, 부동산을 알고 난 이후부터는 우리도 부자가 될 수 있다는 자신감이 생겼다. 당첨 확률이 제로에 가까운 로또에 큰 욕심을 부리는 것보다 조금의 수익이라도 감사하고 평생을 투자하며 즐기는 잡초 같은 투자자가 되기를 꿈꾸고 있다.

우리 부부는 이 책을 읽는 독자 여러분이 희망을 갖고 부동산을 공부하고 투자를 시작하기를 바란다. 단언컨대, 부동산은 성장 배경, 학력, 스펙이 아닌 자신이 노력하는 만큼 크든 작든 결과를 얻을 수 있다. 매달 받는 월급이 아닌 부동산으로 월세나 시세 차익을 해마다 조금씩이라도 얻는다면 얼마나 삶이 윤택해지는지 경험해보면 좋겠다. 아마도 세상이 달라 보일 것이다. 그 꿈을 간절히 바라고, 꿈꾸고, 이루길 바란다.

이 책에 결혼 7년 차인 우리 부부가 5년 동안 맞벌이 부부 투자자로서 경험했던 것을 실제적으로 담기 위해 노력했다. 왜 부동산 투자를 했는지, 부부가 같이 투자하면 좋은 점, 의견 충돌이 생겼을 때 어떻게 풀었는지 등 좌충우돌 경험담을 보여줄 것이다.

1장에서는 맞벌이 부부의 장점을 살려 맞벌이 투자자가 되기 위한 준비 방법, 2장에서는 통장 관리, 재무 관리, 보험 리모델링 등을 통한 종잣돈 모으는 방법을 담았다. 3장부터 6장까지는 부동산 투자에 대한 구체적인 방법, 부동산 관계인들을 대하는 방법 등을 단계별로 설명한다. 7장에서는 우리 부부의 실전 투자 사례를 보여주면서 공유하고자 한다.

욕심내지 않고 직장인으로 살아가면서 할 수 있는 최적의 방법으로 투자한 경험을 이 책에 풀어봤다. 맞벌이 부부를 포함한 독자 여러분이 우리 부부가 겪었던 시행착오를 겪지 않고 할 수 있다는 자신감으로 부동산 투자에 발을 들였으면 좋겠다.

먼저 이번 책을 집필하느라 수많은 밤을 함께 지새우고 같이 고민한 사랑하는 아내에게 감사드린다. 내가 거의 매일 밤 일을 마치고 동네 카페에서 집필하는 동안 집에서 아들을 재운 다음에서야 집필을 한 아내에게 미안함과 고마움을 전한다.

투자를 하면서 '사람이 가장 큰 보배'라는 생각을 많이 하는데 이끌어주고 영감을 주는 많은 투자 선배님들, 꼼꼼하게 전체 감수를 해주신 부동산 투자 고수인 호빵 님, 대출 분야의 해박한 지식으로 도움을 주신 대출 전문가인 현대닭킹 님, 부동산 세금 분야 강의 경험을 바탕으로 도움을 주신 세금 전문가 제네시스박 님, 인테리어 사업 경험을 바탕으로 도움을 주신 인테리어 전문가 아시나무 님, 편집에 도움을 주신 영혼의 멘토 님께 감사를 드린다. 그리고 항상 열정과 활력을 불어 넣어주는 보리실전투자클럽의 일명 '보리원들', 최근에 결성되었지만 든든한 버팀목이 되어주는 36살 동갑내기 부벤저스(겸손, 돈읽녀, 드리머, 바를공, 상상력부자, 풍백, 플레이야데스), 아내와 임장을 같이 다니는 '유모차 부대' 지인들과 조카를 사랑하고 임장할 때도 큰 힘이 되어주는 둘째 처형에게 감사드린다. 무엇보다 사랑으로 자립심이 강하게 키워주신 부모님과 마음으로 응원해주는 가족들에게도 감사의 말씀을 드린다. 마지막으로 어떤 날씨에도 부동산 현장에 함께 다니는 아들에게 고맙다는 말을 전하고 싶다. 아들은 아직 말을 잘할 나이는 아니지만 언젠가는 아빠, 엄마의 고마움을 느낄 것으로 생각한다. 아닌가?

차례

1장

우리는 맞벌이다

2장

투자의 디딤돌은 종잣돈이다

투자를 시작한 지 이제 5년 차, 햇수로 보자면 짧지만 경험으로 보면 긴 시간이기도 했다. 부동산 투자의 시작은 지극히 현실적인 이유에서 출발했다. '맞벌이 부부지만 직장이 계속 보장된다는 확정도 없는 상태에서 언젠가는 아이를 낳게 되고 외벌이가 될 수 있는데 그 전에 미리 월세라도 조금 받아 부담을 줄이자'라는 이유였다.

투자를 시작하기 전이었고 연애시절인 2008년 어느 날, 투자에 관심 많던 27살에 아내와 함께 인천의 한 아파트 단지를 찾아갔다. 예금을 해약한 돈과 부모님의 자금을 합쳐서 전세를 끼고 매입하기 위해서였다(그 당시에는 전세를 끼고 사는 것이 갭 투자인지 몰랐으며 때마침 아파트 광풍이 불고 있었다). 그러나 하룻밤 사이에 계약하기로 한 아파트는 계약이 끝나 있었고 동일한 크기의 다른 매물은 벌써 1,000만 원이 오른 상황이었다. 투자 경험이 없던 나는 결국 부담이 돼서 사지 않기로 했는데 이 매물은 1년 뒤에 1억 원이나 올랐다.

투자를 하기로 마음먹었다가 철회한 이때 이후로는 그냥 종잣돈을 모으는 금융 재테크에만 주력했다. 그때 이후로도 부동산에 관심을 계속 가졌다면 좋았을 것이라는 아쉬움이 있기도 했지만 그만큼 종잣돈 모으기에 주력하였기에 후회는 없다. 그러나 현실적으로 예·적금, 채권 등으로는 자산을 크게 불릴 수 없었고 오히려 펀드와 주식에서는 손해까지 보게 되었다. 결국 부동산에 다시 관심을 갖고 투자를 시작했다.

투자 5년 차인 지금은 차를 타고 가다가도, 길가를 걷다가도 아파트가 보이면 아내와 서로 이야기하기 바쁘다. 직장생활과 육아를 제외하면 부부의 관심 대부분이 재테크와 부동산 투자에 맞춰져 있다. 그렇지만 지치지 않고 계속 할 수 있는 이유는 우리 부부가 부동산 투자를 즐기고 있기 때문이다. 지금은 경매와 상가 투자, 토지와 재개발에도 관심을 갖고 꾸준히 공부하면서 타이밍을 기다리고 있다.

부동산을 좋아하는 이유 중 하나는 수치와 통계 외에도 사람 이야기가 포함되어 있기 때문이다. 부동산 투자를 하다 보면 실거래가, 입주 물량, 수요와 공급, 매매가, 전세가 등 수치로 확인해야 하는 부분들이 있다. 그러나 현장에 나가면 평범한 이웃의 살아가는 이야기, 사람 향기 나는 분위기를 느낄 수 있다. 그 속에서 신기하게 시골 장터처럼 밀당('밀고 당기기'의 준말)이 있고 에누리가 있다. '얼마를 깎네, 마네' 하며 치열하게 이뤄지는 눈치싸움과 공인중개사, 임대인, 임차인 등 부동산 관련자들과 얽히고설킨 진짜 사람 사는 이야기를 통해 사는 재미를 느낄 수 있어 부동산이 좋다. 물론 최고의 재미는 밀당이다. 밀당이 좋아 부동산 투자를 하는지도 모르겠다. 모든 협상 조건을 꿰뚫고 심리전까지 섭렵하며 적정금액을 달성했을 때의 희열은 직접 해보지 않으면 절대 느낄 수 없는 감정이다.

내가 좋아하는 글귀 중 하나가 바로 '후회하기 싫으면 그렇게 살지 말고 그렇게 살 거면 후회하지 마라'이다. 이 글귀와 더불어 가끔 목표의식이 흐려지거나 나태해질 때 보는 유튜브 동영상이 있다. '웃어라, 온 세상이 너와 함께 웃을 것이다'로 시작하는 동기 부여 동영상인데 정말 한번 보고 나면 두 손 불끈 쥐고 다시 목표를 향해 나아가게 만든다.

세상 살기가 참 쉽지 않다. 가장의 무게 때문에 삶이 버겁다고 느낀 적도 정말 많다. 남편으로, 아이의 부모로, 부모님의 장남으로, 직장의 한 구성원으로 살아가는 것 어느 하나 정말 쉽지 않다. 그러나 달성할 목표가 있고 멀리 내다보고 있기에 조금의 수익이라도 감사하게 생각하며 꾸준히 가늘고 길게 투자하고 싶다.

내 삶은 어렸을 때부터 평탄하지 않았다. 가난한 종갓집, 농부의 딸 부잣집(자매 5명)의 넷째 딸로 태어나 늘 물질의 결핍 속에서 살았다. 가난에서 벗어나는 길은 교육밖에 없다고 독종, 외계인 소리를 들으며 이 악물고 악착같이 공부했다. 그러나 원하던 대학교에 떨어지는 바람에 다른 대학교를 갔으며 비정규직 영어강사로 일했다. 결혼 이후에는 계획까지 세우고 임신했지만 유산하고 말았다. 그 후 2년 반 넘게 난임으로 몸과 마음이 힘들었다. 그러나 나는 내가 경험한 그 모든 것이 감사하다. 모든 일이 뜻대로 다 술술 풀리지 않았기에 지금의 성격을 갖게 되었고 부동산에 일찍 관심을 가질 수 있었으며 실행할 수 있었기 때문이다.

현재의 채 수를 갖기까지 참 많은 일이 있었다. 그 중 2013년 후반 7채를 마련했을 무렵, 친한 직장 동료들과 우연히 부동산 이야기를 나누게 되었다. 세금과 수리 비용을 포함해 400만 원으로 집 한 채 샀던 경험 등 부동산의 신세계를 다른 분들도 알았으면 하는 바람으로 이야기했는데 그 자리에서 그만 투기꾼이 되었다. 집 장사를 하느냐고, 나 같은 사람 때문에 집값이 오른다는 말을 들었는데 그 충격은 아직도 어제 일처럼 생생하다. 그 이후부터 부동산 이야기는 외부에서 절대로 하지 않기로 했다.

나도 부동산에 입문하기 전에는 집 가진 사람들이 부러우면서도 그렇게 생각했다. 게다가 주위에 부자, 특히 부동산 부자가 없었고 대부분 부동산에 대해서는 부정적인 생각만 가진 사람들뿐이었다.

그러나 집을 사기 시작하면서 나의 삶, 관점, 생각은 완전히 변했다. 조금만 더 빨리 부동산의 매력을 알았더라면, 주위에 나를 부동산으로 이끌어줄 사람이 단 한 명이라도 있었다면 어땠을까…. 무척 아쉬웠다. 이 책을 쓴 이유 중 하나가 부동산에 부정적이거나 무관심한 태도를 보이는 사람도 열린 시각으로 바라보길 바라는 마음에서다.

2016년 서울에 처음으로 집을 마련했을 때의 감동은 이루 말할 수 없었다. 결혼 전에는 이미 결혼한 첫째, 둘째 언니 집에 옮겨 다니며 살았다. 그때 한강을 건너면서 출퇴근했는데 많고 많은 아파트와 빌라 중에서 과연 내 집은 어디에 있을까 자주 되묻곤 했었다. 당시 재테크에 관심이 많았지만 부동산은 어렵고 많은 돈이 있어야만 투자할 수 있다는 생각에 결국 실행에 옮기지 못했다.

그러나 결혼 후 지방을 중심으로 소액 투자를 여러 번 하면서 자신감이 붙었고 우리 부부의 그릇이 차츰 커진 결과, 가격이 큰 서울 매물도 투자할 수 있었다. 전세를 끼고 한 채 살 때 투자금이 3,000만 원~4,000만 원 정도 들었다(세금 포함). 우리가 당장 살지는 못해도 등기부등본을 받으면서 느낀 벅찬 가슴은 그 어떤 물건 투자 때와는 달랐다. 시골 출신이면서 젊었을 때 늘 어느 집에서 살아야 할지 고민에 고민을 한 나에게 있어 서울에 집이 있다는 것은 언제나 동경 그 자체였기 때문이다.

지금도 나는 이곳저곳 현장에 나가고 부동산 강의장에서 배우고 공부하고 있다. 게을러지지 않으면서 집을 보는 안목과 능력을 꾸준하게 기르기 위해서다. 같이 현장에 가는 일행들에게서도, 해당 지역 이야기를 해주는 공인중개사에게서도, 현장에서 만나는 사람들에게서도 늘 배울 점이 많다. 지하철로 편도 2시간 이상 걸리는 지역은 여행이라 생각하고 즐겁게 간다.

남편과 나를 닮은 아이, 그것도 정말 어렵게 가진 아이를 보고 있으면 행복하면서도 책임감이 강하게 밀려온다. 이 아이에게 어떠한 엄마의 모습을 보여줄지 자주 고민한다. 시간, 돈, 건강 등 여러 가지 이유에 핑계 대지 않고 매일매일 변화와 발전을 위해 노력하는 엄마, 부자가 되기 위해 머리와 발로 공부하는 엄마, 마인드가 부자인 엄마, 한 달에 열 번은 월세로 월급을 받는 엄마, 그런 '부자 엄마'가 되기 위해 노력하고 있다.

친구 2~3명만 모여도 빠지지 않는 이야깃거리가 부동산이다. 부동산이 너무 올랐다, 아파트 가격이 비현실적이다, 전셋값이 미쳤다, 전세를 연장해야 하는지 아니면 지금이라도 사야 하는지의 걱정, 못된 집주인 때문에 셋집에서 나가야겠다는 고민, 집 없는 서러움 등이 계속 회자되는 것을 보면 부동산은 너무나 우리의 삶과 밀접하게 연관되어 있다. 집안의 모든 과정을 경영하는 회장(CEO)과도 같은 아내가 부동산에 더 관심을 갖고 공부해야 하는 이유이기도 하다. 현재 어떠한 상황에 있든지 이 책을 읽고 난 바로 지금부터 부동산에 '꼭' 관심을 가지길 바라는 마음이다.

우리 부부의 이야기

나(남편)는 도시에서 대학교까지 24년을 살다가 취업하면서 지방으로 내려갔고, 아내는 20년간 농촌에서 살다가 대학교를 다니면서 도시로 나왔다. 서로 성장 배경은 달랐지만 자수성가를 해야겠다는 마음가짐은 같았다.

나는 부모님에게 대학교 등록금까지는 지원받았지만 이후부터는 벌어서 모든 것을 해야 한다는 가르침을 받았다. 그래서 특차로 대학교에 합격한 후부터 주·야간 아르바이트로 돈을 벌어 생활했고 졸업하자마자 바로 취업했다. 아내는 가정 형편이 빠듯한 걸 알기에 공부까지 못하면 대학교를 안 보내줄 거 같아 독하게 공부를 했다. 대학교에 다닐 때는 아르바이트로 돈 버는 것보다 장학금을 받는 편이 더 가능성이 있다고 판단해서 몸서리를 치며 공부했고 4년 내내 장학금을 받은 결과, 과 차석으로 졸업했다. 나도 아내도 어렸을 때부터 부모님에게 결혼은 스스로 해야 한다고 들으며 자라서 그렇게 하는 것을 당연하게 생각했다.

우리 부부의 또 다른 공통점은 봉사정신이었다. 나는 대학시절 아르바이트로 바쁘게 보냈지만 아이를 좋아해서 사회봉사단체를 만들어 영아원 봉사를 정기적으로 다녔고 헌혈도 틈틈이 했다. 대학교 4학년 때에는 조혈모세포 기증(골수 기증)을 약속했고 5년 뒤 실제로 기증했다. 아내는 2학년 때 학교에서 선발하는 프로그램에 참

여해 동남아 3개국을 다녀오면서 NGO에 관심을 가졌다. 졸업하기 전에는 7개월 동안 아르바이트를 하면서 모은 돈으로 영국에 1년 동안 자원봉사를 다녀왔다.

나는 일찍 돈을 벌면서 돈의 소중함을 알고 허투루 쓰지 않았고, 아내는 돈이 늘 부족했기에 쓸 생각을 하지 못했다. 우리 부부는 자연스럽게 짠돌이, 짠순이로 자랐다. 예를 하나 들자면, 나는 20살 때 산 겨울 코트를 36살인 지금까지 16년간 입고 있다. 갖고 다니는 가방은 연애 때 아내가 선물해줬으니 벌써 10년이 되었다. 이렇듯 한번 나에게 온 물건은 쉽사리 버리지 않고 오래 쓴다. 크게 유행을 따르지도 않고 관심도 없어서 중저가라고 해도 불평을 하지 않는다. 유행은 다소 지났을 수 있지만 상태가 너무 좋아서 버리지 못하는 물품도 아직 있다.

아내는 어렸을 때부터 언니들에게 물려받은 옷으로 컸는데 그래서 그런지 지금도 옷, 신발, 명품에는 관심이 없다. 36년 동안 구입해서 입고 사용한 경험은 손에 꼽을 정도였는데 내가 제발 옷 좀 사라고 할 정도다. 영국에서 지냈을 때조차 자신을 위해 쓴 돈은 1파운드(당시 약 2,000원)짜리 블라우스와 15파운드(당시 약 30,000원)짜리 치마가 다였다. 그 옷을 작년에야 정리했다. 지금도 처형과 처제, 지인이 주는 옷과 신발, 가방을 사용하기도 한다. 이게 더 익숙하고 편하다면서….

우리 부부는 소개로 만나기 전까지 다른 곳에서 자랐지만 알고 보니 비슷한 점이 많았다. 꿈에서 미리 나를 봤다던 아내는 첫 만남에서 운명적인 느낌을 받았으며 나도 마찬가지였다. 서로 만날 사람이었던 것 같다.

우리 부부는 돈을 벌기 시작하면서 월급을 부모님이 아닌 우리 스스로 관리했다. 첫 월급은 세금을 떼면 120만 원~130만 원 정도였다. 처음은 누구나 그렇듯 적금부터 시작했다. 아내는 첫 직장에서 첫 월급으로 126만 원 정도 받았는데 그중 50만 원을 저축했다(1년 적금). 두 번째 월급부터는 30만 원(2년), 10만 원(3년) 적금을 추가로 들었다. 1년 후 원금 600만 원에 11만 원 남짓한 이자를 받았을 때 이자는 적었지만 첫 적금 만기의 기쁨은 컸다.

이자를 받던 그 달에 아내의 직장이 폐업하는 바람에 나와야만 했지만 적금 만기된 돈은 쓰지 않고 그동안 모은 돈까지 합쳐서 금리가 조금이라도 높은 은행에 예금으로 넣었다. 재취업을 준비하는 3개월 동안도 적금을 계속 넣었다.

두 번째 직장은 결혼 전까지 다녔는데 제일 먼저 출근하고 마지막에 퇴근하며 열심히 일했다. 그 결과, 월급은 130만 원 정도에서 200만 원~250만 원 정도로 늘었고 수입의 70~90%까지 저축했다. 강사였기 때문에 일한 만큼 더 버는 구조라서 월급은 유동적이었지만 하루에 강의를 10타임 이상 할 정도였다. 같이 살던 둘째 처형의 ‘저축은 자신에게 벅찰 정도로 해야 돈이 모인다’는 조언을 듣고 그대로 실천한 것이다.

연애시절 때부터 우리 부부가 돈을 모을 수 있었던 이유는 바로 주거 문제가 해결됐기 때문이다. 나는 친구들과 함께 생활해서 최소한의 관리비만 내면 됐고 아내는 언니들 집에 머물러서 큰돈이 들지 않았다. 직장 3~4년 차쯤에 아내는 혼자만의 공간을 꿈꾸며 월세를 알아봤지만 매달 내야 하는 40만 원~50만 원이 너무 아깝다는 생각을 했고 이내 결혼 전까지 독립을 참으며 종잣돈을 열심히 모았다.

이 글을 읽고 있는 독자 여러분도 불편함을 감수하면서 돈을 모으겠다는 다짐을 했으면 좋겠다. 궁상맞다는 생각이 들 수 있겠다. 사실 나도 가끔 그런 생각을 했다. 그러나 젊음은 잠깐이고 노후는 길다는 사실을 부모님 세대를 보며 느꼈다. 종잣돈이 모여야 무엇을 하든 좀 더 시작이 여유로울 수 있다. 지방에서 살다가 서울로 올라와 사회생활을 시작한다면 친척 집, 셰어 하우스 등을 이용해 주거비를 줄이고 결혼하면 부모님 집에서 몇 년 동안 신세를 지면서 돈을 모으는 것이 무리일까? 아니면 신혼 때 작은 평수에서 살거나 아파트가 아닌 빌라에서 몇 년간 고생하겠다는 마음을 갖는 것은 어떨까? 그런 삶이 당장은 고달프고 힘들겠지만 고생한 후에 얻는 달콤한 열매를 생각하며 현재의 만족을 미루는 자세가 필요한 요즘이다.

1장

우리는 맞벌이다

이번 장에서는 맞벌이 부부로서 투자에 나서게 된 동기와 부부가 합심하고 투자하면 왜 좋은지에 대해 설명하고자 한다. 아울러 맞벌이 부부 투자가가 되기 위해 필요한 가계부 쓰는 법, 배우자를 내 편으로 만드는 비법, 공부법 등에 대해서도 다루고자 한다.

평범한 부부에서
투자하는 부부가 되다

2011년 결혼한 후, 연고가 전혀 없는 지방에서 신혼생활을 시작했다. 둘이서만 생활할 수 있는 공간이 있다는 것만으로도 좋았다. '3년 안에 순자산 2억 모으기'라는 목표를 위해 아내는 신혼여행 가기 전에 직장을 구했다. 나는 매일 업무에 치여 살았고 새벽에 출근했다 밤늦게 또는 새벽에 퇴근하는 일이 많았다. 아내는 버스로 출퇴근하면서 일에 적응해갔다.

신혼의 달콤함을 만끽하기도 전에 현실로 돌아왔다. 아내는 2개월간의 마이너스 가계부를 청산하고 3개월부터는 플러스 가계부를 만들었다. 급여통장에는 '격하게 모으자', 변동소비통장에는 '격하게 줄이자'라고 써놓고 냉장고에 맞벌이 부부의 재테크 전략 등의 글을 붙여놓는 등 끊임없이 동기를 불러일으켰다. 월급은 늘리는 것이 쉽지 않으므로 강제 저축을 한 후에 지출을 줄이기로 했다.

가계부를 쓰기 시작하다

연애할 때는 재테크가 공통 관심사였다. 그래서 어떻게 해야 돈을 더 잘 모을 수 있을까 고민하고 책을 보며 공부하던 시기였다. 그러던 중 내 소개로 아내는 '모네타'를 처음 접했다. 예·적금, 금리 비교, 보험, 펀드, 부동산 등 전반적인 재테크 정보가 나와 있는데, 자신의 가계부를 공개하는 미가파티에 유독 관심을 가졌다(모네타의 미니 가계부는 대표적인 인터넷 가계부인데 회원 간에 가계부를 공개해 의견을 나누는 '미가파티' 코너가 있다).

우리 부부는 그 사이트에 서로의 가계부를 쓰고 공개하기로 했다. 한 달에 한 번씩 날을 정해 전달의 내역을 정리하면서 자산의 흐름을 볼 수 있었고, 사람들의 댓글을 보면서 소통하는 것이 즐거워 빠지지 않고 쓰게 되었다.

다른 사람들의 가계부를 보며 우리 가계부가 부족한 부분은 어떤 것인지 느끼고 수입을 더 올릴 수 있는 방법, 예·적금 외에도 펀드, 청약 등 저축을 더 많이 할 수 있는 방법에 대해 고민하게 되면서 직장에서도 더 열심히 일했다. 다양한 투자 관련 책을 보고 중요한 신문기사는 스크랩을 했다. 아내의 의견을 정리한 '여우 노트'를 만들면서 적립식 펀드 투자도 했다. 그러나 해외 펀드에서 손해를 보고, 국내 펀드에서는 은행보다 조금 나은 수익을 거둬서 전체적으로 큰 수익은 보지 못했다. 나는 차이나펀드에 1,000만 원 이상 투자했는데 300만 원 정도를 손해 봤다. 허망했지만 어쩔 수 없이 좋은 경험이자 값비싼 교육비라고 생각하기로 했다.

어렸을 때부터 용돈 기입장을 적으며 아껴 쓰던 습관이 종이 가계부를 거쳐 모네타의 미니 가계부로 구체화되었다. 모네타를 알고부터 컴퓨터와 모바일 가계부로 발전한 것이다. 종이 가계부만 쓸 때보다 지출 관리가 더 잘 됐고 종잣돈을 더 많이 모을 수 있었다.

아내는 2008년에는 목표(3,000만 원)를 넘은 3,097만 원, 2009년에는 목표(5,000만 원)를 넘은 5,183만 원을 모았다. 다음 표는 아내의 2008~2009년 자산과 모네타 미가파티를 하기 전후의 기록이다.

[아내의 2008~2009년 자산] (단위: 만 원)

구분	08년 12월	09년 1월	2월	3월	4월	5월	6월	7월	8월	9월	10월	11월	12월
정기적금 1 (50만 원)	550	600	650	700	750	800	850	900	950	1,000	1,050	1,100	1,150
정기예금	1,300	1,300	1,300	1,600	1,600	1,600	1,600	2,000	2,000	2,000	2,018	2,018	2,018
청약	100	110	120	130	140 (해지)	10 (만능통장)	20	30	40	50	60	70	80
장기주택 마련저축	10	10	10	10	10	10	10	10	10	10	10	10	10
펀드 (3개 | 40만 원)	970	1,010	1,050	1,090	1,130	1,170	1,210	1,250	1,290	1,330	1,370	1,410	1,450
CMA	167	210	312	71	123	285	285	78	87	119	126	150	175
정기적금 2 (30만 원)				30	60	90	90	150	180	210	240	270	300
합계	3,097	3,240	3,442	3,631	3,813	3,965	4,965	4,418	4,552	4,719	4,874	5,028	5,183

[모네타 미가파티 하기 전과 후의 자산 변화]

구분	사용 전	(사용 후) 1년	(사용 후) 2년
기간	2008년 6월 1일~30일	2008년 6월~2009년 6월	2009년 6월~2010년 6월
자산	1,800만 원	4,095만 원	6,366만 원
자산 증가	·	2,295만 원	2,271만 원
가계부	종이 가계부	종이 가계부	모네타	종이 가계부	모네타

다른 사람에게서 따뜻한 댓글과 자극을 받고 싶다면 종이 가계부와 더불어 모네타의 미니 가계부를 사용해보길 추천한다.

2012년 6월, 우리 부부는 재무관리사를 처음으로 만나 금융과 보험의 포트폴리오를 다시 점검받고 채권 투자를 했다. 그리고 현금 흐름표와 자산 상태표를 새롭게 작성했다(현금 흐름표는 가계부 내역을 보고 다시 정리했는데 2장에서 자세히 말하겠다).

가계부를 오래 쓰다 보면 가끔 '내가 이렇게까지 아껴야 하나'라는 생각에 지출을 통제하기 힘든 순간이 온다. 그때는 의무감에 내

재무관리사에 관한 조언

재무관리사 중에 보험을 조정해야 한다면서 자신이 속한 회사의 보험상품과 금융상품을 추천하는 경우가 많으므로 전문가라고 해서 믿고 바꾸지 않는다. 반드시 꼭 스스로 알아보고 결정해야 한다.

보험을 한 번 해지하면 똑같은 상품을 들기 힘들거나 예전보다 혜택이 떨어질 수 있다. 예를 들어, 실비보험의 경우 예전에는 낸 금액을 다 받을 수 있었으나 지금은 90%까지만 받을 수 있다.

재무관리사보다 재무를 관리하는 데 가장 중요한 사람은 부부 당사자다. 도움이 필요한 부분은 자신 있게 물어보는 대신 너무 맹신하지 않는다. 일부 재무관리사는 부동산 투자에 대해 아주 부정적인 자세를 보이면서 금융이나 보험만 하라고 하기도 하니 열린 사고를 가졌는지도 미리 확인해본다.

우리 부부의 경우 직장우대적금을 해지하고 다른 금융상품에 분산 투자를 추천받았지만 아직까지 갖고 있다. 이것을 담보로 대출을 받아 부동산 투자에 요긴하게 활용하기도 했다. 계속 높은 금리의 적금이 쌓이고 금리가 싼 대출로 수익을 내니 일석이조다.

역만 작성하는데, 그러한 시기에 현금 흐름표와 자산 상태표를 알게 되어 자세를 다시 가다듬었다.

가계부에 비해 현금 흐름표와 자산 상태표는 한눈에 우리의 자산과 부채를 알 수 있게 해줬고 그 달에 돈이 어디로 흘러갔는지 볼 수 있어서 좋았다. 그렇게 작성하면서 현재 자산과 돈의 흐름에 대해 의견을 나누고 줄일 부분은 더 줄여보자고 반성하며 다짐하는 시간을 가졌다.

이 무렵 우리는 경산과 대구로 여행을 가게 되었다. 원룸 건물 전체를 사서 월세 받는 것을 어렴풋이 목표로 삼았을 만큼 현실 감각이 떨어졌던 때였다. 결혼 후 처음으로 대구의 대학가 근처 공인중개사무소(이하 '중개사무소')에 들렀는데 1억 원 미만으로 살 수 있는 매물은 30년 넘은 7,000만 원짜리 소형 아파트뿐이었다(이때는 대출을 생각하지 않고 가진 돈으로만 사려고 했다). 우리는 말도 안 되는 가격이라 생각했고 물건을 보지 않고 나와 버렸다. 하지만 이후 1억 원이나 올랐다. 대구의 부동산 시장이 막 좋아지는 시기였는데 물건의 가치를 알지 못한 채 기회를 놓친 것이다. 그때는 기회인지도 모르고 한참 지나서야 알았다.

여행 이후로 다시 금융상품만 고집하다가 월세 받는 부동산 매입을 더 이상 늦추지 말자고 다짐하고는 2013년 1월에 광주로 1박 2일 투자여행을 갔다. 아내가 2012년 말에 안타깝게 유산하고 심적으로 힘들어하고 있어서 삶의 변화를 간절하게 원하기도 했었다. 그런데 2013년에 출산했다면 우리가 과연 투자를 할 수 있었을까?

이런저런 핑계로 실행으로 옮기지 못했을 수도 있다.

그래서 이 책을 읽는 맞벌이 부부 중에 아이가 없다면 더 적극적으로 부동산에 투자하라는 말을 하고 싶다. 혹시 출산하고 아이를 돌봐야 해서 경력단절여성(경단녀)이 될 수 있다고 생각한다면 월세를 받는 부동산으로 외벌이 기간을 준비하라고 말하고 싶다. 우리는 첫날 3곳을 보고 비교한 다음, 다음 날 한 물건에 투자하기로 했다. 다음 표는 처음으로 투자하기 전날 밤에 매물들을 비교하며 작성했던 것이다.

구분	A (17평 소형 아파트)	B (17평 소형 아파트)	C (도시형 생활주택)
형태	복도식	복도식	복도식
연식	1996년	1992년	2013년
실면적	11.4평	13.49평	7평
매매 가격	6,900만 원	5,900만 원	6,700만 원
월세	500 ㅣ 35~40만 원	300 ㅣ 30~35만 원	300 ㅣ 35~40만 원
부대 비용 (수리비 등)	150~385만 원	130~300만 원	0원(빌트인)
취득세	76만 원	65만 원	0원
중개보수	35만 원	30만 원	36만 원
교통편	좋음	좋음	보통
편의시설 및 주변 환경	좋음	좋음(단, 모텔 많음)	좋음
수요 분석	산업단지 근로자	대학생, 산업단지, 화물차 근로자	대학생, 근로자
발전 가능성	호재는 없지만 강 조망권이 좋음	호재가 특별히 없음	크게 없음
공실률	가능성 있음	거의 없음	높음
시세 차익	오를 수 있음	보통	잘 모르겠음
난방	중앙 난방	중앙 난방	개별 난방
투자 선택	△	○	X

부동산 투자의 경험이 있는 지인에게 조언을 구했는데 새로 분양 중인 도시형 생활주택은 배제하라고 하는 것이 아닌가. 도시형 생활주택의 경우 빌트인 풀 옵션(가전제품 등을 일체 구비하는 형태)이라 향후 관리하기 어려우며 건물 자체가 실거주보다 임대가 대부분이기 때문에 첫 분양 때 한 번에 임대 수요가 풀리면 책정한 임대가를 맞추기 어려울 수 있다는 것이다. 그러면서 첫 투자이니 가격도 저렴하고 수요가 많은 B 아파트를 추천해줬다. 우리도 면적이나 가격 측면에서 B 아파트가 첫 월세 투자로 나쁘지 않겠다고 판단했다. 그 이후부터 공인중개사가 연결해준 은행에서 대출을 받고 인테리어 업체를 통해 일사천리로 진행되었다.

2013년 1월 계약하고 리모델링을 마친 후, 일주일 만에 임차인을 구했다. 3년 동안 월세를 잘 받다가 중간에 갑자기 세입자가 나가고 광주의 부동산 시장이 주춤해서 전세로 전환했다가 2016년에 매도했다.

되돌아보면 아쉬운 성적이지만 이 첫 투자를 통해 대출에 대한 벽을 깨고 월세를 받으면서 투자에 눈을 떴으니 얼마나 고마운 매물인지 모른다. 투자 1호를 마련하기 전까지 많은 고민을 했으나 일

[기준 가격 변화](실거래가 기준)

구분	A (17평 소형 아파트)	B (17평 소형 아파트)	C (도시형 생활주택)
2013년	6,900만 원	5,900만 원	6,700만 원
2016년	8,800만 원	6,900만 원	6,950만 원
수익(예상)	1,900만 원	1,000만 원	250만 원

단 시작이 중요하다는 것을 뼈저리게 느꼈다. 시작이 50% 이상이라는 사실을 다시 한 번 알게 됐다.

2013년 5월, 2호를 마련하기까지는 소극적인 자세였지만 9월에 3~4호를 마련하면서부터는 본격적으로 '집 나무'를 심어 임대사업을 하기로 했다. 현재까지 해마다 꾸준히 몇 채씩 사고팔고 있다. 돈이 많아서 샀다고 오해할 수 있겠지만 실제 비용은 2억 원도 들지 않았다(2억 원이 작은 금액이라고 말하는 것은 아니다). 매도하면서 받은 금액을 소비로 끝내지 않고 대부분 재투자를 했기 때문에 가능했다.

부동산에 관심만 가졌던 우리가 두려움에서 벗어나 실행하기로 했던 결정은 지금까지 가장 잘한 일이라고 생각한다. 그것도 부부 모두 관심을 갖고 같이 투자한 것은 정말 행운이라고 생각한다. 본격적으로 임대사업을 하자고 했을 때 우리는 편안한 길은 버리자고 다짐했다. 앞으로 다가올 어려움과 실패에 대해서도 맞서보자고 했다. 많은 경험을 통해 배우고 잡초처럼 생명력이 긴 맞벌이 투자자가 되자고 다짐한 것이다.

1+1='11'

한 사람과 또 다른 한 사람이 만나면 둘이지만 부부의 경우는 서로 뜻이 잘 맞아 열심히 아끼고, 모으고, 불리면 '11'이 되기도 한다. 두 사람의 몫뿐만 아니라 11명의 몫도 할 수 있다는 것이다. 결혼을 빨리하면 돈을 더 번다는 말을 한 번쯤 들어봤을 것이다. 결혼 전에는 데이트 비용 등 여기저기 쓰느라 돈을 못 모으지만 결혼하면 가정에 대한 책임감 때문에 돈을 함부로 쓰지 못한다는 말과 함께 말이다(길에다 뿌리는 돈이 아까워 결혼한다는 말도 있다).

특히 아이 없이 맞벌이를 하는 신혼 초기는 맞벌이 부부의 장점이 가장 클 때다. 맞벌이 부부는 외벌이 부부에 비해 대체로 돈을 더 많이 번다. 그래서 지출을 효율적으로 통제한다면 투자금(종잣돈)을 빨리 모을 수 있다. 대출도 외벌이 부부보다 더 쉽게, 더 많은 금액을 받을 수 있어 좀 더 많은 기회를 잡을 수 있다. 대출을 짐으로 느낀다면 더 열심히 일하며 갚을 수도 있다.

우리 부부와 함께 부동산 투자자의 삶을 살고 있는 지인 부부는 지방에서 맞벌이를 하며 아이 하나를 키우고 있는데 소형 빌라에서 살고 있다. 관리비, 대출 이자 등 주거 비용을 줄이면서 친정 부모님의 도움으로 양육 비용까지 줄여 부동산에 투자하고 있다. 지인 부부 모두 실행력도 좋아서 좋은 물건이라는 확신이 들면 바로 투자했는데 지금은 20채가 넘으며 매달 들어오는 월세와 시세 차익이 상당하다.

이와 다른 케이스도 있다. 서울에서 아이 하나를 키우는 지인도 맞벌이인데 현재 아파트 전세로 살고 있다. 결혼할 때 남편이 대출을 받고서라도 매입하자고 했는데 대출이 많아지면 생활이 힘들 것 같아 거절했다고 한다. 그런데 2년이 지나 그 집은 1억 원이 올랐다. 전세가 만기가 되어 재계약을 하기 전에도 아파트를 구입하자고 남편이 제안했지만 가격이 너무 많이 올랐고 뉴스에서도 떨어질 일밖에 없다고 하니 다시 전세를 고집했다고 한다. 결과적으로 작년보다 3,000만 원 이상 올랐다. 집값이 떨어진다고 해도 계속 이런 상황이라면 '내 집'이라는 든든함을 누리기는 점점 더 힘들 수 있다.

우리 주위에서는 서울 지인의 모습을 더 자주 본다. 배우자의 반대로 투자를 못하는 경우도 있지만 반대를 무릅쓰고 투자했다가 결과가 좋지 않아 서로 갈등이 심해지기도 한다. 자신은 아껴서 투자하고 싶은데 배우자는 현재 생활이 더 중요하다며 소비 위주 생활을 할 수도 있고, 재테크에 대한 관심도의 차이가 클 수도 있다. 그렇지만 남편과 아내는 같은 편이다. '남의 편'이라고 생각이 들어도 같은 편으로 만들어야 한다.

모든 부분에서 그렇겠지만 특히 재테크에서도 남편과 아내가 한마음, 한 뜻이라면 시너지가 극대화된다. 우리 부부처럼 종잣돈을 더 빨리 모을 수 있고, 경제적 자유를 목표로 돈을 더 불릴 수 있는 방법을 다양하게 찾아보면 자신에게 맞는 방법을 알게 된다. 양가 부모님을 제외하면 그 누구도 당사자인 부부만큼 진심으로 고민해줄 수 없다. 남이 잘 되면 배가 아픈 타인과 달리 부부는 서로에게 최고의 지원군이 되는 동시에 가정의 모든 일이 다 잘 되길 진심으로 바란다. 그렇기 때문에 '재테크'라는 큰 틀에서 남편과 아내는 같은 편이 되면서 각각의 강점을 잘 활용하여 시너지를 극대화하는 것이 좋다. 특히 맞벌이 부부에게는 시간이 많지 않기에 배우자의 장점과 단점을 파악해서 서로 역할을 분담하는 것이 좋다.

우리 부부의 경우를 기준으로 말해보겠다. 나는 꼼꼼한 성격에 협상가적 기질이 있고 실행력이 좋은 편이며, 아내는 손품 파는 능력이 뛰어나다. 그래서 오프라인 현장 관련해서는 대부분 내가 전담하고, 아내는 해당 지역과 아파트를 분석하고 해당 지역의 엄마 커뮤니티 등을 보면서 각종 자료로 지원을 해준다. 또한 내가 현장 분위기를 파악하기 위해 공인중개사와 자주 연락하는 것과 임차인과의 각종 문제를 해결하는 부분을 맡으면 아내는 표준임대차계약서 작성, 임대 조건 신고, 세금 신고 등 행정적인 부분을 챙겨준다.

물론 우리 부부의 이러한 역할 분담은 투자를 시작한 지 1~2년

이 지나 서로 구체적으로 합의가 된 다음에서야 가능했다. 역할을 분담한다고 해도 힘에 부치면 서로의 역할을 넘나들며 도와주기도 한다. 처음에는 우리도 어떻게 해야 할지 몰라서 맨 땅에 헤딩하는 심정이었다. 투자를 처음 시작한다면 모든 과정이 낯설고 계속적인 도전이므로 두 사람이 모든 과정을 같이 해보는 것이 좋다. 그래야 누가 이 부분에서 더 잘할 수 있을지 알게 된다. 실전 투자를 하기 전, 자신이 살고 있는 지역에서 물건을 검색하고 중개사무소를 방문하는 일부터 시작하는 것을 추천한다.

누구나 처음은 어렵다. 처음 중개사무소를 방문하면 떨리거나 두렵고 무슨 말부터 해야 할지 고민스럽다. 그래서 자신이 잘 아는 동네의 중개사무소부터 자주 다니며 두려움을 극복할 필요가 있다. 어린 아이가 있다면 아이와 함께 가보자. 아이와 함께 가면 공인중개사들 대부분 부드럽게 맞아주신다. 자주 가서 친해지면 여러 정보를 들을 수 있고 투자자들이 관심을 갖는 기회의 지역을 알 수도 있다.

예전에 아내가 임장한 곳에서 만난 한 공인중개사는 "젊었을 때부터 중개사무소 문지방을 닳도록 많이 다니세요. 그래야 돈을 벌어요"라고 조언해줬는데 그 말에 절대적으로 공감한다. 많은 사람이 알고 있는 YG엔터테인먼트 양현석 대표의 말처럼 매일매일 부동산을 갔기에 그렇게 싼 가격으로 좋은 입지의 부동산을 살 수 있었다.

모든 부분에서 부부가 일심동체이면 좋지만 특히 부동산 투자에서는 더욱 그럴 필요가 있다.

'부동산도 맞들면 낫다.'

각자의 장점에 맞춰 역할을 분담하라

지금까지 말한 부부간의 역할 분담을 좀 더 구체적으로 살펴보자. 남편과 아내의 장점을 서로 이야기 나누면서 투자의 과정에서 어떤 역할을 할 수 있을지 예측해보는 것으로 시작한다. 우리 부부를 예로 들어보겠다.

[우리 부부의 장점과 역할]

구분	장점	역할
남편	• 결정이 빠른 편이다. • 실행력이 좋고 꼼꼼하다. • 협상력이 좋다. • 문제를 잘 해결한다. • 이야기하는 것을 좋아한다.	• 물건의 사정을 파악하여 가격 흥정. • 임차인과의 문제 해결. • 공인중개사와 주기적으로 전화하며 흐름 조사하기.
아내	• 생각이 깊다. • 완벽을 추구한다. • 처음 만나도 말을 잘 건다. • 친절하고 배려심이 강하다. • 행간을 보는 능력이 있다.	• 임차인과의 연락 및 (상황에 따른) 선물 마련. • 투자 예상 비용 계산. • 서류 작성, 행정 신고 등.

자, 이제 여러분의 차례다. 장점을 생각해보고 투자를 한다면 어떤 역할을 할 수 있을지 적어보자.

• **남편의 장점은 무엇이고 어떤 역할을 할 수 있을까?**

장점:

역할:

• **아내의 장점은 무엇이고 어떤 역할을 할 수 있을까?**

장점:

역할:

보통 물건을 찾기 위해서는 '물건 검색 → 전화 걸기 → 중개사무소 방문'의 과정을 거친다. 각각의 과정에서 해야 할 일과 관련해 남편과 아내는 각각 어떤 역할을 하면 좋을지 고민해보자.

구분	해야 할 일(목표)	남편과 아내의 역할
물건 검색 (머리품, 손품)	• 해당 지역의 선호 단지 1~3위 장점 및 단점 파악하기 (각종 부동산 관련 사이트 및 앱 활용)	• 남편, 아내 각자 자료 모으기 (시세 비교, 가장 비싼 물건과 싼 물건 파악 등) • 중요한 사항은 메모하거나 인쇄하기
전화 걸기 (손품, 감정품)	• 최소 5군데 이상은 전화해 보고 자신과 맞는 곳을 정하기	• 남편, 아내가 각각 전화해서 좋은 느낌을 받은 1~2곳을 예약하기
중개사무소 방문 (발품, 감정품)	• 미리 예약한 곳으로 가서 설명을 듣고 궁금한 점 묻기	• 중개사무소 방문 전, 각자 중요하게 생각하는 부분을 이야기하기 (미리 체크리스트를 만들면 좋다)

손품과 머리품으로 해당 지역의 선호 단지 1~3위를 보라고 한 이유는 지역 내 사람들 사이에서 많이 언급되는 단지들이 상승기에는 많이 오르고 하락기에는 상대적으로 덜 떨어지는 경향이 있기 때문이다. 또한 사람들이 왜 선호하는지 이유를 아는 것이 실질적인 공부가 된다(역세권, 선호 평수, 학군, 단지 수, 편의시설, 조망 등).

네이버 부동산(land.naver.com)이나 부동산랭킹(buking.kr)에서 인기가 많은 단지, '매매가의 평단가' 또는 '전세가의 평단가'가 높은 단지 등을 파악하고 부동산 관련 앱(예: 직방, 호갱노노, 아파트 실거래가)에서 리뷰나 시세 등 정보를 모으는 것이 좋다. 물건에 대해 아는 것과 그렇지 않은 것에는 큰 차이가 있으니 미리 공부한다.

손품으로 물건을 검색할 때 장·단점을 찾다 보면 해당 단지 사람들이 쓴 리뷰를 보게 된다. 보통 집주인은 해당 단지에 대해 장점을 많이 언급하는 반면 세입자는 단점을 많이 언급한다. 실제 살고 있는 세입자의 리뷰가 사실인지 아닌지 파악해보자. 직접 살고 있는 지인이나 임장을 갈 때 공인중개사들에게 물어봐도 좋다. 좋은 부분만 이야기하는 공인중개사가 있지만 간혹 아쉬운 부분을 이야기하는 공인중개사도 있다. 그 공인중개사에게 신뢰가 더 가는 것은 당연하다.

전화를 걸거나 중개사무소 방문에는 감정품이 포함된다. 특히 미묘하고 세세한 감정을 잘 잡아주면서 원하는 정보를 주는 중개사무소를 이후에도 가게 된다. 여러 중개사무소로 전화하다 보면 유독 친절하게 설명해주고 끌리는 곳이 있다. 보통 그 중개사무소의 공인중개사가 일도 잘한다. 통화할 때 편안한 마음이 드는 중개사무소를 방문하면 좋다. 방문해서 이야기를 듣고 물건을 보면서 질문하면 된다.

중개사무소를 갈 때 격식을 너무 갖춘 옷은 서로 부담스럽지만 운동복에 슬리퍼를 신고 가는 것은 더 좋지 않다.

물건에 대해 적극적인 관심을 보이고 질문해야 하나라도 더 많은 정보를 얻을 수 있다. 남편과 아내 중 한 명은 무뚝뚝하거나 호락호락하지 않은 강경파라면 한 명은 부드러운 온건파 역할을 하는 것이 좋다. 중개사무소에 다시 방문할 일이 있다면 계절에 맞는 간식(호빵, 붕어빵, 아이스크림, 커피 등)을 들고 가면 더 친밀해질 수 있다.

맞벌이 투자자 준비 ①
같이 가계부 쓰기

맞벌이 투자자가 되기 위해서는 우선적으로 가계부를 같이 쓰면 좋다. 같이 쓰는 것이 힘들다면 돈에 더 관심이 많고 잘 관리할 수 있는 사람이 맡아 매달 작성한다. 그렇다고 해도 서로가 관심을 갖고 가계부를 관리한다.

가계부를 쓰는 목적은 불필요한 비용을 줄여 투자금(종잣돈)을 최대한 만드는 것이다. 한 달이 지나면 꼭 특정일을 지정해 부부가 힘들여 번 돈(수입)이 어디로 흘러갔는지(저축, 지출 등) 인쇄하여 보면서 좀 더 줄일 수 있는 방법을 모색한다. 의논하면서 A(꼭 필요한 지출), B(꼭 필요하지 않지만 여러 가지 상황에 맞춰 필요할 수도 있는 지출), C(불필요한 지출)을 비고란에 적은 다음, B와 C의 비용을 따져본다. 예상 외로 B와 C의 지출이 많다는 것을 알 수 있다.

다음 표는 아내의 모네타 미니 가계부 중 2017년 1월 식비 일부

구분	분류	지출 내역	현금	카드	카드명	비고
2017. 01. 17.	부식	아들 – 딸기(3,000), 도넛(2,000)	5,000	0	·	A, C(도넛)
2017. 01. 17.	부식	우유 1(아들)	0	2,600	체크카드	A
2017. 01. 18.	부식	우유 2(아들, 4,870), 커피 1(1,300)	0	6,170	체크카드	A, C(커피)
2017. 01. 20.	부식	서더리탕, 양장피, 와인, 바나나, 과자	0	26,310	체크카드	B(여행 중 기분 내기)
2017. 01. 22.	부식	우유 2(아들), 비피더스	0	7,590	체크카드	A
2017. 01. 24.	부식	우유 2(아들)	0	5,170	체크카드	A
2017. 01. 27.	부식	소고기, 삼겹살	0	21,300	체크카드	A
2017. 01. 27.	부식	우유 4(아들)	0	7,960	체크카드	A
2017. 01. 27.	부식	두부, 명태알, 고니 등	12,000	0	·	B(즉흥적으로 구입)
2017. 01. 30.	부식	빵	0	7,820	체크카드	C
2017. 01. 30.	부식	과자, 스프, 우렁	0	4,290	체크카드	C
2017. 01. 02.	외식	남편과 고기 뷔페(홍대)	0	29,300	체크카드	B(기분 내기)
2017. 01. 24.	외식	남편과 버거, 컬리후라이(양재병원 근처)	0	6,100	체크카드	B(외출 중 기분 내기)
2017. 01. 27.	외식	삼겹살 2, 된장, 밥(점심)	0	16,500	체크카드	C(외출 중 기분 내기)
2017. 01. 04.	기타	빵, 커피	0	6,400	체크카드	C(외출 중 기분 내기)
2017. 01. 02.	선물	대왕카스테라(지인 집 방문)	0	13,800	체크카드	B(선물)

분을 정리한 것이다. 이 표를 보면 B와 C의 비용이 총 125,820원이다. 지출 중 상당한 부분이 그 날의 기분에 의해, 상황에 의해 즉흥적으로 발생했다. 투자금을 모으려면 감정적인 부분을 잘 다스려야한다는 것을 보여준다. 물론 너무 아끼다 보면 허무할 때도 있으므로 어느 정도 융통성 있는 관리가 필요하다.

가계부 관리와 관련해서 개인적인 경험을 나누려고 한다. 내가 직장을 다니고 아내가 육아를 전담할 때에는 일찍 퇴근해서 도와줘야하는데 말처럼 쉽지 않다. 집안일부터 육아까지 많이 도와주지 못해서 미안한 마음뿐이다. 그래도 틈틈이 도와주려고 노력하지만 여전히 100점 만점에 10점짜리 남편이다.

아무래도 아내가 살림 전반을 맡아서 하기 때문에 '알아서 잘 관리하겠지'라는 믿음으로 크게 관여하지 않았다. 다만, 가계부 정리에 최소한이라도 도움을 주는 경우가 있는데 월급날 아내가 알려주는 대로 월급을 여러 개의 통장으로 이체하는 것이다. 굳이 모바일 뱅킹으로 직접 이체하는 이유는 이렇게 직접 보내면서 계좌를 보면 현재의 자금 상황을 자연스레 알게 되기 때문이다. 물론 수시로 마이너스 통장과 대출 계좌는 확인하지만 직장에 치이다 보면 가계의 현황에 소홀해질 수밖에 없다. 아내가 자산 상태표와 현금 흐름표를 작성해주는 수고스러움을 알기에 항상 고마워하고 있다. 그 덕분에 자산과 채무가 얼마인지, 어떤 점이 부족한지 알게 되는 이점이 있다.

이때 내 나름대로 존중의 의미를 담아주는 작은 행동이 있다. 바로 자금 이체 시 제일 먼저 아내 용돈부터 이체하는 것이다. '왜 저런 걸 존중이라고 하지?'라고 생각할 수도 있겠지만 나로서는 한 달에 한 번 의식을 치르듯이 감사한 내 마음을 담아서 보낸다.

또 다른 방법은 가끔씩 육아에서 해방시켜주는 것이다. 아무래도 육아에서 자유로운 것이 가장 큰 선물인 것 같아 내가 아이와 시간을 보내면서 아내에게 자유시간을 주기도 한다(물론 지금까지 손에 꼽긴 하지만 말이다). 아직 서투르지만 아이와 함께 지내다 보면 정말 아내를 비롯한 이 땅의 엄마들이 참 고생한다는 생각이 절로 든다.

부부가 서로 맞춰 사는 것이 정말 쉽지 않지만 공통의 관심사를 바탕으로 생활하면 어려움도 즐거움이 된다. 자신의 의견만 내세우지 말고 한 발자국 물러서서 상대방의 의견을 경청하고 존중하는 습관을 기르는 것도 성공적인 부부생활과 부동산 투자를 병행하는 한 방법이라고 생각한다.

맞벌이 투자자 준비 ②
자주 대화하기

맞벌이 투자자가 되기 위해서는 이전보다 부부간에 대화를 더 많이 해야 한다. 왜 투자를 시작해야 하는지, 왜 부동산 투자여야 하는지, 부부의 목표가 무엇인지, 그리고 목표를 이루기 위해서 어떻게 해야 할지 등 모든 부분에서 의견을 나누고 합의점을 찾아야 한다.

우리 부부도 합의점을 찾고 실행하는 데 결혼 전부터 결혼 후까지 5년 이상이 걸렸다. 재테크에 관심이 많았던 우리 부부도 부동산으로 들어오기까지 많은 경험과 시간이 필요했던 것이다. 투자를 시작하면서도 변수가 많아 어느 것 하나 쉽지 않았고 문제가 발생할 때마다 대화가 꼭 필요했다.

우리 부부는 크게 투자 전·후, 매도 전·후, 세입자 관리 등 매 과정마다 갈등이 있었다. 투자 전에는 왜 그 지역이어야 하는지, 왜 그 물건이어야만 하는지, 왜 그 지역에 여러 채를 사야 하는지, 왜 아파트 수를 더 늘려야 하는지 등으로 의견 충돌이 있었다. 하지만 물건의 좋은 점과 나쁜 점에 대해 서로 자료를 분석하니 혼자보다는 훨씬 객관적인 자세를 취할 수 있었다. 투자한 후에는 다른 물건은 많이 오르는데 우리 물건만 많이 오르지 않는다고 속상한 마음을 내비쳤다가 감정이 상하기도 했고 매도한 후에는 물건에 대한 아쉬움으로 갈등이 있기도 했다.

그렇게 여러 번 다투면서 결과적으로 알게 된 것은 남과 비교하지 말고 우리 부부의 있는 그대로를 인정해야 행복하다는 사실이다. 서로를 자주 격려해주고 우리 부부의 목표를 생각하며 마음과 말을 관리하기로 했다.

부부 중 한 명이 투자를 전혀 하고 싶지 않으면 대화에서 합의점을 찾기가 힘들다. 그래서 투자를 아예 포기하거나 남편 또는 아내 혼자서 투자를 하는데 결과물이 나와 배우자 앞에서 당당해질 때까

대화 시 문제가 생겼을 때 대처방안

1. 자신의 생각을 바로 내뱉지 않는다. 몇 시간, 하루, 며칠을 생각해본 다음에 이야기한다.
2. 미리 일어나지 않은 일에 대해 너무 긍정적이나 부정적으로 생각하지 않는다. 머리와 감정을 차갑게 하고 객관적으로 장·단점을 생각해본다.
3. 고수를 비롯하여 다른 사람과 비교하지 않는다.
4. 있는 그대로를 인정하고 서로를 격려해준다.

지 다른 가족의 지원을 받지 못하고 외로운 길을 가기도 한다. 이렇게 부부의 뜻이 서로 다르다면 '가정의 행복'이라는 표면적 이유로 시작한 투자지만 결국 누구를 위한 투자인지 때때로 고민하게 되는 시점이 온다. 그렇기 때문에 배우자를 내 편으로 만들어 같이 투자하는 것이 좋다. 물론 한 사람의 생각을 변화시키는 일은 쉽지 않기에 지속적으로 말해주는 것이 좋다. 단, 강제적으로 하자고 하면 더 큰 불만과 갈등을 일으킬 수 있으니 조심한다.

이제 배우자를 내 편으로 만드는 비법을 소개하려고 한다. 우리 부부의 경험과 지인들의 경험까지 아우른 효과적인 방법들이니 잘 숙지하고 자신만의 노하우로 만들어 활용하길 바란다.

첫째, 임장과 여행을 병행하여 중개사무소와 아파트에 자연스럽게 접근한다. 배우자는 '임장'의 뜻도 모르는데 "우리, 임장 가자. 빨리 옷 입어! 이번 주말에는 여러 군데 봐야 돼"라고 하면 거부감이 들 수 있다. 주말에는 좀 쉬면서 모처럼의 여유를 만끽하고 싶은데 무슨 부동산을 보러 간다는 건지….

이런 상황이면 계속 평행선을 달리게 된다. 배우자의 관심이 여행이라는 과정을 통해 자연스럽게 접근할 수 있도록 한다. 먼저 임장하고 싶은 지역의 여행 포인트를 잡아서 계획한 다음, 여행하다가 중간에 잠시 아파트를 보는 것이다. 배우자가 관심을 보이면 내부도 보자고 한다. 그렇게 하면 거부감도 줄어든다(여행 첫날에는 보고 싶은 아파트 외부만 보고, 둘째 날에 내부를 보자고 하는 방법도 있다).

둘째, 부동산 투자 관련 강의나 온라인 카페의 임장 모임 등에 같이 참

석한다. 몇 년 전, 운영하고 있는 보리실전투자클럽의 온 가족이 참여하는 1박 2일 여행을 기획했다. 단순히 투자자들끼리만 만나는 모임을 떠나 부동산에 관심이 없는 배우자, 아이들까지 함께 하자는 의도였다. 투자자는 항상 외롭기에 서로 간의 고민도 나누고 강의도 겸하면서 새벽까지 정말 좋은 시간을 가졌다. 그 여행 이후로 배우자들의 참여도 부쩍 늘었고 관계에 도움이 컸다는 회원도 있었다. 뭘 하더라도 부부가 같이 하는 것이 참 좋겠다는 생각이 들었다.

셋째, 부동산 거래할 때 같이 참석한다. 혼자 부동산 투자를 해도 배우자가 관심이 없으면 그저 나중에 수익이나 손실 보고만 하는 경우가 많은데 거래가 이뤄지는 현장에 함께 가면 관심도를 높일 수 있다. 직접 돈이 오가고 계약 상황에 따른 긴장감과 여러 돌발상황까지 같이 경험하다 보면 배우자가 고생하는 줄도 알고 부동산을 제대로 알아보고 투자하려는 생각이 들게 된다.

넷째, 배우자 명의로 부동산을 사준다. 자기 명의로 된 부동산이 생기면 관심을 가지지 않을 수 없다. 특히 생일, 결혼기념일 등에 맞춰 진행하면 효과는 더욱 크다.

다섯째, 투자할 매물의 상태와 전망을 설명해준다. 배우자를 위한 투자 브리핑을 하는 것이다. 특히 배우자가 평소에 정확한 근거를 갖고 의사를 결정하는 사람이라면 이 방법이 더욱 필요하다. 왜 이 매물을 사려고 하는지, 매물의 전망과 예상 수익이 어떻게 되는지, 다음에 매입하려는 매물과 자금 운용은 어떻게 할 것인지 등을 보고서처럼 만들어 진심 어린 설득을 시도해본다.

지금까지 말한 방법의 밑바탕에는 행복한 가정을 위해 노력하는 당신의 모습이 깔렸다. 배우자에게 당신의 진심을 보여주고 설득해서 같이 투자하는 부부가 되었으면 한다.

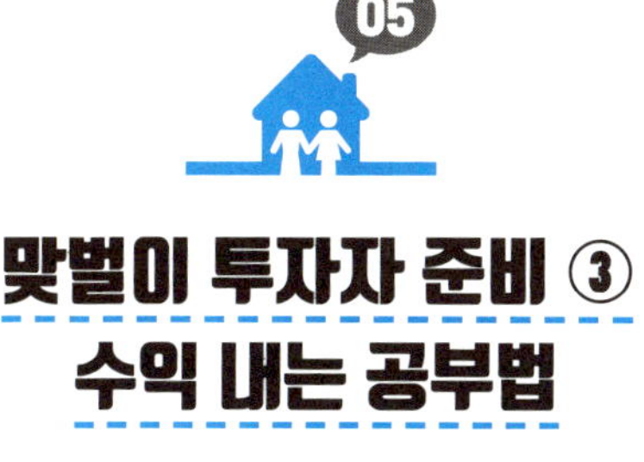

맞벌이 투자자 준비 ③
수익 내는 공부법

사실 투자의 길은 외롭다. 부모님이나 가족들은 대출을 받는다고 하면 걱정부터 한다. 투자를 투기로 보는 시선도 여전히 많다. 그래도 흔들리지 않고 자신의 길을 가야 한다. 목표대로 흔들리지 않고 가기 위해 필요한 것이 공부 또 공부다. 여기서 '공부'는 손품을 팔아서 온라인 자료나 책을 보는 것부터 강의 참석, 임장 활동 등 발품까지 아우른다.

너무나 일반적이지만 우리 부부도 투자하기 전에 여러 재테크 책과 부동산 책을 읽었다. 너무 책만 읽으면 이런저런 이유로 투자 시작이 멀어질 것 같아 어느 정도 투자 간접경험과 공부를 했을 즈음에 투자를 시작했다. 아내에게 투자를 할 수 있게 용기를 준 책은 《돈 걱정 없는 노후 30년》,《빌딩 부자들》,《월세의 여왕》 등이다. 월세를 받으면서 돈을 불려 나중에 빌딩 부자가 되기로 다짐했다.

투자를 시작하면서 부동산 책에 관심이 더 생겼다. 지인들이 추천한 책은 무조건 사서 봤고 절판된 책이면 중고서점을 뒤지거나 도서관에서 빌려서라도 봤다. 나는 투자하면서 알게 된《노후를 위해 집을 이용하라》를 바이블로 여기며 지금도 시간이 날 때마다 읽는다.

간혹 '100권을 다 보고 나서 부동산 투자를 시작해야지', '몇 년 공부하고 투자해야지'라는 사람들도 있는데 몇 권 읽거나 강의를 통해 투자의 기본을 익혔다고 판단되면 현장에서 부딪쳐 보는 것이 좋다. 너무 많이 공부하면 오히려 위험요소에 대한 거부감이 강해져서 투자를 못하거나 타이밍을 놓칠 수 있다. 우선 1채를 사면 그전에 책에서 봤을 때보다 훨씬 많은 것을 알 수 있다.

우리 부부는 2013년 17평 아파트를 처음 사고 나서 '소형 아파트', '지방 소형 아파트', '아파트 투자' 등을 검색한 다음, 관련된 온라인 카페에 가입했다. 그리고 많은 정보를 얻었다. 투자를 미리 한 선배들의 살아있는 경험과 조언은 새로운 세상이었다. 투자하기 전까지는 빚이 있으면 큰일 나는 줄 알았고 부동산 투자가 과연 잘하는 것인지 의심도 했었다. 2채 있을 때는 빚이 더 늘어나서, 3채를 샀을 때는 세금이 많아지면 어떻게 할까 고민을 했다.

그러나 온라인 카페에서 만난 투자 선배들의 실질적인 조언을 들으면서 막연한 두려움을 떨쳤고 세금은 버는 것만큼 내는 것이니 더 많이 내면 좋은 것이라는 긍정 마인드로 바뀌었다. 또한 온라인 카페에서 활발한 논의가 있는 지역이 있으면 바로 투자자들의 관심을 받고 있다는 것을 알 수 있었다. 2013년 후반부터 온라인 카페에서는 수도권에 대한 이야기가 오갔고, 2014년부터는 특히 서울에 대한 이야기가 활발해졌다. 2015년에는 우리 부부와 비슷한 연령대의 많은 사람이 아파트에 관심을 갖고 투자한다는 사실을 알게 되었다. 사람들이 '부동산으로 돈 버는 시대는 끝났다'라고 말할 때에도 투자자들은 오히려 기회라며 잡으려고 했다. 투자자가 일반인보다 투자 관련 행동이 훨씬 빠르다는 것을 깨달았다. 2014년부터 온라인에 우리 부부의 투자 이야기를 연재하고 있으며 최근에는 투자자 모임의 운영자 중 한 명으로 활동하고 있다.

다큐멘터리를 좋아하지만 아내와 시사 프로그램도 즐겨 본다. 이것도 우리만의 공부법 중 하나다. 꼭 부동산 분야가 아니더라도 다양한 분야를 섭렵하는 것이 숲을 보는 데 도움이 된다.

부동산을 공부하려고 마음을 먹었다면 부동산 투자 관련 온라인 카페에 가입해서 적극적으로 활동하길 추천한다. 2013년에 비해 온라인 카페가 더 많아졌고 부동산 강의도 다양해졌다. 여러 온라인 카페에 가입해서 자신이 사는 지역에 대한 정보나 현재 사람들이 관심을 갖는 지역과 트렌드에 대해 공부해보자. 투자 선배들이 추천하는 책을 읽거나 강의를 듣는 것도 효과적이다. 오프라인 모임 등에 정기적으로 참석해서 부동산 관련 인맥을 넓히는 것도 좋은 방법이다.

컨설팅은 주의, 또 주의

부동산 투자를 처음 시작하면 어떻게 해야 할지 몰라서 컨설팅을 받을지 고민한다. 수도권에 투자하고 싶은데 지방에 거주할 때, 또는 다른 지방에 투자하고 싶을 때, 어디에 투자해야 하는지 확신이 없을 때 투자를 경험한 사람들에게 도움이나 자문을 받기 원한다. 사실 우리 부부도 투자하면서 컨설팅을 받은 적이 있다. 컨설팅이 무조건 나쁘다고 생각하지는 않는다. 그렇지만 경험과 주변 이야기를 종합해보면, 주의할 점이 있다.

첫째, 컨설팅 업체가 믿을 만한 곳인지 꼭 따져본다. 책이나 신문 등에 나온다고, 인지도가 높다고 무조건 믿으면 안 된다. 실제로 가진 능력이나 경험에 비해 과대 포장된 경우가 있다. 강의를 들을 때나 업체와 상담할 때 들은 정보라도 시청이나 구청의 관련 부서에 문의하고 진행 여부를 확인한다. 또한 컨설팅 비용이 터무니없이 비싼 건 아닌지도 비교해본다.

둘째, 모든 일이 업체가 말한 대로 잘 진행되는지 수시로 파악한다. 예를 들어, 리모델링을 맡겼다면 약속한 대로 진행되고 있는지 확인하고 컨설팅 업체가 제시한 임대료를 실제로 받을 수 있는지, 공실의 위험성은 없는지 미리 파악한다.

셋째, 컨설팅을 받고자 하는 지역이 호재가 있는지 앞으로 공급 물량은 얼마나 되는지도 꼭 따져본다. 계약하고 컨설팅 비용을 낸 후부터는 투자한 본인이 책임을 진다. 임차인을 구하지 못해서 잔금을 못 치룰 수도 있고 몇 개월 동안 공실이 생길 가능성도 있다.

1~2년은 투자한 부동산 주변에 입주 물량이 없어서 좋았는데 그 이후에 입주 물량이 크게 늘어나는 바람에 매매가나 임대가가 떨어질 수도 있다.

컨설팅을 받는다고 모든 것을 맡기지 말고 따질 것은 깐깐하게 따져야 금전적으로 손해를 보지 않고 심리적으로도 힘들지 않다.

오늘부터 도전하자

우리 대부분은 평범한 가정에서 태어났다. 그리고 우리를 위해 치열하게 살아오신 부모님의 따뜻한 사랑을 받으면서 자랐다(물론 부모님의 보살핌 없이 홀로서기를 일찍 해야 하는 등 좀 더 거칠게 산 사람도 있다). 학교를 졸업하고 직장을 다닐 때에는 눈칫밥 먹으면서 돈을 번다. 한 푼이라도 더 저축하면서 수익을 내보려고 노력도 참 많이 한다.

결혼할 때 부모님이 평생을 일군 재산 중 일부를 받아 집을 마련하는 부부가 있는가 하면 도움 없이 오직 둘만의 힘으로 시작하는 부부도 있을 것이다. 지금의 우리는 뭐든지 할 수 있을 것 같은데 실제로는 뭐든지 다 할 수 없기도 하다.

하고 싶은 것은 많지만 육아에 매이고 직장생활에 치이면서 현실에 순응하는 과정 속에서 살고 있다. 각종 매체에 등장하는 100억 부자 등의 사례는 넘사벽('넘을 수 없는 사차원의 벽'의 줄임말로, 아무리 노력해도 내 힘으로는 뛰어넘을 수 없는 상대방을 가리킨다)처럼 보이고 때로는 좌절감을 느끼게 만든다. 이 상황을 타개해보고자 또 다른 (경제 이익) 생산자로서의 삶이 필요한 것 같은데 크나큰 도전이니 쉽게 나서지 못한다. 이러지도 저러지도 못하고 시간만 흘러가고 고민만 깊어간다. 누군가는 이런 말을 한다.

"원하는 일을 찾아서 올인해야 한다. 그리고 최선을 다해 죽을 각오로 노력해야 한다."

그러나 그런 말은 직장을 박차고 나갈 힘을 주진 못한다. '나도 그렇게 해볼까?'라고 생각하다가 이내 가슴만 답답해지고 불안해지기만 한다.

우리는 누군가의 아내이자 남편이며 아이의 부모이기 때문에 과감한 선택은 생각만 할 뿐, 현실에 주저앉는다. 가까운 지인만 둘러봐도 그렇다.

주변의 누가 '아파트나 땅을 사서 몇 천을, 몇 억을 벌었다'라는 이야기를 듣고 속이 쓰리지 않는다면 거짓말이다. 한없이 부럽고 또 부럽고, '그동안 나는 뭐했는지'라는 자괴감마저 든다. 그러나 다음과 같이 생각했으면 좋겠다.

'배 아프니까 사람이다!'

그냥 솔직하게 인정하고 나를 한 번 뒤돌아보자. 조급해하지 말자. 주변에서 일어나는 일들이 나 자신을 성장시킬 것이다. 먼저 부자가 된 것에 박수를 쳐주고 지금부터 나만의 커리어를 만들도록 하자. 여기서 꼭 당부하고 싶은 말이 있다.

"절대 직장을 박차고 나오지 말자!"

뭔가 하겠다고 해도 직장을 그만두면서까지 올인할 필요는 없다. 반드시 안정성은 확보하고 있어야 한다. 새로운 그 무언가를 시작하기 위해 직장도 관두고 지금까지의 경력까지 버릴 필요는 없다. 직장을 포기하지 못한다고 꿈을 이루기 위한 간절함이 부족하다고 생각하지 않는다.

지금 하고 있는 것은 포기하지 않고 새롭게 해보고 싶은 것을 하나둘씩 마음 편하게 시작하면 좋겠다. 처음에는 가볍게 툭툭 건드려 보자. 관심 가는 일을 시험 삼아 하는 것으로 부담 없이 시작해 본다. 이렇게 경험을 계속 쌓으면 그전에는 넘사벽이라 여겼던 일들이 이까짓 것쯤이야 정도로 낮아지고 어느 순간부터는 각종 문제를 능숙하게 처리하는 나를 발견하게 될 것이다.

우리 부부가 그랬다. 첫 투자를 하기 전인 5년 전만 해도 대구, 경산의 주택가를 걸으면서 '이런 곳에 집 하나 사서 월세를 받으면 좋을 텐데…'라며 막연하게 생각만 하고 한숨을 쉬고 있었다. 그러나 이제는 아파트 매매, 전·월세 재계약의 과정에서 발생하는 온갖 상황들을 그러려니 하면서 능숙하게 대처하는 우리 부부를 서로 발견하고 있으니 참 많이 발전했다고 생각한다.

독자 여러분도 가능하다. 단지 자신의 스타일 차이로 인해 달성하는 시기의 차이만 있을 뿐이다.

투자의 스타일도 다 제각각이니 누가 정답이라는 공식은 없다. 완벽하진 않더라도 부담 갖지 말고 직접 부딪쳤으면 좋겠다. 부담을 벗어나 자기만의 스타일대로 직장 일과 투자를 병행하는 모습, 그리고 꼭 투자가 아니어도 자신이 좋아하는 가슴 뛰는 일에 도전하는 모습이 우리가 원하는 목표에 조금씩 가까워지는 길이다.

도전은 결코 거액을 거는 도박이 아니다.
치밀하고 성실하게 완성시키는 준비의 과정이다.
― 애덤 그랜트(《오리지널스》 저자)

투자의 디딤돌은 종잣돈이다

이번 장에서는 부동산 투자를 위해 필요한 종잣돈을 모으고 관리하는 방법을 우리 부부의 경험담을 통해 알려주고자 한다. 특히 인생 목표를 세우고 실천하는 방법과 통장을 효율적으로 관리하는 비법, 우리 집 자산 흐름표 작성법, 보험 리모델링과 금융상품 고르는 법 등을 설명한다. 그리고 투자의 관점에서 대출 관리에 대해 이야기하려고 한다.

부자 노트에 인생 목표를 써라

'부동산 투자를 하는 데 거창하게 인생 목표까지 나와야 하나?' 라고 생각할 수 있겠지만 목표 없는 투자는 흔들리기 쉽다. 가까이는 일일 목표에서부터 멀리는 인생 목표까지 계속 업데이트를 해야 한다.

사실 부동산 투자를 하기 전에는 쳇바퀴 돌듯 이어지는 직장생활에 맞춰 종잣돈을 모으고 막연히 나중에는 부자가 되겠다는 생각으로 살았다. 간간히 기부하고 봉사 활동을 하며 자기만족에 취해 살았고 나중에 나이가 들면 사회적 기업 활동에도 관심을 가지자는 정도의 생활이었다. 그러다 부동산을 투자하면서 구체적인 계획을 세우고 실천하는 삶으로 바뀌었다. 아무래도 또 다른 길을 개척하는 입장에서 내 시간과 열정을 허투루 쓰고 싶지 않았기 때문에 최대한 세분화해서 목표를 세우고 방향을 잡았다. 그리고 그 목표와 방향을 실천하기 위해 '맞벌이 부부의 부자 노트'를 마련했다. 각자의 목표, 부부 공동의 목표, 목표를 이루기 위한 노력 방안, 책이나 강의에서 공부한 내용, 꼭 기억해야 할 내용, 관심 아파트 정보 및 시세 조사, 상담 내용, 임장 내용 등을 적었다. 그 모든 노력이 쌓이고 쌓여서 좋은 자료가 되었다. 이때 목표와 이를 이루기 위한 노력은 되도록 구체적인 숫자로 적는 것이 좋다. 우리 부부가 부동산 투자를 시작하기 전인 2012년과 투자 후인 2014년에 적었던 목표를 공개한다.

- 2012년 목표

1. 38세에 광주 ○○동에 24평 아파트 1203호에 산다.

2. 60세에는 방 14개의 원룸 건물을 5억 원에 사서 월 400만 원의 임대소득을 올린다.

3. 우리는 3년 후 2억, 10년 후 4억, 20년 후 8억 원의 순자산을 갖는다.

4. 은퇴 후 우리는 유럽 여행을 간다.

5. 은퇴 후 우리는 1,000여 권 이상의 책을 가진 북카페를 열어서 88하게 살고 봉사하며 즐겁게 산다.

- 2014년 목표(부동산 관련)

"우리는 부동산 투자로 반드시 부자가 될 것이다!"

1. 36세에 우리는 소형 아파트 20채를 갖고 200만 원의

2장 투자의 디딤돌은 종잣돈이다

순수 임대 수익을 얻을 것이다.

2. 45세에 우리는 소형 아파트 50채를 갖고 500만 원의 순수 임대 수익을 얻을 것이다.

3. 55세에 우리는 소형 아파트 100채를 갖고 1,000만 원의 순수 임대 수익을 얻을 것이다.

4. 62세에 우리는 소형 아파트를 50채로 줄이고, 빌딩을 2채 소유하여 월 2,000만 원의 순수 임대 수익을 얻을 것이다.

우연인지 몰라도 우리가 산 아파트 호수와 목표했던 호수가 같기도 했으며(1203호), 서른여섯 살에 원하던 채 수를 달성할 수 있었다. 목표를 몇 개는 이룬 것이다. 독자 여러분도 목표를 구체적으로 세우고 노력하면 몇 년 후에는 실현 불가능하게 느껴지는 막연했던 것이 이뤄지는 신비한 경험을 하게 될 것이다.

우리는 지금도 목표를 이루기 위해 부동산 책을 읽고 강의를 듣고 블로그 활동을 하고 있다. '보리실전투자클럽'이라는 소규모 투자 스터디를 구성해 공부도 하고 정기적으로 임장을 하면서 서로 친분을 쌓고 있다. 아내는 별도로 '선한 부동산 투자자 모임(네이버 밴드)'에서 만난 사람들과 평일에 임장 모임을 하고 있다. 우리 부부의 2017년 목표는 '부동산을 통해 안정적인 노후를 만들자'이다.

30대라서 노후는 아직 먼 미래라고 여기고 싶지만 리어카에 폐지를 싣고 위험천만한 도로를 걷는 어르신들을 보면서 나의 노후를 생각한다. 열심히 일하시는 모습이 멋지면서도 힘들어 하는 모습을 보면 콧등이 시려진다. 나이가 드셨는데도 일을 할 수밖에 없는 부모님이 떠오르기 때문이다.

가장 중요한 노후 대책은 '경제적 문제 해결'이 압도적으로 나왔다는 기사를 본 적이 있다. 막연하게만 생각했던 노후 준비와 관련한 경제적 독립에 대해 좀 더 구체적인 목표를 세우자는 생각이 부쩍 들었다.

목표 없이 생활하는 것은 단순히 현재의 상황에 만족하거나 그냥 포기하고 사는 것과 다를 바 없다. 구체적인 목표를 정하고 꾸준히 실천하는 것이 맞벌이 부부로서 성공적인 투자를 하는 첫걸음이다. 강의를 듣고 투자 고수들의 책을 보는 것도 분명 투자의 방향을 잡고 실천하는 데 도움을 준다.

처음에는 '나는 아직 잘 모르기 때문에 공부를 열심히 해야지', '아직 초보이기 때문에 강의를 듣고 열심히 배워야지'라면서 넘치는 의욕으로 공부에 임한다. 하지만 공부가 거듭될수록 투자 고수들의 엄청난 수익률에 기가 죽기도 하고 '나는 과연 할 수 있을까?'라는 생각에 고민을 하게 된다. 공부를 위한 공부, 불안한 마음을 감추기 위한 공부에 빠져들어 '에이, 나한테는 부동산이 안 맞아', '나는 주식이나 다른 걸 해야지'라면서 처음 가졌던 부동산 투자의 의지는 사라지고 만다. 왜 그럴까? 그런 사람에게 나는 다음과 같이 말한다.

"공부 많이 하지 마세요. 그냥 현장에 가서 보고 느끼고 마음에 드는 조건(100%는 아니지만)의 부동산을 사세요. 그러면 부동산을 보는 눈이 달라질 겁니다.”

투자를 병행하면서 공부하면 더욱 재밌다. 예전에는 책을 보며 막연히 이해했다고 생각한 내용이 직접 투자를 해보면서 확실하게 이해가 되고 응용이 되는 과정을 통해 또 다른 맛을 느끼기 때문이다.

첫 투자의 경험은 정말 사람을 다른 사람으로 변화시킨다. 첫 투자를 하고 내 명의의 등기필증을 받거나 첫 월세를 받으면 정말 짜릿하다. 나도 모르게 마음이 든든해진다. 미래를 위해 부동산을 하나 장만했다는 것이 내게 꿈이고 희망이고 위안이 되는 것이다. 그러면서 투자에 대해 더 알고 싶어지고 더 투자하고 싶은 원동력이 만들어진다.

어느 정도 공부했다면 반드시 투자를 시작해서 꿈을 현실로 만들자! 무엇보다 인생의 목표를 세우자!

‘실천하지 않으면 꿈은 꿈일 뿐이다.’

돈이 없으면 그림의 떡

어느 정도 종잣돈이 모였을 때 부동산 투자를 고려하는 것은 좋은 타이밍이고 정상적인 생각이다. 꼭 부동산이 아니더라도 종잣돈을 불리기 위해 어느 분야든 투자하겠다는 생각은 좋다. 그런데 종잣돈도 없는데 부동산 투자에 관심을 가진다면?

'종잣돈도 없는데 부동산 투자에 관심을 가져봤자 의미가 없는 것 아냐?'라고 생각할 수 있지만 전혀 그렇지 않다. 그런 경우라면 정말 박수를 쳐주고 싶은 멋진 자세라고 칭찬해주고 싶다. 종잣돈이 없는데도 투자를 생각한다는 것은 실천하려는 마인드가 갖춰져 있다는 것을 의미함과 동시에 인생의 터닝 포인트를 만들 수 있는 중요한 상황이기 때문이다.

사람들 대부분은 현재의 힘든 상황을 한탄한다. 누군가는 투자로 돈 벌고 경제적 자유를 얻었다고 부러워하며 관심을 가진다. 그러

2장 투자의 디딤돌은 종잣돈이다

다가 '에이, 내가 어떻게 할 수 있겠어?'라며 생각만 하다 곧 흐지부지되고 만다. 우리 부부도 처음에는 그랬다. 그런데 앞에서 말했듯이 쉽게 접하는 예금, 적금, 펀드 등 금융 재테크로는 처음부터 목돈을 갖고 있지 않은 이상 부자가 되기 힘들다. 이 부정하기 힘든 사실이 부동산 투자를 시작하게 된 계기가 되었다. 그렇다면 앞으로 어떻게 해야 할까?

종잣돈이 있다면 부동산 공부를 시작하면서 투자계획을 세우는 것이 좋고, 없다면 목표를 정하고 무조건 저축부터 하자! 부모님의 도움을 받을 수 있으면 몰라도 그렇지 못하면 처음 종잣돈을 모으는 방법은 적금과 예금이다. 적금과 예금을 통해 종잣돈을 모을 때 우리 부부의 방법을 알려주고자 한다.

첫째, 적금 만기 시 이자를 쓰지 않고 원금과 이자를 그대로, 또는 기존에 모아둔 또 다른 여윳돈을 예금에 넣는다. 적금이나 예금은 조금 벅찰 정도로 하는 것이 좋다. 잊지 말자!

둘째, 적금 통장은 하나만 만들지 말고 금액을 분산해서 두 개 이상을 만든다. 수입이 늘어날 때마다 통장 수를 늘린다. 소액이지만 통장이 늘어나는 기쁨, 만기를 채우는 기쁨을 누릴 수 있다. 해약할 일이 있다면 여러 적금 통장 중에 하나나 두 개를 해약하면 되므로 위험이 분산되는 효과도 있다.

셋째, 주거 비용은 최소가 들게 하면서 강제적으로 저축한 후에 지출하자.

넷째, 돈이 안 모인다고 조급해 하거나 실망하지 말자. 일단 1,000

만 원 모으기가 되면 그다음 단계인 2,000만 원, 3,000만 원 이상은 좀 더 쉽게 모을 수 있다. 첫 단추 1,000만 원부터 바짝 모아보자!

수익률을 따지고 한 푼이라도 더 받자는 자세로 종잣돈을 마련하려고 하면 안 된다. 종잣돈은 말 그대로 원금을 모은다고 생각하면서 이자나 기타 수입은 덤이라고 여긴다. 이자를 좀 더 받겠다고 원금 보장이 안 되는 상품에 과감하게 투자했다가 원금마저 날릴 수 있기 때문이다(사실 과거의 내가 그랬기 때문에 종잣돈은 꼭 원금 보장형으로 모으라고 말해주고 싶다).

마이너스 인생을 살고 있다면 독하게 마음먹고 과감히 지출부터 줄인다. 지출 전에 저축부터 하고 남은 돈으로 지출하는 자세가 필요하다. 여기까지는 기존의 재테크 책에서 나오는 이야기이고 누구나 이 정도는 나도 한다고 생각할 수 있다(사실 과거에는 나도 이렇게 생각했다). 하지만 장담하는 데 누구나 할 수 있는 건 절대 아니다. 뼈를 깎는 고통이 뒤따른다.

기본적으로 과시욕은 과소비의 주범이다. 남들은 해외 어디를 여행했다면서 부러워하거나 친구가 고가의 명품가방을 사면 자신도 똑같이 해야 직성이 풀린다. 그렇지 않으면 남들에게 뒤쳐진다고 생각한다. 이러한 행동을 보기 좋게 포장한다. '지금 이순간은 영원히 오지 않아…', '나도 퀄리티(quality) 있게 살아야지…', '남들도 다 그렇게 하는데…'라면서 말이다.

그렇다. 지금 이 순간은 다시 오지 않는다. 그런데 돈도 오지 않는다. 그냥 나를 거쳐 다른 사람에게 흘러갈 뿐이다. 그러다 쳇바퀴 돌듯 살고 나이를 먹고 노인이 된다. 자식들 결혼시키고 집 장만하는 데 도와주면 돈이 없다. 앞으로 살아갈 날이 수십 년이나 남았는데 노후를 위한 자금이 없다. 그제야 뒤를 돌아보면 그동안 뭐를 했나 싶다. 60대, 70대가 되었지만 일을 해야 살아갈 수 있을 것 같은데 일이 없다. 지금 어떻게 준비하느냐에 따라 언젠가 닥쳐올 노후의 상황이 달라진다.

돈을 멋있게, 폼 나게 쓰고 싶다면 부의 추월차선을 달려보자. 당장 부자가 되라는 이야기다. 남들이 생각하지 못한 특별한 아이템으로 사업을 해서 당장 부자가 되면 그렇게 써도 걱정이 없다. 그러나 그런 사람들의 범주에 내가 들어가기 힘들다.

내가 평범한 사람이라고 생각한다면 지금 당장 지출을 줄이고 종잣돈을 모으자. 그리고 부동산을 공부하자. 부동산 투자를 공부하고 실천하는 것이 평범한 사람이 부의 추월차선을 탈 수 있는 방법이라 생각한다.

똑똑한 짠돌이, 짠순이가 되자

맞벌이를 하면 외벌이 때보다 월급의 총량이 많아져서 금방 부자가 될 것 같은 착각이 들기도 한다. '많이 번다'의 착각에 빠져서는 안 된다. 그렇다고 무조건 절약이 미덕이고 능사는 아니다.

개인적으로는 절약이 미덕일 수 있으나 사회 전체적인 측면에서 보면 절약은 반드시 긍정적이지만은 않다. 경기 침체기에는 오히려 절약이 경기 회복에 걸림돌이 될 수 있기 때문이다. 소비가 살아나지 않으면 생산이 줄고 실업이 늘게 된다는 연구 결과도 있다. 소비는 생산에 긍정적인 영향을 미치고 일자리 창출에 기여하며 경제 규모를 키우는 데 큰 역할을 담당하므로 소비도 분명 미덕이다. 다만 사치와 과소비는 오히려 거품을 조장하여 경제에 부담된다. 당연한 이야기지만 건전한 경제 발전을 위해서는 합리적인 소비가 필요하다. 가정에서도 마찬가지다. 합리적인 소비란 소득 수준에 맞는 계획적인 소비를 말한다. 충동적이고 빚을 내서 하는 소비는 빛 좋은 개살구뿐이라는 사실을 명심해야 한다.

그런데 합리적인 소비가 참 어렵다. 소득이 일정해도 소비의 변동성이 커서 효율적인 가계 관리가 쉽지 않다. 이럴 경우에는 소비를 고정시키고 저축액만 늘리거나 줄이는 것도 하나의 방법이다. 고정 지출과 변동 지출을 나눠 최대한 지출을 관리하고 갑자기 큰돈이 필요할 때를 대비해 저수지통장을 만든다.

가계 관리의 또 다른 고민이 바로 신용카드다. 긁을 때는 즐겁지만 한 달 뒤의 명세서는 나를 괴롭게 만든다. 할부금액이 계획한 지출금액보다 많을 때도 있다. 이러면 곤란하다. 사회 초년생시절에는 카드를 신나게 쓰다가 적자가 날 때가 종종 있었다. 결혼 전부터 신용카드는 비상용으로 쓰고 체크카드를 주로 쓴다. 통장의 금액만큼만 나가니 과소비와 충동구매를 막고 지출을 줄이는 데 도움이 된다.

요즘은 내 명의로 된 체크 기능과 신용 기능 겸용인 카드를 가족카드로까지 발급받아 같이 쓰고 있다. 연말정산을 위한 방법이기도 한데 맞벌이의 경우 수입이 많은 사람에게 연말정산을 몰아주는 것이 각각 나눠서 쓰는 것보다 낫다. 통장의 돈이 먼저 나가고 잔고가 없으면 신용카드로 넘어가기 때문에 유용하게 쓰고 있다. 할부는 나중에 부담으로 다가오는 것을 알기 때문에 잘 하지 않는다. 신용카드를 사용하다 보면 할부의 유혹에 빠지는데 종잣돈을 모으는 시기에는 할부를 해야 살 수 있는 물건이라면 되도록 관심을 두지 않는 것이 가계 운영에 유리하다. 무이자 할부가 아니고 수수료를 내야 하는 할부라면 더욱 피해야 한다. 카드사마다 다르지만 보통 할부 수수료는 13~20% 내외다. 은행 이자보다 몇 배나 높은 할부 수수료를 물면 종잣돈을 모으려는 우리의 노력이 너무 아깝다는 생각이 들 것이다. 이처럼 가급적이면 할부 습관을 줄이는 것이 소비 관리에 도움이 된다.

신용카드나 체크카드의 혜택에 집착하지 말라고 꼭 말하고 싶다. 카드가 주는 할인 혜택을 받기 위해 처음 계획보다 더 많이 살 뿐만 아니라 불필요한 물건까지 사기도 한다. 배(할인 혜택)보다 배꼽(지출액)이 더 커질 수 있다. 1+1 상품이 실질적인 할인 혜택보다 충동구매를 조장하는 것처럼 할인 혜택에 눈이 멀어 더 소비하지 않도록 한다. 예를 들어, 자동차 구입 비용을 줄여준다는 선(先)할인 포인트 지급의 경우 줄여준 금액에 대한 포인트를 채우기 위해서는 꽤 많이 카드를 써야 한다. 만일 기간 안에 카드 사용액이 적어서 포인트를 채우지 못하면 할인받은 포인트를 토해내야 한다.

참고로, 우리 부부는 중고차를 사면서도 현금을 냈다(버스가 자주 다니지 않는 시골에서 결혼생활을 하는 바람에 구입하게 되었다). 차량 할부 대출을 이용하면 매달 고정 소비로 이어져 가계에 부담된다. 또한 한 번에 현금으로 내면 원래 가격보다 좀 더 싸게 살 수 있다. 우리 부부에게 차는 직장 출퇴근이나 임장을 갈 때 필요한 존재 그 이상도 이하도 아니다. 과시욕이 있었다면 벌써 비싼 대형차나 외제차를 샀을지 모른다. 지금 타고 다니는 차는 중고로 사서 10년이

2장 투자의 디딤돌은 종잣돈이다

넘었는데 자산에 포함해 감가상각을 적용하니 매월 20만 원씩 공제가 되어 현재는 차량가액보다 마이너스다. 앞으로 큰 문제가 없으면 5년 정도는 더 타고 다닐 계획이다. 정확히 말하면 아내가 차를 바꿔줄 생각이 없다는 것이 정답이다. 할부의 무서움을 알기 때문에 꾹 참고 모아서 샀는데 차를 바꿀 때에도 그렇게 할 것이다.

사실 직장 출퇴근이 어렵거나 교통이 불편한 곳에 살아서 정말 차가 필요한 상황이 아니라면 최대한 차 구입은 늦추는 것이 좋다. 그만큼 돈을 절약할 수 있으면서 종잣돈을 더 마련할 수 있다. 차를 처음 구입할 경우 보통 차 보험료는 100만 원 정도이며 새 차의 경우 자동차세는 100만 원에 육박한다. 거기다 주유비를 매월 20만 원 정도로 보면 1년에 240만 원이고 가끔씩 들어가는 유지 보수비(수리 포함)가 100만 원 정도 든다. 이렇게 '자동차는 돈 잡아먹는 하마'라는 말이 있듯이 차를 사지 않는 것만으로도 보험료, 주유비 등 각종 유지비, 세금 등에 들어가는 (1년에) 500만 원 정도를 줄일 수 있다.

맞벌이 부부 중에는 각자가 수입을 관리하는 부부가 있는가 하면 한 사람의 월급은 생활비로, 한 사람의 월급은 저축하는 부부가 있다. 물론 정답은 없지만 우리 부부는 두 월급을 합쳐서 관리하는 방식을 활용했고 그 방법이 각자 관리하는 것보다 시너지 효과가 있음을 느꼈다.

이 책을 쓰면서 돌이켜보니 나도 짠돌이였다. 아버지가 공무원이라서 크게 어렵거나 힘들게 살지는 않았지만 부모님도 집안의 도움

없이 가정을 꾸리고 살아왔기에 절약이 생활화가 되어 있었고 내 집 장만을 위해 노력했다. 항상 살림이 팍팍해서 어머니는 절약을 입버릇처럼 말씀하셨고 그러한 가정환경 속에서 자라다 보니 자연스레 명품에는 관심이 없었다. 중저가형 브랜드(시장표 포함) 위주로 입고 다녔다. 심지어는 대학교 1학년 때 입던 인조가죽 더플코트를 16년이 지난 지금도 정말 추운 겨울날에 가끔 입는다.

유행은 크게 신경 쓰지 않으면서 내 손에 들어온 물건들은 오랫동안 쓰는 게 버릇이라 5~10년 이상 된 물건도 꽤 있다. 휴대전화도 이미 3년 약정이 끝났지만 기기 수명이 다 되지 않는다면, 더 이상 앱을 보는데 지장이 없다면 계속 쓸 것이다.

이러한 짠돌이 정신은 분명 가계에 도움이 되었다. 지금까지도 이 생활은 크게 변함이 없다. 투자를 통해 수익이 났거나 직장에서 보너스를 받았더라도 내가 목표하는 경제적 독립과 자유를 달성하기 전에는 샴페인을 일찍 터뜨리고 싶지 않다. 분명한 것은 부부가 함께 뼈를 깎는 각오와 의지 없이는 지출 관리가 하루아침에 바뀌기 어렵다는 사실이다. 그래서 부부가 꾸준한 대화와 협의를 통해 지출을 줄이는 것이 중요하다. 자금력의 한계를 기본으로 부동산 투자를 진행하려면 불필요한 지출을 줄이는 것이 많이 벌기보다 종잣돈 마련에 분명 효과적이기 때문이다. 합리적인 소비를 하는 똑똑한 짠돌이, 짠순이가 되도록 노력하자!

2장 투자의 디딤돌은 종잣돈이다

통장은 목적과 목표에 따라 묶어서 관리한다

월급으로 생활하면 보통 월급통장 계좌가 주거래 계좌가 되고 이 계좌에서 입출금이 기본적으로 이뤄진다. 여기에다 각종 공과금과 카드 사용액 자동 이체까지 한 통장에 묶어서 사용하는 경우가 대부분이다. 가장 큰 이유는 귀찮으니까! 그런데 이 방법이 좋은 걸까? 적자 가계를 만들기 딱 좋은 구조다.

우리 부부는 결혼하자마자 제일 먼저 월급통장은 하나로 모은 다음, 목적별로 통장을 여러 개 나눴다. 월급날은 달랐지만 돈을 모아서 관리하는 것이 편하고 서로의 수입이 다 공개되어 투명했다. 아내 월급날에 월급이 들어오면 바로 내 월급통장으로 옮겼다가 필요한 통장으로 다시 이체했다. 통장을 크게 (일명) 부자통장(월급통장), 소비통장(고정·변동 지출), 투자통장(아내 명의의 임대소득통장, 내 명의의 우리 집통장), 저수지통장(CMA, 자유 적금, 마이너스 통장 등) 등 4

부자통장

소비통장

가지로 나눴다.

'부자통장'은 월급, 수당, 기타 소득을 받는 통장이며 통장 중에 가장 상위개념의 통장이다. '소비통장'은 고정 지출통장과 변동 지출통장으로 나눈다. 고정 지출통장은 공과금, 관리비, 정기 기부금, 부모님 용돈 등에, 변동 지출통장은 한 달 생활비(각종 식비, 용돈, 교통비, 피복비, 통신비, 교육비 등) 관련 통장으로 사용한다.

'투자통장'은 월세를 받게 될 때, 대출을 받을 때 각각 만드는 통장인데 2가지 방법이 있다. 각 매물마다 통장을 만들어 관리하거나 모든 매물의 입출금을 한 통장에 모아서 관리하는 방법이다.

총 한 달 월세에서 대출 이자가 빠지고 난 수익은 생활비 등에 보태서 쓰지 않고 '저수지통장'으로 옮겨 재투자하고 있다. 저수지통장은 CMA, 자유 적금 등 예비용 통장인데 특히 마이너스 통장은 요긴하게 잘 사용하고 있다.

마이너스 통장을 투자 주거래 통장으로 활용하고 있다. 보통 대출에는 일주일 정도의 시간이 필요한데 마이너스 통장은 한 번 만들어놓으면 수시로 입출금이 가능하다. 원금을 갚아도 중도상환수

2장 투자의 디딤돌은 종잣돈이다

투자통장

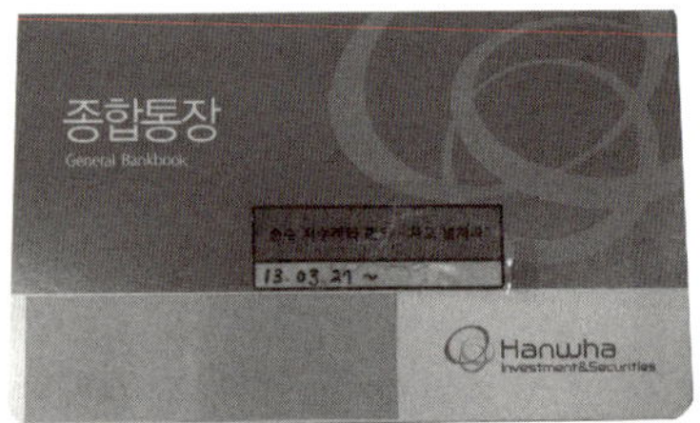

저수지통장

수료가 없어서 투자 시 오가는 각종 계약금, 잔금 등의 일처리에 꽤 유용하게 쓰인다. 마이너스 통장이 부담스럽다면 만들어놓고 예비 통장으로 활용해도 좋다. 급하게 전세금을 빼줘야 하는 등의 긴급 상황이 발생했을 때 쓸 수 있기 때문이다.

그러나 마이너스 대출은 쉽게 쓸 수 있다는 점이 장점과 동시에 단점일 수 있으므로 철저한 관리가 필요하다. 사용한 금액을 빨리 갚으려고 노력해야 하며 대출 이자도 임대소득통장에서 미리 이체 해놓아야 한다. 그러지 않으면 이자가 복리(빌린 돈의 이자에 다시 이 자가 붙음)로 계산되어 빚이 더 늘어난다. 요즘 같은 대출 상황에서 는 마이너스 대출 약정금도 한도로 잡히는 바람에 담보 대출의 한 도가 나오지 않을 수도 있으므로 투자계획이 어긋나지 않도록 신중 을 기해야 한다.

이처럼 통장을 그 목적과 목표에 따라 잘 활용하면 돈의 흐름 파 악이 훨씬 쉽고 편리하다. 또한 가계 통장의 효율적인 관리와 투자 시 활용 가능한 자금 관리까지 두 마리 토끼를 잡을 수 있다.

우리 집의 재무제표 작성하기

가계부 작성이 생활화되고 어느 정도 적응이 되었다면 자산 상태표와 현금 흐름표, 즉 '재무제표'를 작성하면 도움이 된다. 재무제표를 작성하는 목적은 가계의 자산과 부채를 파악해 순자산을 아는 동시에 총수입과 총지출을 파악해 안전한 재무 상태가 되도록 하는 데 있다. 쉽게 말해서 더 이상 적자를 내지 말고 돈의 흐름을 제대로 파악해 투자하는 토대를 마련하는 것이다.

가계부가 돈의 흐름을 항목별로 나누고 수입과 저축, 지출의 내역을 볼 수 있다면 재무제표는 현재의 재정 상태와 자산 배분 현황, 그리고 미래의 현금 흐름을 예측할 수 있는 마법의 장부가 된다. 또한 가계부보다 좀 더 확장된 개념으로 가계의 수입과 지출에다 자산 상태까지 한눈에 파악할 수 있는 자료이다.

아내가 모네타의 미니 가계부에 적어놓은 수입, 저축, 지출 내역을 바탕으로 자산 상태표와 현금 흐름표를 작성한다. 각 내역에 맞게 분류하고 작성하기 때문에 시간이 적지 않게 든다. 그러나 몇 시간만 투자해서 작성하면 우리의 자산과 부채에 대한 실체를 마주하게 되고, 수입과 지출을 한눈에 볼 수 있다. 또한 자산과 현금 흐름에 대해 토론할 수 있고 정확한 종잣돈을 알 수 있어 투자 계획에

[자산 상태표] (단위: 만 원)

자산			부채		
구분	세부항목	금액	구분	세부항목	금액
현금성 자산	현금		부채	주택담보대출	
	보통 예금			보증금	
	CMA ∣ MMF			할부금	
	기타 현금성 자산			마이너스 통장	
	현금성 자산 계			기타 부채	
투자 자산	정기 예·적금			**총부채**	
	펀드				
	채권				
	주식				
	기타 투자 자산				
	투자 자산 계				
은퇴 자산	일반 연금보험				
	개인 연금저축·보험				
	퇴직연금				
	기타 은퇴 자산				
	은퇴 자산 계				
사용 자산	주거용 부동산		순자산		
	임대용 부동산				
	자동차				
	기타 사용 자산				
	사용 자산 계				
총자산					

큰 도움이 된다('자산 상태표'는 일정 시점의 자산과 부채를 나타내고, '현금 흐름표'는 일정 기간 동안의 현금 흐름을 나타낸다).

표는 인쇄해서 파일에 끼워두면 지난 달, 몇 달 전, 몇 년 전과 비교할 수 있는데 얼마만큼 변화가 이뤄졌는지 쉽게 파악할 수 있다. 2012년 7월부터 작성해서 지금까지 4권이 있는데 앞으로도 계속

[현금 흐름표] (단위: 만 원)

수입			지출		
구분	세부항목	금액	구분	세부항목	금액
고정 수입	본인 근로소득		저축 및 투자	정기적금	
	배우자 근로소득			청약	
	이자 l 배당소득			개인연금	
	사업소득			퇴직연금	
	임대소득			저축성 보험	
	연금소득			적립식 펀드	
	기타 소득			기타	
	고정 수입 계			**저축 및 투자 계**	
비정기 수입			고정 지출	대출상환액	
				소득세 – 4대 보험	
				세금 공과금	
				각종 관리비	
				보장성 보험료	
				기타	
				고정 지출 계	
			변동 지출	식비(외식비)	
				교통비	
				통신비	
				교육비	
				의류비	
				기타	
	비정기 수입 계			**변동 지출 계**	
총수입			**총지출**		

2장 투자의 디딤돌은 종잣돈이다

모아두려고 한다. 아이가 말을 잘할 수 있을 때 우리 가계의 흐름을 알려주면서 자연스럽게 경제 교육을 하려는 생각도 갖고 있다.

가계부도 그렇지만 재무제표 작성도 습관이 될 때까지 여러 번 써봐야 한다. 회사 일에 치이고, 집안일에 치이다 보면 안 쓰고 싶을 때도 있지만 포기하지 말자! 직장에서든 집에서든 짬짬이 시간을 내서 작성해보자!

매달 쓰는 것이 정말로 힘들다면 3개월이나 6개월에 한 번 작성해도 좋다. 대신 꾸준하게 정기적으로 쓰겠다고 다짐하자. 소득보다 지출이 많다면 지출을 과감히 줄여서 흑자 자산표를 만들고, 이미 흑자라면 부부가 서로 칭찬해주고 격려해주는 동시에 앞으로도 꾸준히 유지하도록 노력하자.

명심하자! 부자는 한 번에 만들어지지 않는다. 기본기를 탄탄히 하자.

맞벌이 부부에게 필요한
보험 리모델링

정부가 8월에 발표한 건강보험 보장성 확대 정책의 기조는 '병원비 걱정 없는 나라'다. 정책대로 비급여 부담이 대폭 줄면 사실상 실손보험은 필요가 없게 된다. 다만 아직까지 고가이면서 치료효과가 애매한 질병은 예비 급여 대상으로 지정해 3~5년 정도 효과를 점검하기로 했으므로 당분간 상황을 지켜봐야 한다. 가입한 보험의 경우 보험사의 보험금 지급이 대폭 줄면서 보험료 인하로 이어질 수 있다. 향후 보건 정책의 추이를 지켜볼 필요성이 있다.

이러한 보험은 계획성 있게 가입하고 유지하는 것이 좋다. 그래서 가장 고민스러운 부분이기도 하다. 갑자기 닥칠 위험을 예상해 들어놓긴 하지만 가입한 보험이 최선인지, 아니면 부족한지 확신이 서지 않는다. 적게는 몇 만 원에서 많게는 몇 십만 원까지 나가는 보험료가 부담스럽기까지 하다. 그러나 보험은 갑자기 큰돈이 필요한 상황(질병, 사고, 사망 등)에서 가계를 지켜주므로 반드시 필요하다고 본다.

아내의 지인 중에 결혼하지 않은 40대 여성이 있는데 그동안 보험을 하나도 들지 않았다가 최근에 위암 초기로 병원에 입원하면서 보험의 필요성을 절실히 느꼈다고 한다. 보험이 없다는 말에 놀란 아내가 "실손보험이라도 하나 가입해놓으시죠?"라고 말하자 매일 운동하고 식단을 조절하면서 관리하면 괜찮다고 생각했다는 것이 아닌가. 입원하는 바람에 직장을 쉬면서 자신의 돈으로 부담하는 모습을 보니 안타까웠다. 자녀 둘을 가진 또 다른 지인은 형편이 좋지 않은데 월급의 4분의 1인 70만 원을 매달 보험에 넣었다. 돈이 없을수록 아프면 보장을 더 많이 받아야 한다며 저축성 보험뿐만 아니라 가격이 비싼 환급형 보험까지 들었다. 그런데 아이들이 자랄수록 생활비에서 차지하는 보험비가 점점 큰 부담이 되었고 교육비마저 늘어나자 결국 맞벌이를 시작했다고 한다. 너무 과해도 너무 적어도 불안한 것이 보험이다.

보험과 관련해 우리 부부가 느끼고 경험한 바를 말하고자 한다. 먼저 질병을 대비한 '실손의료보험'은 치료 후 내야 하는 병원비 가운데 90%를 보장해주는 보험이다. 수술, 입원 등 일반적인 치료비뿐만 아니라 치과, 한방의 치료비도 경우에 따라 보장받을 수 있다. 다만 보장 한도가 기간이나 횟수별로 정해져 있어 거액의 질병 치료비에 대해서는 보장이 제한되기도 한다.

이럴 경우를 대비한 'CI(Critical Illness)보험'이 있다. 암 등 치명적 질병에 걸리면 정한 금액을 지급한다. 특약에 따라 수술비나 입원비 등을 지급하기도 한다. 실손보험으로 해결하지 못하는 치료비를 보장받을 수 있기에 경제 활동 중단에 따른 대처가 가능하다.

질병보다는 사고에 대비한 '상해보험'이 있다. 실손 보장 한도를 넘는 사고를 당했을 때 보장받을 수 있다. 화재나 생활 배상 측면에서 도움받을 수 있는 '주택화재보험'도 있다. 임대 사업자는 보유 중인 주택에 대해 화재보험을 가입하면 혹시나 모를 피해에 대비할 수 있다.

자녀를 위해서는 '태아보험'으로 시작해 '어린이보험'을 들면 된다. 성인의 실손보험과 CI보험이 결합된 형태로 어렸을 때는 아무래도 여러 가지 이유로 병원에 갈 일이 많으므로 큰 도움이 된다. 어린이보험은 질병, 수술비, 입원비를 보장해주는데 사고를 당하면 위로금을 지급한다. 진료비 보장 부분은 치료 실비를 보장하는 유형과 특정 질병에 한해 진단금을 일시로 지급하는 유형이 있다. 가능하면 평소 실비를 받으면서 진단금도 일부 지급해주는 보험을 추천한다.

노후를 대비한 '변액연금보험'과 '일반 연금보험'이 있다. 변액연금보험은 확정 이율이 아니라서 손실 가능성도 배제할 수 없으며 일반 연금보험은 보통 확정 이율수익을 지급한다.

사망에 대비하는 보험 관련해서는 가입자가 사망하면 가족들에게 보험금이 지급되는 상품이 있다. 가족의 생계를 책임지는 가장이라면 고려해볼 필요성이 있다. 내가 죽으면 남겨진 내 가족들의 생계를 책임져줄 돈이 필요하기 때문이다. 사망 대비 보험은 '종신

보험'과 '정기보험'으로 나뉜다. 종신보험은 가입자가 사망하면, 정기보험은 정해진 기간 내에 가입자가 사망하면 지급된다. 정기보험이 상대적으로 보험료가 저렴하며 경제 활동기간의 사망에 대비하고 싶으면 가입한다.

지금까지 시중의 보험상품에 대해 언급해봤다. 이제 우리 부부의 경우에는 어떻게 보험을 활용하고 있는지 말하려고 한다.

사회생활 초기에는 무턱대고 선배나 지인의 권유로 저축성 보험에 가입했었다. 어느 정도 직장생활을 하면서 재테크에 관심을 가져보니 저축성 보험은 저축도 아닌 것이 보험도 아닌 어정쩡한 상품이라는 사실을 깨달았다. 결국 100만 원 이상 손해를 보면서 해약했다. 계속 불입하는 것보다는 과감히 해약하는 것이 유리했기 때문이다.

종잣돈을 모으려면 반드시 저축은 고유의 저축 상품을, 보험은 순수 보장형 상품에 가입할 것을 권한다. 각 기능의 장점을 최대한 살리는 것을 활용하는 방안이 좋다.

종신보험에 가입해서 5년 이상 불입했다. 아무래도 종신보험 하나 정도는 들고 있어야 할 것 같다는 생각이 있었기 때문이다. 그런데 어느 날, 한 책에서 유대인의 상속에 대한 부분을 보게 되었다. 종신보험을 상속의 개념으로 보고 자녀가 경제 활동을 하게 되면 종신보험 불입을 대신 시키라는 내용이었다. 내가 죽으면 받는 돈이라서 어차피 자녀에게 지급되므로 자녀가 보험료를 지불하게 하는 것이다. 참 신선했다. 그래서 20년 납을 70년 납으로 바꿨는데 아무래도 미래의 자녀에게 너무 부담을 주는 것 같아 다시 20년 납으로 바꿨다. 그 대신 바꾸면서 실손과 CI 특약을 추가했다.

주택화재보험 관련해서는 투자한 아파트가 14채 정도가 되었을 때 월 3만 원에 5년간 보장받을 수 있는 상품에 가입했다. 이후 아파트 수가 늘어나면서 보험료가 올라갔다. 결국 고민하다가 자체 건물보험과 일상 보험특약 등으로 일부 적용이 가능하여 해지했다.

변액보험은 저축보험과 마찬가지로 실패한 보험 중 하나다. 사업비가 계속 원금을 떼먹는 구조라 보통 7년 정도는 있어야 원금이 보장된다. 그런데 7년 정도 불입했어도 원금보다 마이너스였고 10년 후 비과세보다는 지금 당장의 투자가 더 급했기 때문에 투자를 시작하면서 해지했다. 아내 명의로도 변액보험을 5년간 넣었는데 같은 이유로 작년에 180만 원 정도 손해를 보고 해지했다. '적금이었다면 최소한 원금은 보장받았을 텐데…'라며 가입을 후회했지만 매달 나가는 금액을 줄여 투자하는 것이 더 낫다고 판단했다.

태아보험은 반드시 들어야 할 보험이며 이후 어린이보험으로 전환하면 좋다. 우리 부부는 가입 선물로 카시트와 유모차를 싸게 구입해서 잘 사용하고 있다.

상조 서비스 관련해서는 매월 불입형보다 일이 생겼을 때 일시불 지불이 낫다고 생각해서 따로 들고 있지 않다. 상조회사가 망해서 다른 회사로 넘어갔을 때 회원불입액 전부를 보장해주지 않는 사례가 있어서 닥쳤을 때 대처하는 것이 낫다고 본다.

전문가들은 월급의 10% 이하로 보험을 유지하라고 하는데 맞는 말이다. 최소한의 유지비로 최대한의 효과를 누리도록 보험도 중간마다 리모델링을 해줘야 한다. 물론 장기간 들고 가면 좋은 상품이 분명 있으니 상황에 맞게 적용한다.

종신보험을 제외한 일반 보험에 가입할 때는 사망 보험금 지급을 최소한으로 줄이면 보험료 부담을 줄일 수 있다. 가급적 환급형보다는 소멸형 상품이 보장 관련해서 확실하고 보험료도 저렴하다. 항상 느끼는 부분이지만 보험은 중간에 문제가 생겨 해지하면 고스란히 손해로 이어지기 때문에 장기적인 계획을 세운다.

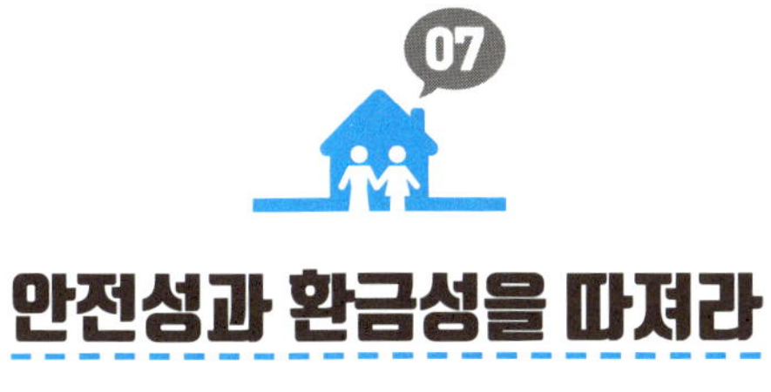

안전성과 환금성을 따져라

우리 같은 평범한 직장인의 재테크 출발은 아무래도 월급이다. 월급을 기반으로 생활하고 저축하고 살아가는 직장인들에게는 그 월급을 어떻게 활용하느냐에 따라 종잣돈 모으기의 깊이가 달라진다.

월급으로 목돈을 만드는 대표적인 방법은 적금과 펀드다. 적금은 안전성을 바탕으로 매달 은행에 일정 금액 또는 자유롭게 불입하는 상품이며 펀드는 위험성이 상대적으로 크지만 좀 더 많은 수익을 기대할 수 있다. 적금과 마찬가지로 일정 또는 자유롭게 금액을 넣는다.

적금은 대부분 매달 일정 금액을 넣고 만기 때 원금과 소정의 이자를 받는다. 5,000만 원까지 원금이 보장되기 때문에 안전하지만 만기 이전에 해약하면 약정된 이자를 받기가 어려워 환금성 측면에서는 펀드에 비해 떨어진다. 단기간 종잣돈을 마련하려면 적금을 권한다. 매달 지출을 조금씩 줄여 풍차 돌리기 적금을 해도 좋다. 이율은 낮더라도 안전하게 돈을 관리하는 것이 중요하기 때문이다.

좀 더 공격적으로 투자하려면 (적립식) 펀드에 든다. 장기적으로 투자하면 적금보다 수익성 측면에서 더 나은 결과를 가져올 수 있다. 적립식 펀드의 최대 장점은 평균 매입단가의 하락효과다. 주가에 관계없이 꾸준히 매입하기 때문에 거치식 펀드보다 수익을 더 낼 수 있다. 하지만 원금 손실의 우려가 있다.

만기가 된 적금은 예금, 거치식 펀드에 넣거나 채권에 투자하면 효과적이다. 예금은 적금처럼 안전하지만 만기 이전에 해약하면 약정된 이자를 못 받는다. 거치식 펀드의 경우 경기 흐름에 따라 손해를 볼 수 있다. 채권이 거치식 펀드보다 안전하면서 수익도 높다고 하지만 꼭 안전하다고 단정하기 힘들다. 아내의 지인은 저축은행 채권에 3,000만 원을 투자했는데 저축은행이 부실해지는 바람에 몇 년 동안 소송을 했다가 2016년에 겨우 1,200만 원 정도만 돌려받았다(투자금액의 40%).

2012년에 노후 대책으로 연금펀드에 가입했다. 연금저축보다는 장기간 넣어야 하는 펀드의 특성을 살리기 위해 수익률과 소득 공제를 보고 선택했다. 아직까지는 수익률 10~20%로 괜찮은 편이다. 연간 400만 원까지는 소득 공제 대상이나 사실 400만 원을 다 채우기는 쉽지 않다. 지금 당장은 목돈이 생기면 부동산 투자에 사용하는 바람에 펀드에 추가적으로 넣기가 힘들었다. 그래도 미래를 위해서 조금씩 넣고 있다.

대출의 오묘한 세계 ①
균형을 맞춰라

우리 부부가 투자 목표를 세울 때 자금 흐름에 대한 부분은 간단했다. 바로 '월급과 부동산 투자를 분리한다'였다. 부동산 투자를 하면서 필요한 각종 비용은 투자 수익에서 해결하기 위해서다. 특히 각종 대출 이자는 월세에서 충당되도록 ('대출 이자 〈 월세' 구조를) 만든 덕분에 월급은 생활과 저축에 온전히 사용했다. 그리고 여유가 생기면 투자금으로 전환했다. 부동산 투자를 하려면 반드시 지켜야 할 원칙이다.

월급을 아끼고 지출을 통제하고 저축을 늘려 목표를 향해 나아가는 것은 분명 필요한 자세다. 하지만 월급과 부동산 투자의 불분명한 경계선 때문에 매월 가족을 위해 써야 하는 월급이 사업 경비로 들어가면 안 된다. 각종 사업 경비를 월급에서 충당하면 일명 '투자 푸어'가 되어 쪼들리는 생활을 할 수밖에 없다. 이는 결코 바람직

하지 않다. 삶의 질을 높이고 경제적 자유를 위해 큰맘 먹고 투자를 시작했는데 원칙 없는 투자계획으로 일상생활이 악몽으로 변해서는 안 된다. 가족의 행복을 위해서라도 반드시 계획성 있게 투자하고 대출도 적절하게 활용해야 한다.

감당 가능한 대출은 효과가 좋다

부동산 투자와 대출은 떼려야 뗄 수 없는 관계다. 종잣돈이 많아 자기 자본으로만 투자하면 금상첨화겠지만 그런 사람은 거의 없다. 자기 자본으로만 투자하면 대출을 활용할 때보다 기회비용이나 수익성 측면에서 불만족스러울 수 있다.

우리 부부는 처음부터 월세 투자로 시작하다 보니 자연스레 주택담보대출에 대해 공부할 수밖에 없었고 대출 갈아타기도 수차례 했다. 최신 시세가 반영이 안 된 물건은 KB 시세(KB 부동산에서 제공하는 아파트 및 오피스텔 가격표)를 조정해달라고 요구해 대출을 추가로 받기도 했고, 전세입자를 못 구해서 단기간 대출을 받으려고 여기저기 알아보며 발을 동동 구르기도 했다. 한 지방에서 두 채를 구입했는데 계획했던 전·월세가 뒤바뀌는 바람에 가장 좋은 조건을 찾으려고 시골에 있는 단위농협까지 가서 대출자서(채무자가 대출서류를 작성하는 것)를 하기도 했다. 금리와 조건을 따져가며 최선의 선택을 하고자 노력했다.

우선 대출에는 여러 규제(한도)가 있는데 대표적인 것이 DTI(Debt

To Income, 총부채상환비율)와 LTV(Loan To Value ratio, 주택담보인정비율)다. DTI는 상환액이 일정 비율을 넘을 수 없도록 하는 규제다. 예를 들어 DTI 비율이 60%라면 연 소득 1억 원의 경우 6,000만 원 초과해서 대출받을 수 없다.

2017년에는 새로운 규제가 생기면서 DTI 외에 DSR(Debt Service Ratio, 총부채원리금상환비율)을 알아야 한다. DTI와 DSR의 차이를 보자면, 현재 수도권은 정부 규제로 인해 DTI 60%로 제한되어 있다. 연 소득이 1억 원이라면 1년 동안 내는 '이자'가 6,000만 원을 넘어선 안 된다. 여기서 DTI의 이자라고 하면 '순수 이자'를, DSR의 이자라고 하면 '원금+이자'를 말한다.

현재 적용 중인 DTI 기준으로 금리 3%, 1억 원 대출이 있다면 연 소득 300만 원의 증빙 조건으로 가능하던 대출이 DSR이 적용되어 연 소득 1,000만 원 증빙이 필요해진다. 대략 3배 이상의 소득이 필요해진 것이다. 조금이나마 입증 소득을 줄이려면 상환기간을 무조건 최장으로 늘린다.

기존 DTI보다 더 강화된 소득 대비에 대한 부채 관리방안으로 내놓은 DSR이지만, 실제 정부 규제 기준으로 보면 DSR 100%가 넘어도 대출에 제한은 없다(정부 규제 DTI 60%). 그 때문에 은행 자율 규제로 넘긴 상태다.

LTV는 대출이 집값의 일정 비율을 넘을 수 없도록 하는 규제다. LTV가 60%라면 집값이 1억 원일 경우 6,000만 원 이상 대출받을 수 없다. 2014년 8월에 1년간 한시적으로 규제를 풀면서 기존

2장 투자의 디딤돌은 종잣돈이다

50~60%인 DTI는 60%로, 50~70%인 LTV는 70%로 상향 조정되었다. 일몰시기를 앞두고 2015년과 2016년 4월에 각각 한 차례씩 연장되었다. 그러나 2017년 6·19 부동산 대책이 발표되면서 서울 전체 25개 구, 경기 7개 시[과천시, 성남시, 하남시, 고양시, 화성시(동탄2), 남양주시, 광명시], 부산 7개 군·구(해운대구, 연제구, 동래구, 남구, 수영구, 부산진구, 기장군), 세종시 등 총 40개 지역이 청약 조정 대상지역에 추가되었다. 해당 지역은 LTV 60%, DTI 50%로 축소된다. 그런데도 과열 양상을 보이자 8월 2일 정부는 또 다른 대책을 발표했다. 일명 8·2 부동산 대책으로 투기지역과 투기과열지구에서는 LTV,

구분			투기지역	투지과열지구	조정지역	비조정지역
지역 지정			강남, 서초, 송파, 강동, 용산, 성동, 노원, 마포, 양천, 영등포, 강서, 세종	서울 전 지역, 과천, 세종	서울 전 지역, 과천, 세종, 성남, 하남, 고양, 광명, 남양주, 동탄2, 부산 7개 구	나머지 지역
대출		주택담보대출	세대당 1건 (아파트 아닌 단독주택은 가능, 기존 주택 처분 특약 후 아파트 담보 대출 가능)	·	·	·
	LTV 및 DTI (일반 + 집단 대출)	서민 실수요자 (부부 합산 연소득 7천만 원)	LTV 60% DTI 50% (6억 원 이하 주택만 가능)	좌동	LTV 70% DTI 60% (5억 원 이하 주택만 가능)	비조정 수도권 LTV 70% DTI 60%
		주담대 미보유	LTV 40% DTI 40%	좌동	LTV 60% DTI 50%	비조정 수도권 LTV 70% DTI 60%
		주담대 1건 이상	LTV 30% DTI 30%	좌동	LTV 50% DTI 40%	비조정 수도권 LTV 60% DTI 50%

DTI가 모두 40%로 하향됐다. 감독 규정 개정까지 약 2주의 시간이 있었지만, 예상보다 강력한 규제에 제1, 2금융권에 속하는 금융사 대부분은 익일인 8월 3일부터 관련 규정을 적용했다. 단, 서민, 실수요자는 투기지역, 투기과열지구 등에서 8월 3일 이전에 매매 계약이 됐고 2년 내에 현재 소유한 주택을 매도한다는 조건하에 LTV 60%, DTI 50%를 적용받을 수 있다. 무주택 가구주이면서, 부부 합산 연 소득이 7,000만 원 이하(생애 최초 구입자 8,000만 원), 주택 가격이 6억 원 이하(투기지역, 투기과열지구 기준) 요건을 모두 만족시켜야 한다.

투기지역 내에서 주택담보대출을 가구당 한 건 이상 받았다면 아파트를 담보로 추가적인 대출을 받을 수 없지만 단독주택은 가능하다. 기존 아파트 보유자는 기존 아파트 대출 처분 조건하에 아파트 담보 대출이 가능하다.

LTV 관련해서 또 확인할 부분이 MCI(Mortgage Credit Insurance, SGI서울보증의 모기지신용보험, 제1·2금융권 가능)와 MCG(Mortgage Credit Guarantee, 한국주택금융공사의 모기지신용보증서, 제1금융권만 가능)다. 대출을 최대한 받기 위해 가입해야 하는 보험으로 1인당 MCI 2건, MCG 2건이 가능하다. 초과하면 대출 한도에 제한받는다.

예를 들어, 주택담보대출의 채무불이행에 걸려 경매로 처분될 경우(해당 물건지에 세입자가 거주한다고 가정) 세입자의 전입보다 근저당 설정이 먼저라고 해도 보증금이 일정 금액 이하의 세입자는 금융사보다 앞선 순위로 '주택임대차 보호법상 최우선 변제'를 받을

2장 **투자의 디딤돌은 종잣돈이다**

권리를 갖게 된다(해당 금액은 밑의 표 참조). 그렇기 때문에 보통 금융권에서는 세입자가 우선순위로 받을 금액을 제외한 나머지를 한도로 책정한다. MCI, MCG 가입을 통해 대출자에게는 방 빼기(방 공제)에 의한 한도 차감을 완화하고 금융사에는 채권 추심의 위험 부담을 줄여주는 것이다. 부동산 투자자의 시각으로 요약하면 다음과 같다.

첫째, 금융권의 주택담보대출에는 한도를 줄이기 위한 '방 빼기'가 있는데 MCI, MCG로 대비할 수 있다.

둘째, MCI와 MCG 가입은 대출자 기준으로 각각 최대 2건(총 4건)까지 가능하나 제2금융권 이하는 MCI만 적용되어 2건까지 가능하다.

셋째, 분양권의 집단 대출은 소유권 이전 등기까지는 담보 대출이 아닌 신용 대출 계정으로 잡혀 가입 건수에서 제외된다.

[주택임대차 보호법상 최우선 변제]

기준일	지역	보증금(만 원)	최우선 변제액(만 원)
2016년 3월 31일	서울시	1억	3,400
	과밀 억제권역(서울 제외)	8,000	2,700
	광역시(일부 제외)	6,000	2,000
	그 밖의 지역(세종시 제외)	5,000	1,700

수도 정비 계획법 중 과밀 억제권역

- 서울 전체, 의정부시, 구리시, 하남시, 고양시, 수원시, 성남시, 안양시, 부천시, 광명시, 과천시, 의왕시, 군포시
- 인천시: 강화군, 옹진군, 서구 대곡동 및 불로동, 마전동, 금곡동, 오류동, 왕길동, 당하동, 원당동, 인천경제자유구역 및 남동국가산업단지는 제외
- 남양주시: 호평동, 평내동, 금곡동, 일패동, 이패동, 삼패동, 가운동, 수석동, 자금동, 도농동
- 시흥시: 반월특수지역 제외

넷째, 가입 기준의 신용 등급은 아파트는 NICE(나이스평가정보) 8등급, 아파트 외는 7등급까지다.

MCI와 MCG에 각각 2건의 제한이 있어도 더 받을 수 있는 방법이 있다. 자신의 이름으로 MCI와 MCG의 기회를 모두 사용했다면 배우자나 믿을 수 있는 사람을 대출자로 하고 소유자인 자신은 MCI, MCG가 필요 없는 단순 담보 제공인으로 대출에 참여하면 된다.

제1금융권보다 단위농협, 새마을금고, 캐피탈 등 제2금융권이 좀 더 유연했는데 이제는 비슷한 쪽으로 가는 것 같다. 대출은 정부 정책에 따라 계속 바뀌므로 변동 상황을 유심히 살펴보고 투자에 참조한다. 걱정이 되서 덧붙이는데 대출은 제1금융권이 힘들면 제2금융권까지만 고려하길 바란다. 그 이하 금융권, 특히 사채 등은 투자뿐만 아니라 가정의 발목까지 잡을 수 있으니 절대로 받지 않는다. 그렇게 해서라도 대출을 받으려면 차라리 투자를 포기하는 것이 낫다.

그동안 월세 투자는 최대한 대출을 원금 일시상환 조건으로 받은 다음, 월세에서 이자를 빼고 순익이 남는 방식으로 했다. 그런데 요즘은 거치도 거의 없고 원리금균등상환 조건으로 정부 정책이 흘러가다 보니 월세 투자가 많이 어려워졌다. 계속 이렇게 간다는 보장은 없으므로 나중을 위해서라도 대출에 대해서는 공부하고 대비할 필요가 있다.

2장 투자의 디딤돌은 종잣돈이다

마이너스 통장을 적극 활용한다

직장인들이 은행권에서 담보 없이 대출을 받는 가장 기본적인 방식은 신용 대출과 마이너스 통장 사용이다. 특히 마이너스 통장은 매달 들어오는 월급을 담보로 은행이 제공하는 대출 혜택이라고 보면 된다. 한도는 개인의 신용 등급이나 주거래 은행의 회원 등급에 따라 결정된다.

마이너스 통장의 가장 큰 장점은 신속성과 편리함이다. 사전에 은행과 약정한 한도까지 개설만 해놓으면 언제든 편리하게 활용할 수 있다. 마이너스 통장을 개설하면 바로 이자를 내야 하는 것으로 착각하는데 계좌 잔액을 쓰지 않고 놔두면 이자가 나가지 않는다. 잔액이 마이너스가 되면 그다음 달에 이자가 매달 통장에서 빠져나간다.

마이너스 통장의 한도만큼 대출액이 있는 것으로 간주하기 때문에 나중에 주택담보대출 등에서 총금액이 줄어들 수는 있다. 그러나 대출 활용도 측면에서 마이너스 통장만큼 효율적인 수단이 없기 때문에 부동산 투자를 시작한다면 먼저 마이너스 통장을 개설해놓기를 권한다(요즘의 대출 총량제 개념에 비춰봤을 때 일반적인 실거주 목적의 주택담보대출을 먼저 고려한다면 마이너스 통장 한도와 대출 비율은 고민할 필요가 있다).

우리 부부는 주거래 은행과 꾸준히 거래를 하다 보니 신용 등급에 맞는 금액과 회원 등급에서 제공하는 무담보 신용 대출까지 합쳐서 마이너스 통장 한도를 활용할 수 있었다. 지금도 마이너스 통장을 부동산 투자 관련 주거래 계좌로 활용하고 있다. 가계약금, 계약금, 잔금 등 목돈을 갑자기 넣다 뺐다 하기에는 마이너스 통장만 한 것이 없기 때문이다. 대신 최대 한도에서 100만 원 정도는 항상 여유를 두고 이자가 연체되지 않도록 신경 쓴다.

마이너스 통장도 빚이기 때문에 가능하면 부동산 거래에만 써야 한다. 특히 생활비나 유흥비 등 소비를 위해 마이너스 통장을 쓰려는 유혹은 철저하게 경계한다.

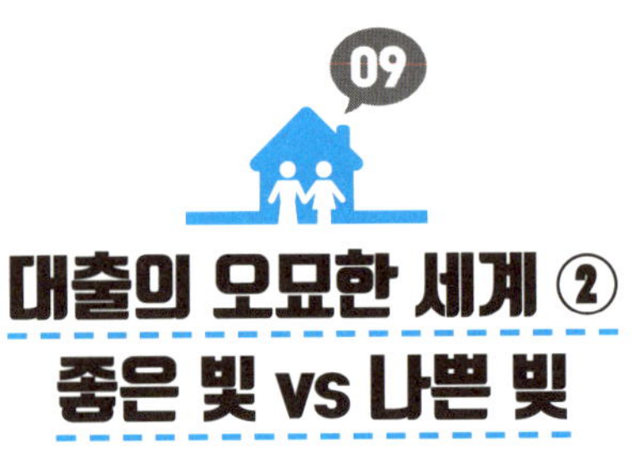

대출의 오묘한 세계 ②
좋은 빚 vs 나쁜 빚

투자를 많이 하는 사람은 대출이 없을까? 아니다. 오히려 적절하게 활용하여 수익을 극대화한다. 우리 부부도 마찬가지로 자기 자본 투입 비율을 줄여 투자한다. 즉, 레버리지 효과를 잘 활용하는 것이다. 레버리지 효과란 대출을 지렛대로 삼아서 자기 자본이익률을 높이는 것, 개인이 대출을 지렛대 삼아 주식이나 부동산 등에서 수익률을 높이는 것을 말한다. 일종의 '좋은 빚'이라고 할 수 있다. 대출이 적절한 수익으로 이어지는 지렛대 역할을 하는 착한 대출을 말한다. 반대로 비용은 많이 들어가는데 수익으로 연결되지 않고 월급에서 이자가 나가는 대출의 경우 '나쁜 빚'이라고 할 수 있다. '빛'과 '빚'의 차이는 얼마만큼 계획과 목표대로 잘 구분하고 잘 활용하느냐에 달려있다.

대출 한도와 금융사를 선택하고 나면 만기와 금리 조건의 선택이 남아있다. 만기는 대출을 받으면서 자유롭게 결정할 수 있는데 당장 대출 원금에 이자를 갚기 어려우면 만기를 길게 하는 것이 좋고, 여유가 있어 상대적으로 빨리 갚을 수 있다면 짧게 설정하는 것이 좋다. 분할 상환을 선택하거나 만기가 짧을수록 이자 부담이 적다. 만기를 길게 설정하면 이자 부담이 많은 대신 원금 상환 부담은 상대적으로 줄어든다.

과거에는 일시 상환 대출이 투자자 입장에서는 가장 일반적인 대출이었다. 이자만 내다가 나중에 매도하거나 전세로 갈아타면 되었기 때문에 원금을 갚는 압박에서 조금은 벗어날 수 있었다.

지금은 담보 대출 금리의 경우 고정 금리와 변동 금리로 나뉘는데 시장 상황에 따라 전체적으로 금리가 오르면 대출 금리도 같이 오르고, 내려가면 같이 내려간다. 대출을 받는 동일 시점에서는 고정 금리 대출의 금리가 변동 금리 대출의 금리보다 다소 높다. 시장이 불확실하다면 고정 금리로 대출을 받아 그 변동에 따른 위험성을 줄이는 것이 나은 반면, 대출 이후 시장 금리가 계속 떨어지면 변동 금리가 내려가면서 고정 금리보다 유리하다. 대출 갈아타기의 경우에 있어서도 금리 변동에 따라 가능할 수 있으나 중도 상환 수수료 등 제한적인 부분이 있기 때문에 잘 따져보고 진행해야 한다.

우리 부부는 중도 상환 수수료가 면제되는 시점이나 원금 일시 상환의 거치기간이 끝나는 시점에 갈아타기를 통해 순익을 극대화했다. 금리 인하는 덤으로 진행했다. 요즘 기존 투자자는 거치식 대출을 연장해 유지하는 경우가 많지만 새로 거치식 대출을 받으려면

2장 투자의 디딤돌은 종잣돈이다

제약을 받는다.

경험상 만기 3~5년 이하 단기는 변동 금리 대출이, 3~5년 이상 장기는 고정 금리 대출이 낫다. 기간이 장기화될수록 불확실성이 커지니 고정 금리가 낫다는 말이다. 변동 금리는 크게 CD(양도성 예금증서) 연동 대출과 코픽스(COFIX, 자금 조달 비용지수) 연동 대출로 나뉜다. CD 연동 대출은 CD 금리에 대출 금리가 연동되어 움직이는 대출이다. 금융 시장에서 매일 CD 금리가 결정되는데 한국은행이 결정하는 기준 금리 움직임을 거의 따라간다.

코픽스는 은행들이 대출해주기 위한 자금을 조달할 때 지불한 비용을 감안하여 만든 금리다. 은행은 이 금리에 이익을 위한 가산 금리를 붙여서 최종적인 대출 금리를 결정한다. 코픽스 연동 대출은 운영 방식에 따라 신규 취급액 기준 상품과 잔액 기준 상품 등 2가지로 나뉜다. 신규 취급액 기준 대출 금리는 은행이 새로 자금을 조달하는 비용만 감안해 결정되고, 잔액 기준 대출 금리는 은행이 조달한 모든 자금의 비용을 더하고 평균으로 계산해 결정된다. 금리 조정 주기는 3~12개월인데 대출을 받기 위해서는 신규 취급액 기준으로 할지, 잔액 기준으로 할지 결정을 하고 3~12개월 가운데 조정 주기를 선택하면 된다. 앞으로 금리가 오를 것 같으면 CD 연동보다는 코픽스 연동 대출이 좋다. 코픽스 가운데는 신규 취급액 기준보다 잔액 기준이 유리하다. 반면 금리가 내려갈 것으로 예상된다면 가장 빨리 반영되는 CD 연동 대출, 코픽스 신규 취급액 기준, 코픽스 잔액 기준 순으로 유리해진다.

우리 부부는 대출의 조건과 그 당시 투자 상황에 따라 제1금융권과 제2금융권을 넘나들었다. 대출은 적은 투자금을 보완해주는 좋은 무기, 즉 '좋은 빚'이었다. 이처럼 대출을 잘 활용하려면 무엇보다 신용 관리가 중요하다.

대출의 핵심은 신용 관리

그동안 우리 부부가 계속 투자할 수 있게 해준 원동력 중 하나가 바로 신용 관리다. 꾸준히 신용 관리를 하면서 신용 등급을 잘 유지하면 마이너스 통장을 발급할 때에도 은행의 회원 등급에 따른 무담보 신용 대출을 더 받을 수 있다. 소득이 증명되는 직장인은 자영업자보다 대출이 더 수월하다. 그래서 직장생활을 하면서 투자를 해야 하는 이유이기도 하다. 신용 관리는 투자에 앞서 신용 사회를 살아가는 데 반드시 챙겨야 할 핵심적인 사항이며 신용이 불량하면 투자에 악영항을 미친다.

금융기관은 대출을 해주기 전에 채무자의 중요한 사항들을 확인한다. 안정적인 직장에 재직 중인지, 소득은 얼마나 되는지, 연봉이나 부채의 채무 현황은 어떠한지 등이다. 이처럼 금융기관들은 여러 가지 내용을 고려하여 채무 상환에 대한 리스크(risk)를 줄이고자 한다. 그중에서 매우 중요한 기준이 바로 채무자의 '신용'이다. 평소 자신의 신용 등급을 정확히 아는 사람이 많지 않아 그 중요성을 잘 느끼지 못한다. 하지만 금융 거래를 할 때 똑같은 채무라도 신용도에 따라 금리나 한도 등에 불이익을 받을 수 있으니 평소 꾸준하게 관리한다.

경우에는 따라서는 '대출 없이 전세 투자만 할 것이니 대출은 필요 없다'고 생각할 수도 있는데 이는 오산이다. 임차인이 적기에 들어온다는 보장이 없으며 여의치 않을 경우 임차인을 내보내고 공실을 유지해야 하는데 비상금이 없다면 대출로 충당해야 하기 때문이다. 이처럼 부동산 투자와 대출은 떼려야 뗄 수 없는 관계다.

신용 등급은 금융기관에서 대출받을 때 하나의 기준이 된다. 금융기관은 개인 신용을 모두 10개의 등급으로 나누고 어느 구간 이상을 벗어나면 더 이상 대출해주지 않는다. 돈을 갚을 능력이 없다고 보기 때문이다. 개인의 신용 등급은 평가회사와 금융기관이 각각 산출한다. 국내에는 나이스평가정보(이하 'NICE')와 KCB(코리아크레딧뷰로)가 대표적이다. NICE는 연체 등 불량 정보의 반영 비율이 높고 KCB는 상대적으로 우량 정보를 많이 반영하고 있다. 따라서 같은 사람이라도 NICE 등급과 KCB 등급이 다르게 나올 수 있다. 나도 항상 등급이 다르게 나온다.

좀 더 자세히 비교하면 KCB와 NICE의 가장 큰 차이점은 '평가 성향' 때문이다. NICE는 현재를 반영하여 미래를 예측해 등급을 산정하고, KCB는 과거의 이력부터 현재의 상태를 반영해 등급을 산정한다. 미래지향적 등급인 NICE는 대출 시점부터 만기 시까지의 상환 능력을 반영하는 이유 때문에 대부분의 대출 금융사들은 NICE 등급을 우선시한다(금융사에 따라 NICE, KCB 중 낮은 등급에 내부 등급을 적용한다).

이러한 개인 신용 정보는 '신용 정보의 이용 및 보호에 관한 법률'에 따라 전국은행연합회, 서울신용평가정보 등 신용 조회회사에 제공되며 금융회사에서는 신용 정보의 주체인 본인의 동의를 받아 제공한다. 또한 개인 신용 정보를 토대로, 금융 소비자가 '향후 1년 이내에 90일 이상 연체 발생' 등이 일어날 가능성을 수치화하여 CB 등급으로 표시하여 사용한다. 개인 신용 등급은 금융회사 등이 금융 소비자와의 신용 거래 여부와 금리 등 신용 거래 조건을 결정하는데 중요한 기준이 되므로, 평상시 잘 관리하는 것이 중요하다.

개인 신용 등급은 어떻게 관리하느냐에 따라 천차만별이다. 무관심하게 방치하면 나도 모르는 사이에 등급이 낮아져 있기도 하고, 꾸준히 관리하면 항상 높은 등급을 유지할 수 있다. 본인의 관심이 가장 중요하다.

NICE나 KCB를 통해 무료로 본인 신용 등급을 포함한 신용 정보를 확인할 수 있으며(연간 1회) 우리 부부는 유료 서비스를 이용해 주기적으로 신용리포트를 받아보면서 관리하고 있다.

연체는 신용 등급 급락의 가장 큰 요인이다. 공과금, 대출 원리금, 신용카드 대금, 통신요금 등의 연체가 발생하면 신용 등급에 악영향을 끼친다. 소액이라도 절대로 연체하지 않도록 관리하는 습관이 반드시 필요하다.

등급 점수의 하락 및 상승에 대해 좀 더 자세히 보자. 등급 점수 하락의 주요 원인은 당연히 연체, 대출(제1금융권을 포함한 주택 및 신용), 현금 서비스, 카드론 등이다. 10만 원 이상, 그리고 5일 이상 연

2장 투자의 디딤돌은 종잣돈이다

체하면 금융연합회 연체정보가 공유되어 본격적으로 등급이 하락하고 모든 금융사의 금융 거래가 불가능해질 수 있다.

카드론과 대출(담보, 신용)의 경우 상환하면 2~3일 내로 하락한 등급 점수의 약 90%가 회복되며, 현금서비스의 경우에는 6개월간 이용 정보가 보관되어 상환 후에도 등급 점수 상향에 방해가 된다. 편리함을 이유로 이용하다가는 나중에 뒷감당이 안 되어 곤란한 처지에 빠질 수 있으므로 가급적 대출은 제2금융권 이상만을 쓰도록 한다. 한 금융사(주거래 은행)를 꾸준히 거래했을 경우의 등급 상향은 해당 은행의 내부 등급일 뿐이지 외부 등급(KCB, NICE 등)에는 영향을 미치지 않는다. 신용 등급 점수를 올리기 위한 가산점을 받는 방법이 있다.

첫째, 신용카드를 매월 30만 원 이상씩 6개월 이상 사용하면 가산점이 적용된다.

둘째, 신용카드 및 마이너스 통장의 총한도 50% 이하를 사용하면 관리에 유리하다.

셋째, 케이 스코어(K-Score, KCB의 새 신용평가체계)와 관련된 것인데 소득금액증명원, 납세사실증명원, 지방세증명원, 건강보험, 국민연금, 통신요금, 공공요금, 국세청모범납세증명원 등을 발급받은 후 등록하면 1~10점 정도의 등급 상향이 가능하다(KCB 해당).

제1금융권인 은행에는 2가지 내부 평가 기준이 있다. '신청평점 시스템(Application Score System)'과 '행동평점시스템(Behavior Score System)'이다.

'신청평점시스템'은 신규 신용 거래를 신청한 고객의 신용 평가를 위해 개발된 것인데 대출 승인 여부, 신용카드 발급 등 신규 거래 개설과 관련해 활용된다. '행동평점시스템'은 거래 중인 고객을 대상으로 일정 시점마다 향후 부실 가능성(대출 연장 시 연장 여부 또는 금리 변경 등의 결정이나 신용카드 한도)을 재평가하도록 개발된 것이다.

금융회사의 내부 신용 평점시스템은 CB(Credit Bureau, 신용 조회) 회사에서 제공하는 신용 평점 및 신용 정보, 자체 보유하고 있는 거래 정보 및 개인이 은행에 제공한 직장 정보, 소득 정보 등을 토대로 은행 거래의 가능 여부, 대출 한도, 금리 등을 결정한다.

신용 등급의 변동은 각자의 금융 패턴에 따라 다르다. 하지만 갑자기 크게 하락하면 그 이유는 파악이 가능하다. 신용 등급에는 구간마다 점수가 있다(아래 표 참조).

여기 A, B가 있다. A의 등급점수는 950점, B는 900점으로 NICE 1등급이다. 대출로 두 사람의 등급점수가 각각 50점씩 하락했다면, A

등급 구간	NICE(점)	K-Score(점)
1등급	900~1,000	908~1,000
2등급	870~899	830~907
3등급	840~869	748~829
4등급	805~839	645~747
5등급	750~804	575~644
6등급	665~749	525~574
7등급	600~664	460~524
8등급	515~599	360~459
9등급	445~514	240~359
10등급	445 미만	240 미만

2장 투자의 디딤돌은 종잣돈이다

는 900점이라서 그대로 NICE 1등급이지만 B는 850점이 되어 NICE 3등급으로 떨어진다. 이처럼 같은 1등급이라도 본인이 속해 있는 등급 구간에 따라 대출 후에 등급 변동이 없거나 2등급 이상 하락할 수 있다.

제1금융권이든, 제2금융권이든 모든 대출은 신용 평가기관의 등급 하락 요인 중 하나다. 어떠한 대출이든 실행 즉시 등급점수는 떨어진다. 단, 개인의 여신 거래 패턴에 따라 등급점수 변동이 있기 때문에 신용 평가기관에서조차 대략적인 예상을 할 수 없다. 물론 제1금융권보다 제2금융권의 등급점수 하락 폭이 큰 것은 사실이나 연체 없이 이용했다가 상환하면 최대 90% 이상으로 회복된다. 회복되는 등급 점수구간에 따라 다시 1등급 또는 1등급에 인접한 2등급이 될 수 있다. 실제 떨어진 점수는 많지 않지만 본인이 속해 있는 등급 구간의 차이에 따라 많이 떨어진 것처럼 보일 수도 있다.

이러한 개인 신용 등급 관리를 위해 지켜야 할 10계명을 금융감독원에서 발표했는데 반드시 실천하도록 하자. 신용사회에 살고 있는 우리에게 '신용은 곧 돈'이다.

① 인터넷, 전화 등을 통한 대출 시 신중하게 결정하자.

② 건전한 신용 거래 이력을 꾸준히 쌓아가자.

③ 갚을 능력을 고려하여 적정한 채무 규모를 쌓아가자.

④ 주거래 금융회사를 정하여 이용하자.

⑤ 타인을 위한 대출 보증은 가급적 피하자.

⑥ 주기적인 결제 대금은 자동 이체를 이용하자.

⑦ 연락처가 변경되면 반드시 금융회사에 통보하자.

⑧ 연체는 소액이라도 절대로 하지 말자.

⑨ 연체 상환 시 오래된 것부터 상환하자.

⑩ 본인의 신용 정보 현황을 자주 확인하자.

대출 거래장으로 원금, 이자 관리하기

대출받은 자금을 원금(원리금)균등상환으로 갚을 때 은행에 대출 거래장을 만들어 달라고 요구한다. 요구하지 않으면 만들어주지 않는다. 대출 거래장에는 매달 나가는 원금과 이자, 그리 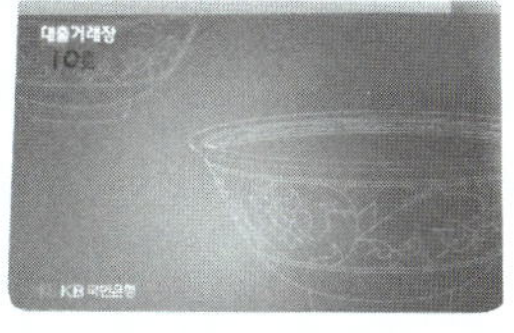 고 잔액까지 통장으로 확인할 수 있다. 배우자의 명의로 대출을 받았다면 인터넷 뱅킹으로 원금과 이자를 매달 확인하지 않아도 되니 가계부 정리할 때 굉장히 편리하다.

가늘고 길게 가는 것이 중요하다

대부분 부동산 투자를 시작할 때 '짧고 굵게 몇 년간 수익을 크게 낸 다음에 그만 두고 편하게 살아야지'라고 생각하지 않을 것이다. 처음에는 단지 불안한 직장생활을 보완하고자 약간의 월세 정도를 받고 싶다는 소박한 꿈에서 시작한다. 그러나 본격적으로 시작하면 어느 순간 물건을 늘려서 더 많은 수익을 내려는 욕심이 생긴다. 운 좋게 상승하는 시기에 한 채당 5,000만 원, 1억 원 이상 가격이 상승하면 직장을 다니지 않고 전업 투자만 해도 잘 벌 것 같은 생각이 든다. 하지만 투자 사이클에는 항상 상승하는 시기만 있는 것이 아니라 하락하는 시기도 있다. 그러니 직장을 다니며 조금이라도 꾸준하게 부수입을 얻어 가계에 보탬이 된다는 자세로 투자에 접근하면 좋겠다.

2015~2016년 사이에 많은 투자자가 가격이 높은 40~50평대 대

형 평수를 매입했다는 이야기를 들었다. 소형 평수가 많이 올랐지만 대형 평수는 거의 오르지 않았으므로 저평가되어 있고 한 번 오르면 소형 평수보다 더 많이 오른다는 이유로 대형 평수 매물을 선택한 것이다(물론 현재 수익 결과로만 보면 맞는 말이지만 위험 부담이 컸다). 거기에 묻지 마 투자자들까지 몰렸다. 그 결과, 전세 임차인을 구하지 못해 계약금을 날리거나 대출을 받느라 힘들었다는 사연도 들었다.

투자할 때는 핑크빛 미래 외에도 최악의 상황까지 생각해야 한다. 즉, 임차인을 구하지 못했을 때 대출이나 지인의 도움을 받고서라도 잔금을 치를 수 있어야 한다. 또한 공실이라도 몇 개월 동안 견뎌낼 준비를 해야 한다. 한없이 오르기만 할 것 같더라도 외부 요인에 의해 조정이 올 수 있다. 그러므로 수익만 생각하지 말고 반드시 여러 위험요소를 생각해보고 자신이 감당할 수 있을 정도로만 투자한다.

처음 투자를 시작했던 32살, 적지도 많지도 않은 나이였지만 우리 부부는 부동산 투자를 하기에 딱 적당한 시기라고 생각했다. 거의 모든 금융 재테크를 경험한 후라서 부동산 투자에서 무엇이든 직접 경험하면서 배우고 싶었다.

큰 수익을 바라고 시작하지 않았다. 실패만 하지 않고 대출 이자를 제외해도 적금보다 수익이 좀 더 나오면 괜찮다고 생각했다. 맞벌이를 하면서 소소하게 1~2채의 월세를 받는 것이 목표였다. 투자 1호는 그렇게 해서 탄생했다. 5,900만 원에 샀는데 대출 3,000만 원

2장 투자의 디딤돌은 종잣돈이다

[2013년도 예·적금과 투자 1호의 월세 수익 비교]

구분	적금	예금	투자 1호 월세
이율	4.0%	3.5%	·
투자 비용	3,264만 원	3,254만 원	3,254만 원
투자 기간	1년	1년	1년
수익	605,665~715,916원	979,117~1,157,349원	(약) 288만 원

• 주: ① '투자 비용'에서 적금과 예금은 투자 1호에 들어간 비용에 맞췄다. 그래서 적금의 경우 매달 272만 원을 넣는 것으로 가정했다(272만 원×12개월).

② '수익'에서 적금, 예금 기준은 '비과세~일반 과세'이다. 투자 1호 월세의 기준은 '(월세 − 대출 이자)×12개월'이다(장기수선충담금 제외).

(3년 거치), 세금과 중개보수, 리모델링, 기타 비용을 포함해 3,254만 원이 들었다. 월세 35만 원 중 대출 이자로 매달 11만 원 정도가 나갔고 24만 원 정도가 남았다. 약 3,300만 원을 투자했는데 월 24만 원(정도), 연 288만 원(정도) 수익이 생긴 것이다. 8% 이상의 수익으로 당시 적금보다 훨씬 높았다(1년도 되지 않아 시세 상승으로 대출 1,200만 원이 더 가능해졌고 이내 투자금을 회수했다).

위의 표에서 볼 수 있듯이 1년 동안 예·적금과 월세 투자를 비교했을 때 차익이 많게는 3배까지 난다. 여기에다 1호를 팔고 차익은 덤으로 가졌으니 세금을 제외해도 매해 이자만 받는 적금, 예금과는 상당한 차이가 난다. 임대소득세를 낸다고 해도 저금리 기조의 현 상태에서는 부동산에 투자한 것이 더 현명하다는 사실을 보여 준다.

가끔은 '초과 수당으로 25만 원 정도 더 벌면 되지, 왜 고생하면서 월세 받는 부동산을 갖나?'라는 생각을 한 적도 있다. 그러나 직접 일해서 버는 근로소득과 월세는 느낌 자체가 다르다. 어렵게 투자 공부를 해가며 얻은 월세지만 매일 일하는 것이 아니라 고객인 임차인이 요구할 때만 일하면 된다. 그래서 1년에 많아야 4~5번 정도만 일하면 되고 내 집이 있다는 사실이 무엇보다 든든했다. 이런 이유로 앞으로 아이를 낳고 외벌이가 되었을 때를 대비해 월세 받는 아파트로 적금하면 좋겠다는 생각이 들어 같은 단지의 아파트를 월세용으로 2채 더 매입했다. 또 처음으로 전세를 끼고 매입한 물건은 매입가가 5,500만 원에 전세가가 5,500만 원이었다. 세금, 리모델링 비용을 포함해도 400만 원 정도밖에 들지 않았다. 말로만 듣고 책으로만 봤던 경험을 실제로 한 후부터 우리 부부는 상대적으로 싼 지방의 소형 아파트에 집중해 채 수를 늘리기로 했다. 적어도 돈이 돈을 버는 시스템(아파트가 아파트를 사는 시스템)이 되려면 10채 이상은 필요하다고 생각되어 전세와 월세를 적절히 섞어가며 16평형에서부터 28평형까지 소형 아파트를 2013년도에만 14채 구입했다. 그러다가 투자 14호는 예상치 못한 현금 흐름의 문제가 발생하여(전세를 못 구했다) 돈맥경화(돈이 시중에 돌지 않거나 개인의 자금 사정이 원활하지 않은 상태를 동맥경화에 빗대어 표현한 말)에 걸려서 등기했다가 며칠 후에 매도했다. 그때 스트레스를 너무 많이 받으면서 과욕을 부리면 안 된다는 교훈을 얻었다.

욕심을 덜 부리면서 모은 자금과 전세 차익분으로 지방의 소형 아파트만 투자하다가 2015년 중반부터 수도권에 투자하기 시작했다. 당시 지방의 아파트가 1억 원 이상이면 투자를 망설였는데 수도권, 특히 서울의 아파트는 단위가 2억, 3억이 훌쩍 넘었다. 그래서 머릿속의 고정관념을 깨는 것이 참 힘들었다. 욕심을 내지 말자고 다짐했는데 지금도 문득 사고 싶은 욕심이 올라온다. 몇 백만 있어도 전세를 끼면 지방의 아파트 한 채를 살 수 있으니 생활비를 아끼고 아껴서 더 투자해 수익을 내고 싶은 생각도 든다. 그러나 그런 욕심을 절제하고 가치 투자를 위해 오늘도 마음을 고쳐먹는다.

우리 부부는 세금과 부대 비용을 빼고 1채당 1,000만 원 수익도 감사하게 생각한다. 지역을 분산해서 1채당 500만 원~4,000만 원 미만으로 투자하면서 가능한 2년 이상 보유하는 이유도 위험을 줄이고 안전하게 투자하고 싶기 때문이다. 황금알이 아니라도 꾸준하게 수익을 내주는 '알(시스템)'을 만들기 위해서 지금도 노력 중이다. 부동산 시장의 규제가 늘어나도 지금의 전세 및 월세 투자를 병행하면서 조율할 것이다.

투자를 처음 시작했을 때 우리 부부가 서로 이야기했던 목표를 항상 잊지 않으려고 한다.

'작게, 안전하게, 오래도록!'

수익이 다소 적어도 안전하게 소형 아파트 위주로 오랫동안 투자하고 싶다. 경매, 상가, 토지 등 다른 부동산 분야에도 계속 도전하겠지만 가늘고 길게 평생 투자를 즐기며 하고 싶다는 생각은 변함이 없다. 오늘도 우리는 꾸준한 투자를 꿈꾸면서 지인들과 정보를 나누며 살고 있다.

지역도 보고 가치도 보고

이번 장에서는 그동안 임장하면서 경험한 것을 바탕으로 우리 부부의 투자 방법과 소형 아파트 투자에 처음 접근하는 사람들을 위한 기술 등을 지역적인 접근과 가치적인 접근으로 나눠 살펴본다.

첫발을 내디딘다면

우리 부부는 투자 금액이 많지 않기 때문에 소액 투자를 해왔다. 투자 물건도 원룸, 오피스텔, 다세대주택, 연립주택이 아닌 아파트로만 접근했다. 아파트는 우리가 해외에 있든, 지방에 있든 시세를 파악하기 쉽고 상대적으로 가격이 떨어질 위험성이 적기 때문이다. 소액으로 투자하다 보니 수도권, 지방 상관없이 새 아파트가 아닌 기존 소형 아파트(보통 25평형 내외)에 투자했다(분양권도 매물에 따라 소액으로 투자할 수 있지만 아직 기회를 잡지 못했다). 그래서 보유 매물은 1992년식부터 2010년식까지 다양하다. 지금까지 해온 투자 방법은 다음과 같다.

지방(소형) 아파트 월세 투자 → 지방 아파트 전세 투자

→ 지방의 분양 전환 매물 투자 및 임대사업자 등록 →

경기도에서 기금 대출 승계한 전세 투자 → 지방에서 일반 매매 투자(월세 및 전세) → 경기도, 서울의 아파트 전세 투자 → 지방의 아파트 전세 올려서 무피 투자[1] 및 플러스 피 투자[2]

첫 투자는 작게

처음 투자를 하면 생각대로 진행되지 않을 가능성이 높다. 그래서 초반에는 투자금이 적을수록 좋다. 첫 경험이 정말 중요한데 이때 실패하면 다시는 투자하고 싶은 마음이 생기지 않을 수도 있다. 투자금이 적고 위험이 적은 매물을 통해 경험을 쌓고 나서 점점 큰 매물에 투자하는 것이 좋다.

지방에 있는 소형 아파트를 대상으로 월세나 전세 투자로 시작하길 추천한다. 투자를 해보지 않은 서울 사람이 지방의 아파트에 투자하는 것은 대단한 다짐이 필요하다. 물리적인 거리도 문제지만 심적으로도 부담이 될 수 있다. 그러나 부모님이 거주하는 고향이나 서울에서 가까운 인천 또는 경기도를 공략한다면 '첫 교육비'로 괜찮을 것이다. 젊을 때부터 경험을 해보면서 부동산에 대한 지식을 넓히는 것이 좋다. 나이가 들어서 경험하려면 제약이 더 많다. 투

---

1) 무(無)와 피(fee)의 합성어로 투자금을 임대 보증금으로 회수하는 것을 말함.
2) 부동산에 들어간 비용이 매입가보다 낮아 실제로 투자금이 하나도 들지 않고 현금이 들어오는 것을 말함.

3장 돈 되는 아파트 투자 1단계 _ 지역도 보고 가치도 보고

자 결과가 나쁘면 다시 일어서기도 몇 배나 힘들다. 노후에 부동산 사기를 당해 극단적인 선택을 했다는 뉴스도 있지 않은가. ‘젊을 때 고생은 사서 한다’고 하는데 부동산 투자도 하루라도 일찍 시작해 보길 바란다.

월세 투자를 하려면 대출을 받아야 하므로 예대마진(예금 이자와 대출 이자의 차이)으로 돈 버는 은행의 원리를 파악하게 되고 세입자 와 관계를 어떻게 해야 하는지 많이 배울 수 있다. 참고로, 월세 세 입자가 전세 세입자보다 요구사항이 많다.

상승기에는 전세 투자보다 시세 차익이 적어서 상대적으로 박탈 감이 들 수 있지만 남의 돈을 받는 것(월세) 또는 임대사업으로 돈 버는 것이 불로소득이 아님을 투자 초기에 배울 수 있어 다음 투자 에 더 신중하게 된다.

우리 부부의 예를 들어보겠다. 월세를 받기 위해 마련한 투자 1 호의 경우 임차인이 까다로웠다. 관리업무를 하는 50대 남자였는데 수리를 깨끗하게 한 점이 마음에 든다며 계약했다. 그런데 계약 후 부터 요구가 참 많았다. 우리 부부는 착한 임대인이 되고 싶었기에 작은 요구까지 다 들어줬다. 들어오기 전에는 까다로웠지만 들어온 후부터는 아무런 요구도 하지 않았고 월세도 날짜에 맞춰 입금해줬 다. 하루라도 늦으면 죄송하다는 문자를 보내줬다. 정확한 것을 좋 아하는 성격을 이해하고 나니 오히려 우리 부부가 감사함을 느꼈 다. 3년 넘게 투자 1호에 사셨는데 가장 좋아한 임차인 중 한 명이 었다.

지금까지 여러 채에 월세 투자를 했는데 감사하게도 월세를 내지 않아 힘들게 한 임차인은 없었다. 간혹 2~3일 늦기는 해도 휴대전화 문자를 보내면 바로 보내줬다. 요즘은 며칠 늦어도 무슨 사정이 있는 것으로 생각해 보채지 않는다. 또한 임차인의 수리 요구는 대부분 들어준다. 터무니없다고 생각될 때만 선을 긋는다(초기에는 다 들어줬지만 투자 경험이 쌓인 후부터는 모두 다 들어준다고 좋은 것만은 아님을 알았다). 들어줄수록 더 많은 요구를 하기도 해서 해줄 수 있는 것과 해줄 수 없는 것을 정확하게 구분한다. 계약서의 특약 사항에 5만 원 이하의 소모품에 대해서는 임차인이 고친다는 항목을 넣었다.

그래도 자신의 성향상 월세보다 전세가 더 맞는다고 생각하면 전세를 끼고 소액 투자로 시작해도 된다. 투자에 이분법적인 정답은 없다. 상황에 따라 최선을 선택하면 된다. 지방에 전세 끼고 투자할지, 서울에 전세 끼고 투자할지는 자신의 형편에 따라 한다. 우리 부부는 지방의 경우 전세 끼고 세금과 부대 비용까지 포함해 200만 원~2,500만 원 내로, 수도권의 경우 500만 원~4,000만 원(최대) 내로 투자했다.

가격이 비싸면 투자 수익률이 떨어진다

보통 가격이 비싸면 실제 투자금이 많이 들어가 투자 또는 임대 수익률이 떨어진다. 그래서 지방에 싼 아파트부터 투자하기 시작했

3장 돈 되는 아파트 투자 1단계 _ 지역도 보고 가치도 보고

다. 물론 무조건 싸다고 덤비지 않았다. 매물의 가치를 우선적으로 봤다. 밑의 표는 2013년 7,600만 원으로, 2014년 1억 원으로 구입한 지방 아파트의 수익률을 비교한 것이다. A와 B 간의 임대 수익률과 투자 수익률이 차이 나는 이유는 다음과 같다.

첫째, 매입가의 차이다. 절대 가격이 낮으면 투자 수익률은 당연히 높아진다. A와 B는 전용면적이 59제곱미터로 똑같은 평형이지만 계단식과 복도식이라는 차이가 있었다(보통 계단식이 전용면적 기준으로 3평 정도 더 크다). 그리고 행정구역상 같은 도였지만 호재 지역과 비호재 지역, 5년 연식의 차이 등으로 2,000만 원 이상 가격 차이가 났다. A는 매도인이 새 아파트로 들어가야 하는 바람에 500만 원을 깎았지만 B는 분양 전환 물건이라 분양회사의 정해진 가격으

구분	A(23평형 아파트)	B(24평형 아파트)
매입가(현재 시세)	7,600만 원(9,500만 원)	1억 원(1억 2,000만 원)
대출액	4,900만 원	5,150만 원
(현재) 보증금과 월세	2,000만 원 ǀ 35만 원	3,000만 원 ǀ 20만 원
부대 비용(세금 등)	약 230만 원	약 274만 원
수리 비용	0원(수리 상태가 좋음)	약 130만 원
월 이자 납입액	13만 원(연 156만 원)	12만 원(연 144만 원)
실제 투자금	930만 원	2,254만 원
임대 수익률	약 28.4%	약 4.3%
(예상) 투자 수익률	약 132.6%	약 88.7%

- 주: ① A는 방 3개, 화장실 2개, 계단식이며 B는 방 3개, 화장실 1개, 복도식이다.

  ② A의 '임대 수익률' 계산식: (35만 원 − 13만 원)×12개월÷930만 원×100(%)
  B의 '임대 수익률' 계산식: (20만 원 − 12만 원)×12개월÷2,254만 원×100(%)

  '(예상) 투자 수익률'은 현재 시세 기준이다. 매입가의 차이가 크면 투자 수익률에서도 큰 차이가 난다는 것을 보여주기 위해 월세 수익, 매도 시 세금 등은 제외했다.
  A의 '(예상) 투자 수익률' 계산식: 1,900만 원÷930만 원×100(%)
  B의 '(예상) 투자 수익률' 계산식: 2,000만 원÷2,254만 원×100(%)

로 살 수 밖에 없었다. 가격 차이가 곧 투자 수익률로 직결되기 때문에 매도자의 사정이 있는 급매물을 사거나 중개보수를 더 주더라도 값을 깎는 것이 유리하다.

둘째, 보증금과 월세의 차이다. A를 매입할 때는 (매입 기준으로) 1년 전에 공급이 많아져서 가격이 한 번 빠진 상태였다가 서서히 오르고 있는 시점이었다. 그래서 투자자가 많이 접근하지 않았다. 반면 B의 경우 지역 호재로 인해 투자자가 많이 들어왔고 한 번에 임차인을 구해야 해서 당초 예상했던 보증금이나 월세 가격보다 낮게 계약했다. 게다가 감정평가사가 시세를 낮게 측정하고 방 공제[3]의 영향으로 대출 가능액이 예상보다 적었다. 호재로 시세는 올랐지만 임대가가 오르지 않아 결국 임대 수익률이 A와는 큰 차이를 보였다.

감정평가사가 해당 아파트의 가격을 어떻게 책정했느냐에 따라 대출금이 적거나 커진다. 감정평가사가 시세를 조사했던 시기보다 현재 시세가 더 높으면 시세대로 감정해달라고 민원을 넣을 수 있지만 다시 감정평가를 받으려면 별도의 비용이 들기 때문에 은행에서 선별적으로 결정한다. 지역별로 KB 시세 조사와 연결되는 중개사무소가 있는데 이곳에 시세를 빨리 반영해달라고 요구하는 방법도 있다.

---

3) '방 빼기 공제'를 줄여서 부르는 말이다. 최우선 변제권 액수만큼 대출 부분에서 빼고 준다. 2017년 기준으로 서울은 3,400만 원, 서울 외의 수도권 중 과밀 억제권역은 2,700만 원이다. 2장의 '대출의 오묘한 세계 ① 균형을 맞춰라'에 나온 '주택임대차 보호법상 최우선 변제'를 참고한다.

3장 돈 되는 아파트 투자 1단계 _ 지역도 보고 가치도 보고

셋째, 각종 수수료의 차이다. 보통 중개보수와 법무사 수수료를 말한다. 사실 우리 부부는 중개보수를 일부러 깎지 않는다. 매매와 전세를 동시에 구하면 매매 보수만 받거나 깎아주는 공인중개사도 있지만 특별한 상황이 아니라면 둘 다 주거나 더 주기도 한다. 기존 임차인과의 계약 연장이라 전세 연장 관련 중개보수를 공인중개사에게 내지 않은 적도 있었는데 문제가 생기는 바람에 직접 해결을 할 수밖에 없었다. 참 고생했는데 내 편에서 일하는 공인중개사에게 일한 대가를 꼭 줘야 한다는 것을 절실하게 깨달았다. (상황에 따라) 원하는 가격에 매도해주면 중개보수를 더 주겠다고 제시한다. 그것이 더 이익이다.

법무사 수수료는 처음에는 잘 몰라서 공인중개사가 연결해주는 법무사에게만 했었는데 의외로 많이 들었다. 요즘은 '법무통' 앱을 사용해 견적을 내보고 싼 법무사에서 하거나 단골 공인중개사가 연결해주는 법무사를 이용한다. 좀 더 저렴하게 하려고 셀프등기를 하는 사람도 많다. 그런데 셀프등기를 하는 과정에서 오는 스트레스 등이 클 수 있으므로 상황에 맞게 한다.

넷째, 수리 비용의 차이다. A는 매도자가 거주하면서 수리를 깔끔하게 한 상태여서 특별히 추가적인 수리가 필요 없었다. 사기 전에 이미 공실이어서 집을 자세히 볼 수 있었다. 반면 B는 세입자가 오랫동안 사는 바람에 수리가 필요했다.

임대 또는 투자 수익률을 높이기 위해서는 수리를 하지 않거나 해도 최소한으로 할 수 있는 집을 사야 한다. 셀프 인테리어를 할 수

있다면 도움이 더 된다. 수리를 아주 잘 해서 임대가를 높여 받으면
수익률을 높이는 또 하나의 방법일 수 있다.

지역에 따라 투자 방법이 달라진다

투자를 하면서 지역에 따른 편차가 굉장히 크다는 점을 매번 느낀다. 투자하기 전에는 잘 몰랐다. 수도권의 부동산 시장이 좋지 않았던 2010~2014년까지 지방 대부분은 부동산이 좋지 않다는 말이 이해되지 못할 정도로 수익이 뛰어났다. 그리고 2014년부터 지금까지 수도권의 부동산 시장은 좋지만 일부 지방은 끝을 모르는 바닥을 향해 떨어지고 있다. 지역별로 양극화가 심해지고 있는 것이다. 그래서 (서울을 포함하는) 수도권과 지방을 구분해서 투자해야 한다.

수도권은 호재 또는 역세권 소형 아파트를, 지방은 인구 유입의 흐름을 주의 깊게 봐야 한다. 특히 지방에서는 '○○의 강남'이라고 해도 오르지 않을 수 있으니 산업단지나 대학교 등 꾸준한 수요가 있는지 확인할 필요가 있다.

부동산은 정부의 정책과 아주 밀접하게 연결되어 있다. 크게는 현재 규제정책 중심인지, 완화정책 중심인지 파악해서 투자의 방향을 세워야 하고, 작게는 각 지역의 교통 호재나 개발 호재를 살펴봐야 한다. 최근 몇 년 동안은 부동산 완화정책 중심이라서 부동산 대부분 가격이 올랐고 특히 정부 청사 이전으로 혜택을 받는 세종시와 혁신도시사업이 추진되는 해당 지역의 토지나 아파트 가격이 많이 올랐다.

수도권은 교통이 좋아지거나 대규모로 업무시설이 들어오면 더욱 올랐다. 교통 연장이 이뤄진 신분당선 라인, GTX(수도권 광역급행철도) 및 SRT(수서발 고속철도) 수혜지역뿐만 아니라 대규모 업무시설이 들어오는 마곡지구, 상암동 DMC, 제2테크노밸리가 조성되는 판교, 법조타운이 들어서는 문정 등이 많이 올랐다. 앞으로 개통되는 신분당선 연장선, 9호선 연장선, 5호선 연장선, GTX 라인을 관심 있게 볼 필요가 있다.

교통이 변하면 생활이 편리해지고 인구가 들어오면 직주근접을 원하는 수요자가 많아져서 인근 지역의 인기가 높아진다. 이런 지역은 다른 사람도 알고 있기 때문에 선점하는 것이 좋지만 호재로만 끝나는 경우도 있으니 제대로 진행되고 있는지 확인한 후에 들어간다. 가령 지하철은 건설 확정이나 연장 소식에 한 번, 공사를 시작할 때 한 번, 개통할 때 한 번 가격이 뛴다고 하는데 오랜 시간 동안 투자할 자신이 없다면 공사 시작할 때 들어가는 것이 좋다. 공사를 시작해도 개통시기가 늦어지는 바람에 장기전이 될 수도 있다. 최악의 시나리오를 생각하고 투자해야 하는 것이다.

교통 호재 관련해서 아내에게 잊지 못할 기억이 있다. 결혼 전에 버스로 출퇴근을 할 때였는데 길 중간에서 지하철역 공사가 한창이었다. 부동산에 관심이 없었던 시절이라서 '이 공사 때문에 많이 불편하네'라고 생각만 했다. 그런데 결혼 후에 다시 가보니 놀랍게도 이전과 확 바뀌어 있었다. 4년 만에 다시 갔는데 알고 보니 9호선 황금라인 중 하나였다(등촌역~염창역). 당연히 주변 아파트의 가격은 많이 올랐다.

업무시설과 관련한 에피소드도 있다. 2015년에 마곡의 소형 아파

지역 분석 관련 사이트

- 국토교통부(www.molit.go.kr): 교통, 건설, 주거 등 부동산 정책의 방향을 알 수 있다.
- 온나라부동산정보(www.onnara.go.kr): 실거래가, 분양, 정책 등의 정보를 알 수 있다.
- 한국감정원 부동산통계정보(www.r-one.co.kr): 부동산 관련 통계를 알 수 있다.
- 주택산업연구원(www.khi.re.kr): 주택시장 전망 등의 자료를 볼 수 있다.
- 한국건설산업연구원(www.cerik.re.kr): 건설산업 관련 정보를 볼 수 있다.
- 산업입지정보시스템(www.industryland.or.kr): 전국의 산업단지를 찾을 수 있다.

트를 놓친 적이 있는데 1년도 되지 않아 1억 원 이상 오르는 것이 아닌가. '또 오를까?'라며 머뭇거린 사이에 5,000만 원이 더 올랐다.

교통시설이나 업무시설이 들어오고 주변이 획기적으로 변할 경우 조금 늦었다는 생각이 들어도(개발 호재가 이미 가격에 반영되었다고 보여도) 투자를 하면 좋은 결과가 나올 수 있다. 내가 생각하는 것과 시장에서 생각하는 것과의 차이가 있기 때문이다. '꺼진 불(놓친 기회)도 다시 한 번 확인하자!'

간혹 호재를 과대 포장하는 부동산 관련 업자들도 있으니 주의한다.

수도권 투자 기준 ② 초등학교를 품고 있는 역세권

특히 수도권에서는 역세권 중심으로 투자하면 좋다. 지하철역에 얼마나 빨리 도착할 수 있는지에 따라 가격 차이가 크다(지상철의 경우에는 소음과 먼지, 진동 등의 이유로 선호도가 떨어질 수 있다).

같은 역세권이라고 해도 다르다. 역 하나보다는 더블(double) 역세권이, 그리고 트리플(triple) 역세권, 쿼드러플(quadruple) 역세권 순으로 투자 매력도가 높다. 상업시설이 많을수록 편의성은 높아지는 반면, 유해시설이 많을 가능성이 크기 때문에 아이를 키운다면 거주 측면에서 잘 고려해야 한다.

2017년 현재, 회사가 많은 지역으로 가기 위해서 사람들이 많이 이용하는 지하철 노선은 2호선, 3호선, 5호선, 7호선, 9호선이다.

역세권의 소형 아파트는 불황기에도 크게 떨어지지 않고 상승

구분	회사가 많은 지역	이용 가능한 노선
1순위	강남구, 서초구	2, 3, 7, 9호선 및 신분당선
2순위	종로구, 중구	1, 2, 3, 4, 5호선
3순위	여의도(영등포구)	5, 9호선
4순위	가산디지털단지(가산동), 마곡동, 상암동	5, 6, 7, 9호선

기에는 먼저 상승한다. 환금성도 좋아서 팔고 싶을 때 팔 수 있다. 2010년부터 2016년까지 전국 전용면적 60제곱미터 이하 아파트의 3.3제곱미터당 가격은 737만 원에서 926만 원으로 26% 상승했는데 이는 전용면적 60~85제곱미터 아파트의 17%, 85제곱미터 초과 아파트의 2% 상승과 비교된다. 역으로 생각하면 이제는 소형 아파트라고 무조건 오르지 않으므로 더욱 신중해야 한다는 것을 알 수 있다. 그러므로 원룸형 아파트나 1.5룸 아파트보다 방 2개 있는 아파트에, 방 2개보다 방 3개가 있는 24평형 아파트에, 복도식보다 계단식 아파트에 투자하는 것이 더 안정적이다.

역세권 아파트에 사는 사람은 출퇴근 거리가 중요한 젊은 부부가 많은데 대부분 자녀가 어리므로 지하철역뿐만 아니라 초등학교까지 가까우면 매우 매력적인 물건이 된다. 그러므로 역세권에다 초등학교를 품고 있는 아파트(초품아)는 투자 대상 1순위다.

지방 투자 기준 ① 인구가 꾸준히 유입되는 곳

지방은 무엇보다 인구가 꾸준히 유입되는 곳에 관심을 갖는 것이 안정적이다(인구가 줄어드는 데도 가격이 오르는 경우가 있긴 하다). 산업단지, 기업도시, 혁신도시, 복합시설이 들어오는 곳이나 철도, 고속도로 개통 호재가 있으면 인구가 증가할 가능성이 높다. 그러한 호재로 인해 아파트가 많이 공급되면 가격이 출렁일 수 있으니 향후 입주물량을 따져본다. 간혹 사업이 당장 진행하지 않을 수 있으니 시청이나 도청에 확인한다.

인구의 증감은 행정자치부의 '주민등록 인구통계'에 시도별, 시군구별, 월별로 정리가 잘 되어 있으니 참고한다(인터넷 검색창에서 '주민등록 인구통계'를 검색하면 해당 사이트가 나온다).

지방 투자 기준 ② 시세 차익보다 월세 수입

지방의 경우 대체로 가격이 싸서 월세 수익률이 높다는 점을 적극적으로 이용하면 좋다. 물론 지방에서 전세를 끼고 시세 차익을 노리는 투자도 좋은 방법이지만 또 다른 방법을 알려주기 위해 월세 투자에 대해 말해주려고 한다.

서울의 아파트에 투자해 월세를 받으려면 초기 투자 비용이 많이 들고 수익률도 상대적으로 낮다. 반면 지방에서는 같은 비용으로 여러 채에서 월세를 받을 수 있다.

월세를 받기로 결정했다면 월세를 주목표로 하고 차익은 덤으로 생각하는 것이 속 편하다. 차익이 크지 않다고 실망하지 말자. 경험상 월세 수익률이 좋은 물건은 매달 현금 흐름을 만들어준다. 매달 또 다른 월급을 받는다고 생각하자. 그러다가 시세까지 올라준다면 꿩(월세) 먹고 알(시세 차익) 먹는 것이다.

보통 지방에서 1억 원인 소형 아파트의 월세는 40만 원~50만 원이다(보증금 1,000만 원~2,000만 원). 만약 집값은 6,000만 원~7,000만 원인데 보증금 1,000만 원에 월세 40만 원인 경우가 있다면 월세가 높게 형성된 지역으로 보면 된다. 주변 지역의 시세를 파악한 다음에, 월세 수익률을 계산해보자.

간혹 전세만 끼고 투자했는데 더 이상 투자할 돈이 없어서 재계약 때까지 기다려야 하는 것이 지루하다고 말하는 사람도 있다. 그렇다면 매달 들어오는 월세 매물을 가져보는 것은 어떨까? 전세 투자와 월세 투자를 같이 하는 우리 부부는 작은 액수지만 매달 눈에 보이는 월세를 받으면 마음이 든든해진다.

가치의 가치

소액이라고 해도 반드시 가치가 있는 아파트에 투자해야 한다. 그래야 수익의 효율성을 높일 수 있으며 다 오르는 데 내 것만 오르지 않는 불상사가 발생하지 않는다. 누구나 '내가 사면 안 오르고, 팔면 오른다'고 생각한다. 가치 있는 지역을 어떻게 찾을까?

공급이 적은 곳부터 공략하라

그 어떤 물건이든 공급보다 수요가 많으면 비싸진다. 한정판 신발이나 명품가방이 비싼 이유를 생각하면 쉽게 이해할 수 있다. 집도 마찬가지다. 새 아파트가 몇 년간 공급되지 않은 지역에서 오랜만에 공급이 이뤄지면 실수요자들과 투자 수요가 맞물려 대부분 가격이 많이 오른다. 주변의 기존 아파트도 가격 상승을 기대할 수 있다. 그러므로 철저하게 수요와 공급의 원칙을 따진 다음, 공급이 적은 지역을 공략하면 수익을 더 많이 얻을 수 있다. 그 대신 해당 지역뿐 아니라 주변에 공급 물량이 많은지도 확인해야 한다. 개발 호재가 아무리 많아도 물량 앞에는 장사가 없다.

주택 보급률이 100%가 넘으면 주택 공급 과잉으로 더 이상 오르기 힘들다는 말이 있다. 주택의 수를 주택 수요자인 가구 수로 나누면 주택 보급률이 나온다. 수치만 보면 가구 수보다 주택이 많으니 맞는 말인 것 같다. 하지만 오래된 아파트, 빌라, 원룸까지 포함한 수치이고 가구 수도 1~2인 가구 증가로 계속 늘어나고 있는 추세이므로 집값이 오르지 않는다고 보기에는 현실과 맞지 않는다고 생각한다.

물론 주택 보급률도 중요하지만 그보다 집을 사려는 사람들이 최우선순위로 보는 새 아파트의 입주 물량이 더 중요하다. 여기서 입주 물량과 가격 변동률의 상관관계를 잠깐 살펴보자. 입주 물량이 줄어들면 아파트 가격이 오르고 반대로 늘어나면 내리는 반비례 관계로 움직인다.

2000년대 초반, 분위기가 좋았던 서울 등 수도권에 새 아파트 공급이 집중되었지만 지방은 그렇지 않았다. 2006~2009년 사이에 분양 물량이 늘어난 결과, 2~3년 후인 2008~2012년 사이에 입주 물량이 늘어났다. 물량이 많아지니 당연히 (수도권 부동산) 시장은 침체하기 시작했다. 시장이 침체하니 2012년 이후부터 분양 물량이 줄었는데 그 여파가 지금까지 이어져 수도권의 아파트 가격이 다시 상승한 것이다(일부 지역은 공급 과잉). 이와는 반대로 부산, 대구, 천안, 광주 등 지방은 2009~2014년 사이에 입주 물량이 줄어들면서 가격 상승기였다(현재는 일부 지역의 경우 과잉 공급으로 조정기를 맞고 있다).

이렇게 중요한 공급을 알려면 어떻게 해야 할까? 입주 물량을 예측해야 하는데 여기서도 전제조건이 있다. 바로 신규 아파트의 분양 물량부터 알아야 한다. 분양을 하고 난 2~3년 후부터 입주하므로 현재의 입주 물량은 2~3년 전 분양 물량이고, 현재의 분양 물량은 2~3년 후의 입주 물량이기 때문이다.

주택 인·허가 물량을 확인하는 방법도 있다. 주택 인·허가 물량은 분양 물량보다 6개월~1년 정도 더 빠르다. 그래서 주택 인·허가 물량을 파악하면 향후 분양 물량을 알 수 있게 된다. 인·허가를 받아도 실제로 착공하지 않는 경우가 많으니 참고자료 정도로 삼는다.[4] 부동산114(www.r114.com), 닥터 아파트(www.drapt.com)의 카테고리 중 하나인 '분양'에서 확인할 수 있다.

- 부동산114 → 분양 → 입주지원센터 → 물건 종류, 지역
- 닥터 아파트 → 분양 → (분양 정보의) 분양 계획

---

4) 《아파트 투자는 타이밍이다》(김인만 지음, 황금부엉이) 참조.

변화 요소를 찾아라

재개발, 재건축이 진행되는 아파트 근처에 있는 기존 아파트는 이주 수요로 인한 반사이익을 얻는다. 강남에 재건축이 시작되자 서울 다른 지역의 전세가를 올려놓는 바람에 자연적으로 매매가도 올라간 사례가 있다. 투자 초반에는 이러한 점을 잘 알지 못했는데 현장을 많이 다니면서 알게 되었다. 물론 주변 개발로 인해 이주 수요가 생겨 가격이 오른 물건도 있다.

현장에서 만난 투자자에게 투자 이유를 물으면 인근 지역의 재개발에 따른 이주 수요 때문이라는 응답이 의외로 많았다. 인근 지역이 변하기 전부터 자신의 아파트가 오를 것을 예상하고 투자하는 것이다. 요즘 '도시 재생'이 새로운 부동산 키워드로 뜨고 있는데 도시 재생이 진행될 지역에 관심을 가져도 좋다.

이와는 다르게 아파트가 자체적으로 변하는 바람에 가격이 오르기도 한다. 예를 들어, 중앙 난방에서 개별 난방으로 전환되거나 리모델링사업이 이뤄지는 아파트다.

서울에 투자했던 첫 아파트가 중앙 난방에서 개별 난방으로 전환을 하게 됐다(주민 동의율이 80% 넘음). 아쉽게도 개인 사정으로 매도했는데 이후 개별 난방으로 전환했고 1년이 지나자 6,000만 원 이상 올랐다. 지인이 투자했던 물건도 중앙 난방에서 개별 난방으로 전환했는데 1년 후 4,000만 원이나 올랐다. 난방방식이 바뀌었기 때문만은 아니겠지만 그래도 개별 난방을 사람들이 더 선호한다는 증거는 될 수 있다. 물론 개별 난방으로 전환되지 못하는 경우도 있으니 주민의 전환 동의율이 어떤지 확인한다.

우리 부부의 투자 1~3호는 지방의 17평 소형 아파트였는데 중앙 난방이었다. 개별 난방으로 전환하려고 여러 번 시도했는데 주민들의 동의가 제대로 이뤄지지 않아서 지금도 중앙 난방이다. 관리사무소에 물어보니 어르신들이 많이 사는데 개별 난방 전환비(100만 원 정도)에 부담을 느껴서 동의하지 않는다고 했다. 관리 주무관이 "개별 난방으로 전환하면 1,000만 원 이상 오를 텐데…"라며 아쉬워했다.

보통 리모델링사업이 이뤄진다고 하면 가격이 오른다. 예전에 분당이나 평촌으로 임장을 갔을 때 리모델링 이야기가 나오는 단지와 그렇지 않은 단지 간에 가격 차이가 많이 났다. 리모델링사업은 15년 이상 된 아파트 중 주민 동의율이 75% 이상이면 기존 세대 수의 15% 이내에서 늘릴 수 있다. 2014년 4월 분당, 일산, 평촌 등 1기 신도시 중심으로 리모델링사업이 허용되었다. 용적률이 너무 높아서 재건축이 힘든 대도시 아파트 중 리모델링사업에 적극적으로 참여하는 아파트에 관심을 갖는 것도 투자의 한 방법이다.

분양으로 전환하는 임대 아파트를 노려라

'임대 아파트'는 주택공사나 민간 기업이 소유주가 되어 서민들에게 빌려주는 아파트다. 약정된 임대기간이 만료가 되면 임차인이 우선적으로 분양받을 수 있는데 이것을 '분양 전환 임대 아파트'라고 한다. 남는 물량에 한해 일반인을 대상으로 분양한다. 보통 5년 또는 10년 뒤에 분양이 된다.

보통 건설사가 분양하면 공매를 거쳐서 부동산 법인이 일반 분양을 하거나 그 부동산 법인이 사들였다가 현지 중개사무소에 내놓는다. 공매로 나왔을 때가 가장 싸게 살 수 있다. 그렇지 않으면 컨설팅 비용이나 중개보수 등 추가적으로 비용이 발생한다.

이러한 매물의 경우 지역과 상황에 따라 다르지만 보통 매매가가 주변 시세의 90% 정도이며 2~3년 안에 오를 가능성이 많다. 우리 부부는 산업도시와 혁신도시에 있는 분양 전환 임대 아파트를 몇 채 샀는데 1,000만 원에서 2,000만 원씩 올랐다. 대도시에 있는 분양 전환 임대 아파트를 20채 정도 산 지인이 있었는데 1채당 3,000만 원 이상 올랐다고 한다. 몇 년 전 신도시에 있는 분양 전환 임대 아파트를 샀는데 1억 원 정도가 올랐다는 친구도 있었다. 그러나 모두 수익을 본 건 아니다. 또 다른 지인은 지방의 분양 전환 임대 아파트를 구입했는데 임대가 잘 안 되고 시세도 변화가 없어 고생하고 있다.

처음에 분양 전환 임대 아파트를 샀을 때 새로운 세상을 만난 것 같았다. 임대 아파트라는 이유로 가격이 억눌러져 있다가 일반 매물로 전환되자 단기간에 올랐다. 그래서 지금도 분양 전환 임대 아파트를 꾸준하게 찾는다. 첫 일반 분양이라 임대사업자로 등록하면 취득세 면제라는 혜택도 있어서 더 좋다.

물론 위험성도 있다. 잔금 등기까지 공실인 상태로 유지되는 경우가 많아서 투자금이 많이 들 수 있고 한꺼번에 전·월세가 풀려 임대가가 하락하기도 한다. 또한 매도 시기가 겹쳐서 원하는 가격에 팔기 힘들 수 있으며 주변에 새 아파트가 많이 공급되면 가격 조정이 이뤄진다. 무엇보다 분양 전환 임대 아파트도 입지에 따라 오르는 폭이 다르므로 꼭 교통, 학군, 상권, 환경 등을 잘 따진다.

학군이 좋으면 수요는 항상 많다

역세권을 이야기하면서 초등학교까지 가까우면 더 좋다고 했는데 학군은 정말 중요하다. '학군이 좋다'라는 말은 소위 좋은 대학교에 보내주는 고등학교, 또는 좋은 고등학교를 보내주는 중학교나 초등학교가 있다는 의미다. 하우스 푸어, 렌트 푸어에 이어 에듀 푸어라는 말이 있을 정도로 자식의 교육에 대한 부모의 열정은 정말 대단하다.

서울, 지방 할 것 없이 좋은 학교 주변의 아파트는 선호도가 높고 가격도 높다. 그래서 투자하기 전에 투자할 아파트에 살 때 배정받는 학교와 학교의 평판을 미리 분석할 필요가 있다. 부동산뱅크(www.neonet.co.kr)에 들어간 다음, '시세'를 클릭한다. 그러면 오른쪽에 '테마별 시세 조회'가 있고 그 아래에 '학교와 아파트'가 있으니 참고한다. 그리고 학교 알리미(www.schoolinfo.go.kr)도 있다. 각 지역의 학교 현황, 학업성취도 평가 등을 알 수 있으며 앱으로도 확인이 가능하다. 지역에서 선호하는 학교는 지역 맘 (온라인) 카페를 보면 금방 알 수 있다.

단지 안에 초등학교가 있으면 그렇지 않은 단지보다 인기가 높다. 큰 길을 건너지 않고 안전하게 등·하교를 할 수 있는 학교를 부모는 우선적으로 보기 때문이다.

같은 평형이라도 좋은 학군에 배정되는 아파트와 그렇지 않은 아파트는 가격 차이가 난다. 특히 학군이 중요한 지역에서는 몇 천만 원 차이가 나도 좋은 학교에 배정받는 아파트를 사는 것이 불황기에도 안전하게 수익을 내는 방법이다. 학군 관련해서는《나는 부동산으로 아이 학비 번다》를 보면 도움이 많이 될 것이다.

돈 되는 아파트 투자 2단계

임장의 기술

이번 장에서는 가격이 떨어지지 않는 아파트를 고르는 방법에 대해 알려주면서 임장을 갔을 때 꼭 알아야 하는 것 등을 설명하려고 한다 ('임장'은 '현장에 임한다'는 의미로, 현장을 답사하면서 부동산의 시세 및 투자 가치를 확인하는 과정이다). 그리고 가격을 더 내리는 방법에 대해 알아보자.

떨어지지 않는 아파트

상승기에는 아파트 대부분이 오르지만 하락기에는 그렇지 않다. 많이 떨어지는 아파트가 있는 반면, 상대적으로 덜 떨어지거나 오히려 오르는 아파트도 있다. 지역별로도 흐름이 다 다르고 같은 지역이라도 상승기에 다 오르거나 하락기에 다 떨어지는 것도 아니다. 물론 우리 부부는 2013년부터 투자를 시작했으니 상승기만 경험했다. 그래도 투자하면서 지역적으로, 물건별로 차이가 많은 것을 보며 부동산은 정말 개별적이라는 사실을 확실히 알게 되었다. 하락기가 와도 떨어지지 않는 아파트는 다음과 같은 특징이 있다(참고로, 지금부터 말하는 특징은 앞에서 말한 내용과 일부 겹치지만 좀 더 자세히 알 수 있는 시간이 될 것이다).

첫째, 수요는 꾸준한데 공급이 부족한 지역의 아파트는 가격이 떨어지지 않는다. 서울은 재건축, 재개발 때문에 이주 수요가 생겼다가 다시 공급이 이뤄지고 있어서 거의 대부분 지역이 공급 과잉에서 자유롭다. 경기도는 수치로 보면 공급 과잉이지만 지역별로 다르다. 동탄, 수원, 시흥, 김포, 용인 등 과잉인 지역도 있지만 의왕, 군포, 부천, 광명, 과천처럼 그렇지 않은 지역도 있다. 인천도 서구, 연수구 등은 과잉이라고 볼 수 있지만 부평, 계양에는 공급이 거의 없는 실정이다.

지방은 공급 과잉인 지역이 많은데 충북과 충남의 일부 지역, 경북과 경남의 일부 지역, 전북 전주와 강원 원주 등을 예로 들 수 있겠다. 공급이 많거나 인근에 물량이 많으면 역전세난이 나타나 매매가가 떨어질 수 있다. 인구 10만 명 이하의 지방은 새 아파트가 1,000세대만 들어와도 전·월세, 매매가가 낮아지니 주의한다.

둘째, 대장급 아파트다. 해당 지역에서 최고 입지와 학군을 가진 아파트를 보통 대장급 아파트라고 하는데 실거주 수요가 탄탄하면서 투자 수요도 꾸준하기 때문에 가격이 높게 형성되어 있다. 가격이 쉽게 떨어지지도 않는다. 부산 해운대구, 대구 수성구, 광주 서구, 대전 유성구, 울산 남구 등에 있으면 대장급 아파트라고 볼 수 있다. 군 단위나 소도시에서도 랜드마크 아파트가 있으니 투자하기 전에 제일 먼저 찾아본다.

셋째, 한강 근처의 아파트는 대부분 크게 떨어지지 않는다(물론 아직 최고가를 회복하지 못한 한강변 아파트가 일부 있다). 한강은 우리나라를 대표하는 지역이다. 같은 단지라도 한강을 볼 수 있느냐, 없느냐에 따라 가격의 차이가 크다. 네이버 부동산 등에서 한

4장 돈 되는 아파트 투자 2단계 _ 임장의 기술

강을 끼고 있는 아파트의 시세를 살펴보자. 아마 시세를 보면 놀랄 것이다.

우리 부부처럼 소액 투자자라면 한강에서 한두 블럭을 지나는 지역이지만 한강이 보이는 곳에 전세를 끼고 사는 것을 추천한다. 지인이 나중에 거주할 목적으로 작년에 한강변 아파트를 전세 끼고 5,000만 원 미만으로 샀다. 대출 규제로 심리적 조정기일 때 급매로 샀는데 1년이 지난 지금, 몇 천만 원이 올랐다.

넷째, 교통이 획기적으로 변하는 곳, 대규모 업무시설이나 복합 쇼핑몰이 들어오는 지역의 아파트는 가격이 떨어지지 않는다. 그동안 지하철이 멀어서 마을버스를 타고 역까지 나와야 했는데 근처에 지하철이 개통되면 분위기가 확 달라진다. 해당 아파트에 대한 수요가 많아지면서 가격도 확 오른다. 하락기에도 덜 떨어진다.

업무시설이나 복합 쇼핑몰까지 들어오면 안전한 투자가 될 수 있다. 그러나 그런 호재로 인해 일시적으로 아파트가 많이 공급될 수 있기 때문에 자리를 잡을 때까지 중장기적으로 접근하는 것이 좋다.

다섯째, 도시 재생사업이 진행되는 지역의 아파트다. 새로운 정부의 부동산 정책 중 하나가 '도시 재생'이다. 지역의 특성에 따라 낙후된 도심의 기능을 재활시키는 방향으로 부동산을 개발하는 것을 말한다. 특히 서울은 역을 중심으로 도시 재생사업이 진행될 가능성이 높다. 다음은 '서울형 도시 재생지역' 현황이다.

권역 (자치구 수)	1단계(13개)		2단계(17개)		2017년 6월 선정된 후보지(14개)	
	총계	지역	총계	지역	총계	지역
도심(3)	5	서울역, 세운상가, 낙원상가, 창신 숭인, 해방촌	3	정동, 용산전자상가, 신영동	·	·
동북(8)	4	창동·상계, 장안평, 성수, 장위	7	4·19 사거리, 마장동, 청량리, 수유 1동, 창 3동, 안암동, 묵동	5	송정동, 자양 1동, 인수동, 공릉 1·2동, 면목 3·8동
동남(4)	1	암사	·	·	1	성내 2동
서북(3)	1	신촌	3	불광 2동, 천연동, 수색동	4	응암 3동, 연남동, 염리동, 홍제 1동
서남(7)	2	가리봉, 상도	4	영등포 경인로, 독산우시장, 난곡동, 목 2동	4	신월 1동, 구로 4동, 독산 2동, 사당 4동

• 출처: 서울시

떨어지면 싸게 사는 기회가 온다

보통 아파트 가격이 폭락하면 급매물로 내놓으려고 한다. 하지만 이때를 오히려 급매물을 잡는 기회로 삼을 수 있도록 평소에 준비한다. 외환위기, 세계적인 금융위기 때 헐값에 구입했다가 더 큰 부자가 되었다는 이야기를 한 번쯤 들어봤을 것이다. 위기를 기회로 바꾼 것이다. 사실 위기를 기회로 살리라는 말은 누구나 알고 있지만 행동으로 옮기기가 정말 쉽지 않다.

그러나 과거 5~10년 평균 매매 가격을 꾸준하게 검토하고 있다가 그 가격 이하로 떨어지면 매수하는 것도 하나의 방법이다. 물론 상황에 따라 추가적으로 떨어질 수 있지만 회복하면 그만큼 상승의 폭도 크다.

만일 매도 시기를 놓쳤다면 기다리는 지혜가 필요하다. 내 지론 중 하나가 '절대 손해를 보지 않는다'인데 언젠가는 회복이 되기 때문에 급매물로 던지지 말고 보유하다가 매도 시기를 다시 엿보는 전략으로 간다. 섣불리 던졌다가 나중에 후회할 일이 생기기 때문이다. 매도 시기를 놓쳐서 다시 임대를 해야 한다면 자금 흐름에 맞춰 임대 유형을 바꾼다. 전세를 월세나 반전세로, 월세를 반전세나 전세로 바꿔주면 각각의 상황에 맞게 장·단점을 확인하고 조치할 수 있다.

[임대 유형을 변경할 때 예상되는 결과]

구분	월세 ···▶ 반전세	월세 ···▶ 전세
예(만원)	1,000 | 50 → 4,000 | 20	1,000 | 50 → 6,000
장점	• 대출을 줄일 수 있음. • 투자금 확보 가능.	• 대출을 줄일 수 있음. • 투자금 확보 가능.
단점	• 애매한 반전세는 수요가 없을 수 있음. • 매월 들어오는 수익이 줄어듦(대출 이자 부담 ↑).	• 매월 들어오는 수익이 사라짐.
구분	전세 ···▶ 월세	전세 ···▶ 반전세
예(만원)	6,000 → 1,000 | 50	6,000 → 4,000 | 20
장점	• 매월 들어오는 현금이 생김.	• 매월 들어오는 현금이 일부 생김.
단점	• 투자금이 더 들어감. • 대출일 경우, 대출 부담이 커짐.	• 투자금이 더 들어감. • 애매한 반전세는 없을 수 있음.

매수할 때부터 매도 시점을 미리 정해놓았다가 이후 그 시점이 되면 미련 없이 매도하는 것도 전략 중 하나다. 매도 시기를 놓치면 자금 흐름이 막히기도 하는데 이를 예방할 수 있다.

간혹 팔았지만 다시 투자하는 경우도 있다. 그래서 매도한 매물을 꾸준히 모니터링을 하는데 이때 매도 이후의 수익을 자신이 매도했던 수익과 비교하면서 정신적인 스트레스를 받기도 한다. 절대로 그럴 필요가 없다.

'아파트 외부' 제대로 보기

같은 부동산을 보더라도 남자와 여자가 보는 관점이 각각 다르다. 거주가 목적이라도 남자는 대체적으로 회사와의 거리를 우선적으로 생각하고 그다음으로 편의시설 등을 고려한다. 반면 여자는 맞벌이라도 안에서 살 때 불편한 점이 있는지를 중점적으로 본다.

이렇게 차이가 나는 것은 어쩔 수 없지만 그래도 반드시 확인할 부분은 빠뜨리면 안 된다. 우선 아파트 외부와 관련해서 반드시 확인할 기본적인 체크리스트는 다음 페이지에 나오는 표와 같다.

우리 부부는 임장을 다닐 때 체크리스트를 인쇄해서 가져가거나 아니면 에버노트로 정리한다. 보는 것만으로는 기억하기가 쉽지 않아서 되도록 기록한다.

내용	결과	내용	결과
전세가율 | 갭 차이 | 평단가		단지 내 학군 | 학군 강세 지역	
향후 입주 물량 | 예상 수요 현황		교통 편리성(지하철, 버스 등)	
집 방향 | 선호하는 동 확인		대형 매장 유무(편의점 등)	
매물의 층/최고층(예: 15/20)		녹지 공간 및 편의시설 유무	
세대 수 | 나 홀로 아파트		혐오시설 유무(거리 판단)	
단지 내 거주자 현황(연령대)		아파트 브랜드 | 지형	
우편함, 분리 수거장 정리 상태		외장 도색 시행 여부(구축의 경우)	

미리 단지를 둘러본다

제일 먼저 아파트 단지와 주변을 걸어볼 필요가 있다. 만일 공인중개사와 함께 움직인다면 한 시간 전에 혼자 둘러본다. 역에서 거리가 얼마나 되는지 타이머로 재보고 단지 안에서 제일 선호되는 동은 어디인지 가늠해본다. 가령 해가 잘 들어오는 동과 호, 편의시설을 이용하기 좋은 동 등을 걸으면서 생각해본다. 임장 때문에 노원구의 한 아파트 단지에 간 적이 있었다. 남향으로 된 대단지였는데 동과 동 간의 거리, 나무 때문에 낮에도 고층에만 해가 들어왔다. 남향이라는 이유만으로 물건을 보지도 않고 계약한 사람이 있겠다는 생각이 들었다. 역시 부동산에서는 직접 보지 않으면 알 수 없는 것이 너무 많다.

관리사무소에 아파트 보러 왔다면서 내부를 볼 수 있는지를 문의해본다. 퇴짜 맞을 준비도 하면서. 아파트 꼭대기에는 꼭 올라가 본다. 올라가서 아래를 내려다보며 주위에 무엇이 있는지, 혹시 개발되는 부분이 있는지, 자연경관은 어떤지 확인한다.

누구나 선호하는 동

해당 단지의 특성에 따라 선호하는 동이 다르다. 조망권이 우선시되는 한강변 아파트라면 한강이 보이는 동을 누구나 선호한다. 역세권 아파트라면 당연히 역이나 버스 정류장과 가까운 동을 선호한다. 단, 도로변 아파트인데 역이 지상철이라면 방음시설이 되어 있는지 확인한다. 이런 단지는 보통 도로변보다 단지 안쪽의 조용한 동을 더 선호한다. 학군이 중요한 아파트라면 학교에 가까운 동이 좋다.

평지에 있는 동, 조망권이 별로 차이가 나지 않는다면 단지 안쪽의 한적하고 조용한 동을 선호한다. 보통 선호하는 동(로열 동)은 같은 단지라도 매도할 때 다른 동과 가격이 다르다.

세대 수는 많을수록 좋다?

아파트는 보통 1,000세대가 넘으면 대단지라고 한다. 2,000세대가 넘으면 미니 신도시급으로 자체 상권 및 편의시설이 뛰어나다. 규모의 경제가 가능해서 단지만으로도 자체적으로 상권이 유지되기 때문이다. 그런데 이런 정도의 대단지는 그리 많지 않다. 그래서 보통 500~1,000세대 정도면 무난하다고 본다. 500세대 이하는 좀 애매하지만 입지에 따라 알짜배기일 수 있다.

간혹 대단지 아파트의 경우 비수기가 되면 물량이 쏟아지는 바람에 오히려 매매가나 전세 맞추기가 힘들 수 있으니 세대가 많으면

4장 돈 되는 아파트 투자 2단계 _ 임장의 기술

무조건 좋다고 보지 말고 주변 입주 상황과 입지를 잘 고려한다.

저층, 로열층, 탑층

사람들은 로열층을 선호한다. 새 아파트의 경우 꼭대기에 있는 펜트 하우스를 로열층이라고 하는 경우도 있지만 보통 20층 기준으로 10~15층, 15층 기준으로 8~12층 정도를 로열층이라고 한다. 저층은 1~2층을 의미하고 탑층은 말 그대로 꼭대기 층을 의미한다.

요즘은 가격이 다른 층에 비해 저렴한 저층과 탑층을 공략하는 투자자나 실거주자도 많아졌다. 저층은 어린이집을 하려는 사람이나 아이가 있는 가족, 탑층은 조망을 원하는 사람이나 층간 소음이 싫은 사람에게 인기가 많다. 어린이집 유치를 목적으로 1층에 투자하는 사람도 있다. 사전에 해당 지역의 시청 보육과에 보육 수급률, 인가 가능 여부 등을 확인할 필요가 있다.

매수세가 유입되는 지역에서는 저층과 탑층도 잘 팔린다. 물론 층에 따라 선호도가 달라서 저층이나 탑층과 로열층 간에 10~20% 정도 가격 차이는 날 수 있다.

가격이 좀 더 비싸도 로열층에 투자하는 것이 매도를 위해서는 유리하다. 만일 매물의 수리 상태가 좋고 가격이 로열층에 비해 아주 싸다면 저층이라도 향후 전세 임대 등을 고려해서 투자하는 것도 나쁘지 않다.

중간층으로 알고 구입했는데 현장에서 보니 탑층인 경우도 있다.

그래서 현장 확인이 반드시 필요하다. 한 단지에 있다고 해도 다 층수가 같지 않다. 간혹 단지 끝에 있는 아파트만 층수가 다를 수 있다. 단지 내 아파트는 다 20층인데 끝에 있는 아파트만 15층인 경우가 있다. 15층이라고 해서 로열층으로 알고 샀는데 알고 보니 탑층인 것이다. 보통 이런 경우에 몇 천만 원 더 싸게 나오는데 급매물인 줄 알고 덥석 잡았다고 후회하는 투자자도 있다.

복도식 아파트 관찰법

아무래도 투자 목적으로 싼 물건을 중심으로 보기에 20평형대 복도식 아파트에 투자하는 경우가 많다. 가장 먼저 출입구부터 본다. 그러면서 우편함은 정리가 잘 되어 있는지, 바닥은 깨끗한지, 엘리베이터 상태는 괜찮은지, 계단 상태는 어떤지를 본다.

무엇보다 복도에 새시가 설치되어 있는지 확인한다. 보통 개별적으로 설치하는데 옆집과 합의가 되지 않아 하지 못한 경우도 많다. 세대당 80만 원 정도 들어간다. 집값 상승기에는 새시를 한 집과 하지 않은 집의 차이가 거의 없지만 거래량이 많지 않은 시기에는 매도에 영향을 미친다. 여름 장마철에는 복도로 비가 들어와 불편하고, 겨울에는 찬 바람이 바로 들어오기 때문이다.

그다음에는 투자할 집의 위치, 복도로 보이는 조망 등을 보면서 나침반 앱을 사용해 집의 방향은 어떤지 확인한다.

선호 라인과 비선호 라인

복도식 아파트의 경우 (예를 들어) 10개의 라인이 있다면 양끝인 1호 라인과 10호 라인은 비선호 라인이다. 겨울에는 춥고 여름에는 더우며 특히 외벽에 결로현상이 생길 가능성이 높아 수리 비용 증가를 불러올 수 있다. 다 그런 것은 아니지만 관리의 중요성을 무시하지 못한다. 집주인이나 세입자가 외벽과 간격을 두고 장롱 등 가구를 배치했고 평소 환기가 잘 되었다면 곰팡이가 생기지 않을 확률이 높다.

물론 1호 라인이나 10호 라인을 좋아하는 사람도 있다. 끝에 있으니 다른 사람들의 접근이 상대적으로 적어서 조용하며 집 앞 복도와 끝의 벽 공간을 내 것처럼 쓸 수 있다는 점 때문이다(복도에 문을 달아서 창고처럼 활용하기도 한다).

사람들이 많이 찾는 중간 라인이라도 엘리베이터와 가까우면 선호도가 떨어진다. 엘리베이터를 이용하느라 사람들이 몰려 시끄럽기 때문이다.

계단식 아파트도 아파트 외벽 쪽 끝 라인은 비선호 라인이다. 마찬가지로 냉난방비의 차이가 크기 때문이다.

아파트의 연식이 중요하다?

새 아파트(신축 아파트)는 누구나 좋아한다. 그런데 투자자 중에는 기존 아파트(구축 아파트)를 선호하는 사람이 많다. 가장 큰 이유는 투자금이 상대적으로 덜 들어 수익률이 높기 때문이다. 사실 연식별 매매 가격 지수를 보면 투자 효율은 연식과 크게 상관없다. 오히려 수도권에서는 오래된 아파트가 더 오르기도 한다.

기존 아파트는 새 아파트보다 투자금이 적게 들어가므로 분명 메리트가 있다. 수요와 공급, 입지에 따라 상승 가능성이 충분히 있고 형편상 기존 아파트를 찾는 실거주나 전·월세 수요층이 분명 존재한다. 새 아파트에만 투자하겠다는 생각보다는 투자 목표와 자금 상황에 따라 결정하는 것이 낫다.

건설사 대신 브랜드

브랜드는 아파트에서도 중요하다. 브랜드 하나만으로 아파트의 가치가 달라진다. 다양한 품질의 아파트가 나오게 되면서 차별화를 위해 브랜드가 도입되었다. 래미안(삼성물산), e편한세상(대림산업), 자이(GS건설) 등이 아파트 브랜드다. 지금도 여러 아파트 브랜드가 저마다의 가치를 걸고 경쟁하고 있다.

어느 아파트 브랜드에 사는지가 사회적 계층을 나누기도 하며 브랜드를 만들기 이전에 지어진 아파트 단지에서 브랜드를 아파트 벽면에 넣어 달라거나 개명을 요청하는 사례가 많다고 한다. 예를 들어, 1990년대에 지어진 삼성아파트가 래미안으로 이름을 바꾼 것처럼 말이다.

이렇듯 아파트 브랜드의 중요성은 꾸준하게 강조되고 있지만 그

래도 투자할 때는 입지가 우선이다. 브랜드는 입지 다음에 고려할

요소 중 하나로 본다.

'아파트 내부' 제대로 보기

아파트 내부와 관련해서 반드시 확인할 기본적인 체크리스트는 다음과 같다.

내용	결과	내용	결과
방문, 틀 상태 확인		도배나 장판 상태	
천장 누수 얼룩, 곰팡이 여부		난방 종류(중앙 난방, 개별 난방, 열병합)	
충분한 수납 공간		보일러 배관 누수 여부	
넓고 보기 좋게 빠진 거실(공동 공간)		발코니 페인트칠 벗겨짐 상태(누수 여부 포함)	
거실에서 보는 향(나침반 앱 이용)		발코니에서 조망 확인	
충분한 조망권, 시간대별 햇살 비침 여부		인터폰, 방범창 상태	
앞 동, 옆 동과의 거리(사생활 보호 측면)		새시 작동 상태 및 방충망 등 부속물 상태	
싱크대, 화장실 수압 확인		화장실 리모델링 여부	

먼저 매도인이나 임차인에 의해 현관문이 딱 열리는 순간부터 (내부) 임장은 시작된다. 인사를 나누면서 신발장과 입구, 집이 답답해 보이는 구조인지, 밝은지 빠르게 확인한다. 현관문 주위의 벽지

에 곰팡이 흔적이 있는지 보면서 벽지와 몰딩을 자연스럽게 살펴본다. 공인중개사가 이동하며 설명해줄 때 들으면서 집 상태를 꼼꼼하게 본다.

어느 정도 리모델링 비용이 드는지 계산해본다. 24평형을 예로 들면, 임대에 맞춘 리모델링을 할 경우 700만 원~800만 원 정도의 비용이 든다(새시 제외).

되도록 방 3개

1990년대에 지어진 25평형 아파트는 보통 방 2개, 화장실 1개, 거실로 이뤄져 있으며 25~30평형 아파트는 방 3개, 화장실 1~2개, 거실로 이뤄져 있다. 그런데 1990년대에 지어졌는데도 방 3개에 화장실 2개인 23평형 아파트가 있다(우리 부부가 투자한 물건 중 하나다). 이런 아파트는 수요가 많다.

복도식이라고 해도 24평형에 방 3개라면 방 2개만 있는 경우보다 선호도와 가격이 더 높다. 물론 방 2개에 거실이 넓은 아파트를 좋아하는 사람도 있지만 독립된 공간(방)이 많은 것을 주부들이 더 선호한다. 그러므로 방 2개와 방 3개 간에 가격 차이가 없다면, 당연히 방 3개를 골라야 한다. 나중에 팔 때 더 좋은 가격에 더 쉽게 팔 수 있다.

무조건 남향이라고 좋은 것은 아니다

거의 대부분 남향을 선호한다. 남향이 나중에 팔 때도 유리하다. 요즘은 용적률 문제 때문에 남동향, 남서향도 있으니 다 같은 남향이 아니다. 보통 남향 같은 남동향, 남서향까지는 인기가 좋지만 동향이나 북향은 선호도가 떨어지는 편이다. 그러나 상승시기냐, 하락시기냐에 따라 향은 고려 대상이 안 될 수도 있다. 상승시기에 동향이 남향보다 더 오르는 물건을 본 적도 있다.

온라인을 통해 동 배치를 확인한 다음, 현장에 가서 반드시 확인해야 한다. 서향에 치우진 남서향인데 남향과 거의 같다며 우긴 공인중개사도 있었다.

남향이라고 해도 ㄱ자나 ㄴ자로 꺾인 부분에 있는 집은 해가 오전만 들거나 오후에 잠깐 들어오는 경우가 있다. 이러한 내용을 세세하게 설명해주는 공인중개사는 드물기 때문에 현장에서 세입자 또는 매도인에게 확인한다.

만일 판상형(현재 아파트 대부분을 차지하고 있는 일명 성냥갑 아파트 형태)과 타워형(빌딩처럼 생긴 아파트 형태) 중에 선택해야 한다면 판상형이 좋다. 판상형이 동간 거리나 마파람으로 인한 통풍으로 인해 환기가 더 잘되기 때문이다.

난방의 세계

난방 방식에는 크게 중앙 난방, 개별 난방, 지역 난방(열병합)이 있다. 서로 장·단점이 있어서 어떤 것이 좋고 나쁜지 딱 잘라 말할 수 없다. 개인적으로 기존 아파트에 투자할 때에는 중앙 난방을 선호한다. 향후에 개별 난방으로 전환할 때 집값이 한 번 더 오르는 내부 호재를 기대할 수 있고 그 전까지는 난방 관련한 수리 비용이 거의 발생하지 않기 때문이다. 단, 중앙 난방은 쓴 양에 상관없이 n분의 1로 내야 하기 때문에 관리비가 비싸다. 요즘은 배관이 노후화가 되면 교체가 어려워서 보일러가 있는 개별 난방으로 바로 바꾸는 추세다.

중앙 난방을 지역 난방으로 전환하는 경우도 있는데 개별 난방보다 조용하고 간편하며 관리비가 더 적게 나온다는 이점이 있다.

개별 난방(LNG 보일러, 기름 보일러 등)은 각 가정(세대)에 보일러를 설치하여 난방과 온수를 사용할 수 있게 한 방식이다. 투자하는 아파트가 개별 난방이라면 보일러 상태를 필히 확인해야 한다. 10년 이상 되는 보일러의 경우 문제가 발생하면 바로 새 것으로 교체한다. 수리만 고집하면 추가적인 비용이 발생할 확률이 높고 배보다 배꼽이 더 클 수 있다. 차라리 교체가 효율적이다. 새 보일러는 매도할 때나 세입자를 구할 때 유리하다. 보일러 교체 비용은 양도세 필요 경비에 포함되어 세금에 영향을 미친다(새시를 제외하고 도배, 장판 등 일반적인 수리 비용은 양도세 필요 경비에 해당되지 않는다).

지역 난방은 신도시, 재개발지역에서 주로 이용된다. 주로 열병합발전소에서 중온수(115℃)를 각 아파트 기계실로 공급하는 방식이고 사용된 양만큼 요금이 부과된다. 열병합발전소는 비선호시설이다. 그래서 주변 아파트의 난방비를 지원해주는 경우도 있다. 중앙 난방이나 개별 난방보다 관리비가 더 싸다.

인테리어의 가성비

참 고민스런 부분이 인테리어다. 아무래도 우리 부부의 주 종목이 일명 구축 아파트(5~10년, 많게는 20년 된 아파트)이다 보니 인테리어의 중요성은 말할 것도 없다. 상품을 보기 좋게 꾸며야 잘 팔 수 있는 것처럼 아파트도 마찬가지다. 매입할 때 기본적인 인테리어 수준으로 되도록 저렴하게 진행한 다음, 전세를 높게 맞추고 매도할 때는 좀 더 비싸게 파는 것이 가장 이상적이라고 생각한다. 하지만 인테리어가 잘 되어 있지 않아도 좀 더 싼 전세를 찾는 수요가 있어서 항상 고민이다. 전세 수요는 찾을 수 있지만 나중에 매도할 때 좋은 가격을 받기 힘들 수 있기 때문이다.

지금까지 투자한 경험을 바탕으로 내린 결론은 되도록 인테리어는 하되 그 대신 수요와 가격 경쟁력을 더욱 잘 따지기로 했다. 아예 인테리어에 손을 대지 않으면서 좋은 가격을 받으려는 것은 누워서 사과가 떨어지기를 기다리는 것과 같다.

가격을 더 내릴 수 있는 방법

투자 초기에는 현장에 가면 이 아파트도 좋아 보이고, 저 아파트도 좋아 보인다. 돈이 많으면 이 아파트도 사고, 저 아파트도 사면 좋겠지만 우리의 현실은 그렇지 못하다. 정해진 돈을 최대한 효율적으로 써야 한다. 그렇기 때문에 가격을 더 내릴 수 있는 요소가 있는지 매의 눈으로 볼 필요가 있다.

편의시설은 가까이, 유해시설은 멀리

투자할 때는 단순히 내부만 보면 안 된다. 생활의 편리성 측면에서 단지 주변에 어떤 시설이 있는지 반드시 확인해야 한다.

단지의 보안성(출입구의 통제장치 등)이 우수하고 대형 마트, 식당뿐만 아니라 공원, 체육시설, 도서관 등이 있으면 인기가 좋다. 특히 입지가 좋은 곳에 들어온다는 대형 프랜차이즈까지 있다면 가치는 더욱 올라간다. 이 정도면 기본적으로 단지 내 또는 단지 근처에 학교가 있다. 자연스럽게 학부모들이 선호하는 곳이 된다. 이러한 긍정적인 요소는 향후 추가적인 가치 상승을 가져온다. 현재는 없다고 해도 조만간에 이런 시설이 생기는지 살펴볼 필요가 있다.

반대로 장례식장, 교도소, 보호시설, 모텔, 유흥업소 등의 유해시설이 아파트 주변에 있다면 당연히 선호도는 떨어진다. 조만간에 이전이나 방음벽 설치 등 보완을 한다면 모르겠지만 그렇지 않다면 되도록 피하는 것이 좋다.

유해시설은 없지만 주변에 고속도로나 철도, 공항이나 송전탑이 있다면 해당 아파트는 가격 경쟁력에서 많이 떨어진다. 24시간 발생하는 소음, 전자파는 인체에 영향을 많이 끼친다. 교통이 편리하다고 무조건 투자하지 말고 주변의 시설을 좀 더 살펴보자.

나 홀로 아파트

아파트 투자를 할 때 고려하는 요소 중 하나가 세대 수다. 우리 부부는 보통 500세대를 기준으로 결정한다. 초반에는 1,000세대 이상 되는 단지를 주로 봤는데 세대가 많을수록 투자자가 많거나 갑자기 전세나 매매 물량이 쏟아지는 경우가 있어서 너무 많은 세대는 부담이 된다. 반대로 세대 수가 너무 적어도 우선 피한다.

세대 수만을 놓고 보면 나 홀로 아파트는 투자 우선순위에서 밀린다. 나 홀로 아파트는 대단지 아파트에 비해 편의시설이 상대적으로 부족하다. 또한 지하주차장이 없거나 부족해 주차 문제가 발생할 수 있고 단지를 구분 짓는 울타리의 경계가 불분명해 일반 주택가나 도로와 뒤섞이기도 한다. 대단지에 비해 관리비가 좀 더 비싸다. 하지만 요즘은 나 홀로 아파트만 전문적으로 투자하는 사람이 있을 정도로 주목받고 있다. 서울의 경우에는 나 홀로 아파트라고 해도 투자 가치가 높은 사례가 많다. '나 홀로 아파트는 무조건 투자하지 않는다'보다는 좀 더 신경을 쓰면서 접근해보자(아직 지방까지는 확대되지 못한 것 같다).

남향인데 저층 중의 저층인 1~2층

남향이라도 해가 잘 들어오지 않을 수 있다. 특히 저층에 있는 집이라면 주변 나무가 어느 정도 자랐는지 꼭 확인한다. 여름에는 벌레, 소음 등 때문에 창문을 열기 어렵다. 나무가 해를 가려서 낮에도 어둡다(주변의 나무가 많이 자란 단지라면 4~5층까지 저층으로 본다).

1층이라면 발코니, 화장실의 하수구가 역류되는지 확인한다. 추운 겨울에는 세탁기를 사용하지 못할 수 있고 하수구 냄새가 올라올 수 있다.

요즘은 층간 소음 때문에 저층의 인기가 높다고 하지만 그래도 로열층에 비해 15~20% 정도 쌀 때 고려한다.

가격을 좀 더 내리면 투자 가치가 있다고 생각할 수 있다. 보통 사람들이 생각하는 '좋은 집'의 기준에는 미치지 못하지만 그렇다고 정말 나쁜 집이 아니라면 해당 물건의 단점을 협상 테이블로 갖고 와서 좀 더 내게 유리한 가격이 되도록 조정하는 것도 똑똑한 투자법이다. 그래서 투자할 때는 장점뿐만 아니라 단점도 볼 필요가 있다. 이런 아파트의 경우에는 저층이라는 단점을 부각시켜 가격을 조정해보자.

고층에 동향인 복도식 아파트, 그리고 비상계단

낮에도 방 한 곳 이상은 어둡다. 겨울에는 비상계단의 문에서 들어오는 바람 때문에 더 춥다. 게다가 비상계단 근처에서 누군가 담배를 피우면 집의 환기구를 통해 냄새가 들어올 수 있다.

보통 사이드 쪽에서는 곰팡이와 결로가 많이 생기는데 보일러실, 발코니, 현관문 위의 벽지 등을 잘 봐야 한다. 이러한 부분을 지적하면서 가격을 조정해본다.

─자 배열이 아닌 아파트

아파트 대부분은 ─자로 배열되었지만 가끔 ㄱ, ㄴ, ㄷ, ㅁ자로 배열된 경우가 있다. 이런 배열에는 해가 얼마나 잘 들어오는지, 통풍이 잘 되는지가 중요하다. 주부들은 빨래 건조와 전기세를 아끼고 싶은 마음이 있어서 햇빛이 집안에 얼마나 들어오는지 꼭 따진다.

또한 집안의 냄새를 환기시켜 줄 통풍, 가령 창문이 양쪽으로 있어 마파람이 부는지도 따진다. 주부의 마음으로 투자할지, 말지를 결정한다.

언덕은 힘들어

언덕 위에 있는 아파트는 대체로 선호도가 많이 떨어진다. 이동이 불편하며 특히 아이를 키우는 부모라면 유모차를 끌고 언덕을 올라가거나 내려갈 때 매우 곤란해진다. 눈이 많이 와서 가파른 빙판길이 되면 문제는 더욱 커진다.

물론 언덕 아파트라고 무조건 나쁜 것은 아니다. 금천구의 한 아파트는 눈만 내리면 제설 1순위 아파트가 되어 그동안 비교적 저렴한 가격과 전세가를 유지하고 있었다. 그런데 강남 순환 도시고속도로 개통 등의 호재로 가격이 올랐다.

복도식 아파트의 꼭대기 층

일반적으로 꼭대기 층을 선호하지 않지만 가격이 싸고 꼭대기 층의 중간 라인에 있다면 좀 더 확인한 다음, 투자하기도 한다. 요즘은 층간 소음에 대한 스트레스 때문에 꼭대기 층만 찾는 세입자도 있다.

지어진 지 20년 이상 된 아파트의 꼭대기층이라면 수압을 꼭 확인해보자. 수압이 많이 약하면 가압펌프 설치가 필요할 수 있다. 꼭대기 층(15층)에 있는 아파트를 하나 갖고 있는데 매입하면서 연수기용 샤워기로 교체했다. 처음 들어왔던 신혼부부는 아무 말 없이 살았는데 그다음에 들어온 노부부는 가압펌프 설치를 요구해서 공사를 해줬다.

원룸형 아파트

우리 부부는 최소 투룸, 15평 이상에 투자하지만 1인 가구를 겨냥해 원룸형 아파트에만 투자해서 수익을 내는 투자자도 있다. 그러나 원룸형 아파트는 풀옵션으로 새로 지은 원룸주택에 밀려 고생할 수 있으니 반드시 주변에 원룸주택이 지어지고 있는지 확인해야 한다. 구축 원룸형 아파트가 신축 원룸주택보다 어떤 경쟁력이 있는지 잘 따져보고 그래도 메리트가 있다면 그때 투자하자. 돌다리도 꼭 두들겨 보고 건너는 심정으로 투자에 임해야 한다.

지방의 저층 아파트

가격이 아주 싸다는 점 때문에 엘리베이터가 없는 지방의 저층 아파트(5층 이하)를 사는 사람이 있다. 재건축 이야기가 나오는 서울, 경기도, 인천 말고는 지방의 5층 이하 저층 아파트들은 20~30년이 넘어도 사업성 때문에 재건축 이야기가 나오기 힘들다. 물론

4장 돈 되는 아파트 투자 2단계 _ 임장의 기술

싼 가격에 구입해서 월세를 받으면 대체로 수익률이 높다. 그래도 관리가 어렵고 고층 아파트보다 노후도가 더 빨라서 인테리어 비용이 의외로 더 많이 든다. 이런 점을 잘 따져보고 매입해야 한다. 또한 주변에 신축 빌라가 들어서는지도 확인한다.

아내의 임장 보고서

이번에 소개할 아파트는 2015년 아내가 마음에 들어서 매입했다. 그러나 아내는 여기에 투자한 것을 가끔 후회하곤 한다. 독자 여러분은 실수하지 않기를 바라는 마음에 소개하기로 했다.

후회하는 가장 큰 이유는 수요와 공급의 법칙 때문이다. 지하철 바로 앞에 있는 초역세권 아파트로 높은 전세가를 형성하고 있었다. 강남까지 출퇴근 하는 사람들, 대기업이나 물류센터에 다니는 사람들, 높은 전세가에 죽전이나 수지 쪽에서 내려오는 사람들을 수요층으로 보고 투자했는데 아무리 개발 호재가 많아도 공급 앞에서는 장사가 없다는 것을 깨달았다. 주변의 기흥, 동탄, 수원에 공급이 많아서 시세 변화가 거의 없다.

지금은 투자할 때 중요하게 생각하는 부분을 그때는 너무 안일하게 봤던 것 같다. 아내는 엄마의 눈으로, 투자자의 눈으로 더 냉철하게 생각해야 했다며 아쉬워한다. 손해는 보지 않았지만 기회비용으로 따져 보면 아쉬움이 남는다.

임장 보고서

조사일: 2015년 7월 6일
작성일: 2015년 7월 7일
업데이트: 2015년 9월 7일

1. 물건 개요
- 주소: 경기도 용인시 ○○구 ○○동 ○○아파트 ○○동 ○○호
- 물건 현황: 분양면적 82.64제곱미터 | 전용면적 59.96제곱미터 | ○동 |
  ○○○세대 | 지역 난방, 열병합 | 준공 200○년 | 계단식
- 매수 목적: 수익형 | 시세 차익

2. 감정가 _ 매매 시세 | 전세 시세(만 원)
- 매매 – 저층: 2억 2,000 | 로열층: 2억 5,000
  → (15년 9월 기준) 저층: 2억 4,500 | 로열층: 2억 5,500~2억 7,000
- 전세 – 저층: 2억 1,500 | 로열층: 2억 3,000
  → (15년 9월 기준) 2억 3,000 가격대 형성

3. 가격 변화(KB 부동산 참조)

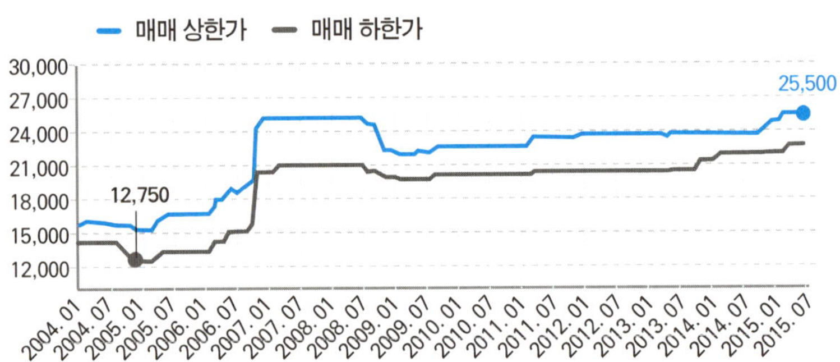

- 최저가 | 최고가: 1억 2,750만 원(2005년) | 2억 5,500만 원(2015년)

4. 향후 호재(장점)

- 기흥역세권은 대부분 주상복합아파트이며 ○○백화점 등 편의시설이 들어올 예정임.
- 202○년 GTX ○○역 개통.
- 굿모닝버스 도입 예정(기흥역 환승센터와 서울 주요 거점지 간 무정차 운행).
- 제2판교테크노밸리(창조경제밸리) 통근 수요 영향권.
- 분당선, 수원선 가기 좋음(직주근접). IC 가까워서 물류센터 직원이 많음.
- 용인에 대형 평수가 많이 지어져서 21평형, 25평형의 경우 희소성 있음.
- 지하철 바로 앞, 강남까지 버스로 40분 출퇴근 가능.
- 초등학교가 바로 앞에 있고 중학교도 근처에 있어서 아이들 키우기에 좋음.

5. 지역 악재(단점)

- 동탄 2, 기흥역, 광교신도시 물량 과다 공급으로 사람들이 빠지지 않을까 걱정됨(과다 물량 공급으로 역전세난 우려).
- 단지 근처 편의시설이 부족하고 대형 마트로 가려면 차로 5분 정도 가야 함.
- 초등학교, 중학교 학군이 평범함.
- 지하철 바로 앞이라는 교통 입지, 유흥업소 없는 주거 입지 빼고는 큰 호재가 보이지 않음.

6. 수익률 계산(만 원)

- 매매가: 2억 3,500
- 법무사 수수료: 258.5
- 수리비: 해당 사항 없음
- 실투자금: 1,423.5
- 예상 수익률: 약 146%
- 중개보수: 165
- 전세가: 2억 2,500
- 대출: 해당 사항 없음
- 매도 예상 금액: 2억 6,000
- 투자 적격 여부: 괜찮은 편

7. 임장 결과 ① _ 장점

- 단지가 자연친화적인 느낌이 듦. 나무, 조경이 잘 되어 있고 지상에 주차장이 없어 좋음. 단지 중앙에 아이들 놀이터가 있음.
- 지하철과 버스 정류장이 바로 있어 편리해 보임(○○동이 가장 빨리 역에 도착 가능).
- 관리소 아저씨가 2명이고 ○○동 바로 앞에 관리소 있음. ○○동 옆 쓰레기 깔끔하게 정리됨.
- 젊은 아기 엄마가 많음. 25평형에는 특히 젊은이가 많고, 21평형에는 신혼부부, 어르신이 많음.

8. 임장 결과 ② _ 단점

- 편의시설(마트, 은행, 병원, 음식점, 학원 등)이 부족해 보임.
- ○○동 저층이라서 소음과 벌레, 도둑 위험성이 있음.
- 정문에서 올라오는 길이 약간 언덕배기임, 지하철역에서 ○○동까지는 내리막길(편평하지 않음).

9. 추가 업무

- 전세 세입자 맞추기(7월 13일 들어오기로 함. 2억 2,500만 원임. 수리는 하지 않고 대신 임차인이 도배하고 들어오기로 함).
- 잔금 날짜(10월 12일) 잘 기다려서 마무리하기.
- 잔금 날짜에 선수관리비 내야 함.

돈 되는 아파트 투자 3단계

협상의 고수가 되자

이번 장에서는 투자할 때 반드시 필요한 협상의 기술에 대해 학문적으로 접근해본다. 그리고 사고팔 때 관계를 맺는 다양한 사람들과의 협상에 대해, 그 사람들을 나만의 드림팀으로 만드는 방법에 대해 설명한다.

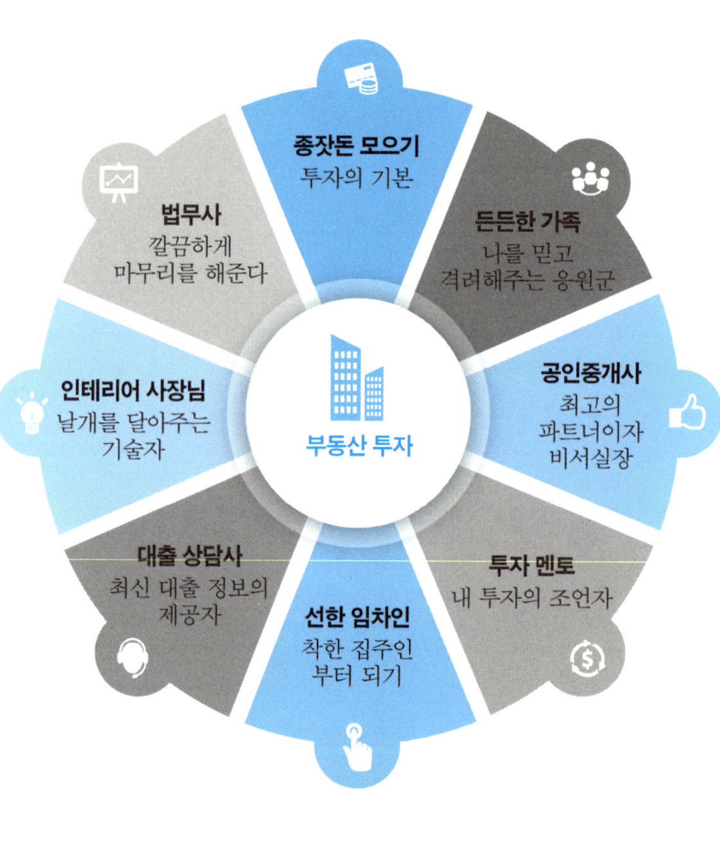
부동산 투자
종잣돈 모으기
투자의 기본
든든한 가족
나를 믿고
격려해주는 응원군
공인중개사
최고의
파트너이자
비서실장
투자 멘토
내 투자의 조언자
선한 임차인
착한 집주인
부터 되기
대출 상담사
최신 대출 정보의
제공자
인테리어 사장님
날개를 달아주는
기술자
법무사
깔끔하게
마무리를 해준다

매매 현장에 필요한 협상을 말하다

그동안 투자하면서 협상을 정말 많이 했다. 현장에서는 보통 밀당이라고 한다. 밀당, 즉 협상은 현장에서 정말 중요하다. 협상만 잘하면 앉은 자리에서 1,000만 원 깎는 것은 일도 아니다. 부동산 현장에서 협상을 어떻게 하면 잘할 수 있는지에 대해 그동안의 경험, 투자 고수들에게 들은 기술, 관련 책에서 찾은 내용 등을 정리해 알려주고자 한다.

상대방을 나의 프레임에 가둬라

'프레임(frame)'은 창문이나 액자의 틀을 의미하는데 협상에서는 '생각의 틀'까지로 그 의미가 확대된다. 내가 원하는 생각의 틀(프레임)로 상대방이 들어오게 만드는 전략이나.

예전에 전세 낀 24평형 아파트의 매도인과 협상을 하는 중이었다. 매도인은 3억 원을 요구했고(시세보다 1,000만 원 쌌음) 나는 2억 9,000만 원을 제시했다. 집 상태가 그리 좋지 않은 급매물인데 굳이 더 주기 곤란했다. 간극이 줄어들지 않는 상황이 계속 되자 전세 계약 만료 때까지 잔금기한을 늦추고 그 대신 중도금 명목으로 1,000만 원을 더 주겠다고 제안했다. 매도인은 고심하더니 결국 승낙했다. 자금 사정이 좋지 않으니 매도 금액을 올리는 것보다는 차라리 중도금이라도 더 받아 현재 자금 흐름을 원활하게 하는 것이 낫다고 판단해서 동의한 것이다. 어차피 중도금은 총금액에 포함되는 것이고 잔금기한을 늦출 수 있으니 투자금이 최소화되는 상황이었다. 게다가 전세 만기가 되면 그 사이 올라간 전세 시세에 맞춰 전세금 상승분으로 투자금을 회수할 수 있다는 이점이 있었다.

물론 상대방이 내가 원하는 방향으로 항상 움직이지 않는다. 만약 내가 상대방의 프레임에 갇혔을 때는 어떻게 빠져나갈 수 있을까?

일반적으로 프레임은 '이것 아니면 저것'이라는 양자택일의 과정이다. 의사 결정에 대한 시간적인 여유가 별로 없을 때 강력한 힘을 발휘한다. 그런데 이 양자택일에도 함정이 있다. 다른 대안을 생각하지 못하게 한다. 일종의 '마비현상'을 불러온다. 이런 상황에서는 상대방의 제안이 나의 욕구에 충족하는가를 판단해야 한다. 우선 '사야 한다' 또는 '사지 말아야 한다'에 얽매이지 말고 해당 매물이 정말 나의 욕구를 충족시킬 수 있는지를 판단한다. 만일 내 욕구를 충족한다면 양자택일의 대안 외에 제3의 대안을 찾으려고 노력해야 한다.

마음에 드는 매물을 만났는데 매도인은 터무니없는 가격에 내놓았으면서도 절대 조정은 없다는 말만 반복했다. 집 상태가 좋았고 나 말고도 다른 사람들이 대기 중이었다. 사실 조바심이 났고 사고 싶은 마음은 굴뚝같았다. 하지만 매도인과의 협상을 중지했다. 내가 보기에 터무니없는 금액이라면 다른 사람에게도 마찬가지라는 생각이 들었기 때문이다. 다른 사람들의 상황을 지켜봤는데 역시 며칠 동안 진행되는 것이 없었다. 이렇다 보니 가격이 조금씩 내려가기 시작했다. 그렇다고 바로 접근하면 안 된다. 좀 더 기다렸다가 확 낚아챌 생각으로 밑밥만 던지기로 했다. 공인중개사에게는 원하는 금액으로 계약하면 중개보수를 더 주기로 했고 매도인에게는 이사비 지원 명목으로 100만 원을 주기로 했다. 며칠 뒤, 결국 내가 원하는 가격에 살 수 있었다. 중개보수를 추가로 주고 이사비를 줬지만 그래도 최초 금액보다 1,000만 원 정도 싸게 매입했으니 성공적인 거래였다.

상대방의 프레임에 갇히거나 자기 스스로 고정된 프레임에 갇히면 다른 사람의 조언을 얻지 못하고 편협한 사고를 하게 되어 결국 합리적인 의사 결정을 할 수 없다. '급할수록 돌아가라'는 속담이 있다. 눈앞의 욕심에 얽매이지 말고 한 걸음 물러나서 마음의 여유를 가진다면 뜻밖에 일이 쉽게 풀리는 길을 보게 될 것이다.

객관적 기준은 어떤 숫자나 합의를 위한 논의의 출발점이 된다. 만약 객관적 기준이 없다면 서로 감정이 격해져서 다투기만 하거나 무턱대고 반반씩 양보하자고 할 가능성이 높다.

현장에서 보면 많은 사람이 이 '객관적 기준'을 자주 잊는다. 내가 받아야 하는 가격, 즉 요구(position)에 얽매이기 때문이다. 하지만 부동산 현장에서는 숫자로 대변되는 객관적 기준이 매우 중요하다. 그렇다면 객관적 기준에는 무엇이 있을까?

첫 번째는 '시장 가격'이다. 현재 시장에서 거래되고 있는 일반적인 수준의 가격을 말한다. 예를 들면, 아파트 구매 시 주변의 평당 단가가 그 기준이 된다.

두 번째는 '제3자의 결정'이다. 협상의 양 당사자가 모두 신뢰하는 제3자가 공정하게 결론을 내리게 하는 것이다. 공인중개사가 조정해준 금액에 매도인, 매수인 모두 따르는 것처럼 말이다.

세 번째는 '절차적 공정성 유도'이다. 하나의 케이크를 서로 많이 먹겠다는 아이 두 명이 있다. 가장 공정하게 나눠주는 현명한 방법은 무엇일까? 한 명은 자르게 하고 다른 한 명은 먼저 선택하게 하면 된다. 그러면 자르는 아이는 최대한 반으로 자르려고 할 것이고 다른 아이는 먼저 선택할 수 있으니 모두 불만이 없게 된다.

그렇다면 이처럼 객관적 기준으로 협상하기 위해 필요한 원칙은 무엇이 있을까?

우선 누가 봐도 수용 가능한 객관적이고 합리적인 기준을 제시하는 것이 중요하다. 아파트를 매매하는데 결정을 할 제3자가 공인중개사가 아니라 친척이라면 상대방은 받아들이지 않을 것이다. 조금이라도 이익을 더 가져가려는 모습을 보이면 신뢰관계는 생기지 않는다.

그다음으로는 현재 상황에서 객관적 기준을 찾으려는 공감대가 형성되어야 한다. 가격과 관련해서는 정말 다양한 기준이나 조건이 영향을 미친다. 해당 물건의 상황에 제일 적합한 기준을 몇 개 고르고 그중에서 어떤 것이 객관적 기준이 되는지를 상대방과 허심탄회하게 논의해야 한다. 그러면서 그 객관적 기준이 왜 타당한지 서로 논리적으로 이야기하면 공통의 목표를 가질 수 있다.

협상은 이처럼 객관적이면서 합리적인 기준이 무엇인지 고민하는 것에서부터 시작된다.

배트나 없는 협상은 없다

전세 계약 기간이 끝나고 이사 가야 하는 상황에서 공인중개사를 통해 마음에 드는 집을 알게 되었다. 그런데 생각보다 2,000만 원 오른 가격이었다.

"계약하시겠어요?"라는 공인중개사의 질문에 망설이게 된다. '조금 더 깎을 수 있지 않을까?', '이 가격에 더 좋은 집을 찾을 수 있을까?' 등 임차인의 머릿속에는 수많은 생각이 오가고 있다. 결정을 내리지 못하는 임차인에게 날리는 공인중개사의 한마디!

5장 돈 되는 아파트 투자 3단계 _ 협상의 고수가 되자

“1시간 전에도 이 집을 보고 가신 분이 있어요.”

이 말을 듣는 순간, 임차인은 마음이 급격하게 흔들린다. 이때 공인중개사의 휴대전화가 울린다.

“2007호요? 지금 그 집 보고 있는데… 20분 후에 이리로 오시겠어요?”

공인중개사가 전화를 끊자 임차인은 서둘러 말한다.

“좋습니다. 제가 계약할게요.”

임차인이 갑자기 다급해진 이유는? 바로 공인중개사가 배트나(BATNA, Best Alternative To Negotiated Agreement)를 활용했기 때문이다. ‘배트나’는 협상이 결렬됐을 때 그다음으로 선택할 수 있는 최선의 대안을 말한다. 공인중개사는 당신(임차인) 말고도 다른 대안(또 다른 임차인)이 있음을 어필하는 동시에 빠른 결정을 내리도록 압박하여 협상에서 우위에 설 수 있었다. 이렇듯 모든 협상과 설득에서 배트나는 필수적인 준비 요소인 동시에 결과가 내게 유리하도록 이끌어준다. 배트나를 활용하려면 다음과 같은 자세가 필요하다.

- 배트나가 없는 협상은 득보다 실이 많다는 것을 잊지 않는다.
- 배트나는 그냥 주어지는 것이 아니므로 반드시 개발해야 한다.
- 나의 최종 결정이 배트나보다 나쁘면 결정을 미룬다.

- 강력한 배트나가 있다면 상대방에게 그것을 알린다.

내 제안이 좀 더 좋게 느껴지도록 만드는 방법은 무엇이 있을까? 보통 협상학에서 말하는 3가지 방법이 있는데 투자 경험을 바탕으로 다시 정리해봤다.

첫째, '유인 전략(Decoy effect)'이다. 내가 밀고 싶은 제안보다 '조금 나쁜' 제안을 함께 말해서 기존 제안을 돋보이게 만드는 것이다. 선택받길 원하는 제안과 아주 비슷하지만 약간 나쁜 유인책을 만들어 원하는 제안이 훨씬 더 멋지게 느껴지도록 한다. 재계약을 유도할 때에는 임차인에게 문자로 연락하면 좋다고 뒤에서 설명할 텐데 이것이 유인 전략의 하나가 될 수 있다.

둘째, '제한 전략'이다. 홈쇼핑에서 이번 기회를 놓치면 이런 조건은 더 이상 없다며 소비자의 마음을 흔드는 것과 같다. '시간 제한'과 '물량 제한'이 있다. '시간 제한'은 '이번 주까지', '한 달 동안만' 처럼 기간에 제한을 두고 상대방의 선택을 유도하는 방법이다. '물량 제한'은 '100세트 한정'처럼 숫자로 제한하는 방법이다. 현장에서는 이 '물량 제한'이 강력한 힘을 발휘한다. 다른 사람이 어떻게 하느냐에 따라 나의 통제권이 사라질 수 있기 때문에 더 심리적인 압박감으로 다가온다. 당연한 말이지만 내가 을이라면 이 '물량 제한'은 신중하게 써야 한다. 갑 입장에서는 을이 의도적으로 압박한다고 느끼면 더 이상 협상하지 않고 가버릴 수 있다. 외부적 요인에 의해 어쩔 수 없이 제한 조건이 생겼다는 사실을 부드럽게, 그리고

5장 돈 되는 아파트 투자 3단계 _ 협상의 고수가 되자

상대방이 납득할 수 있게 설명한다.

셋째, '손실 회피 심리'를 역으로 이용한다. 사람은 이익보다는 손실에 더 민감하게 반응한다. 상대방이 나에게 팔거나 살 때 손실을 보지 않는다고 느끼게 만들면 효과적이다. '실제' 손해를 보지 않지만 내가 더 손해라는 인식을 상대방 머릿속에 심어주는 것도 또 다른 방법이다.

내 제안이 좋다고 해도 상대방은 무조건 받아들이지 않는다. 오히려 부족해 보여도 돋보이게 만들면 더 쉽게 받아들여지는 경우가 많다. 이렇게 제안을 돋보이게 하기 위해서는 다음과 같은 준비가 필요하다.

첫째, 뭘 원하고 있는지 확실히 알아야 한다. 의외로 자신이 원하는 것은 무엇인지, 얻으려는 것은 무엇인지 이해하지 못한 상태에서 협상하려는 사람이 많다. 제대로 알지 못하면 제대로 된 판단이 불가능하다.

둘째, 용어를 완벽하게 이해할 줄 알아야 한다. 부동산 관련 법률 등 전문 용어의 의미를 이해하고 어느 대목에서 써야 하는지 사전에 알 필요가 있다.

셋째, 없애는 것도 중요하다. 애매하거나 막연한 내용은 무조건 배제한다. 세세하게 협상하려는 투자자라면 더욱 그렇다.

넷째, 아는 사람이라도 신뢰하지 않는다. 협상 테이블의 상대방이 친구 등 아는 사람이라도 뭐든 해줄 것이라고 생각하면 오산이다. 공사를 혼동하지 않고 사무적으로 대응한다.

다섯째, 작은 것에 집착하지 않는다. 인색한 사람일수록 협상을 잘한다는 건 오해다. 정말 협상을 잘하는 사람은 큰 문제가 아닌 것에 대해서는 매우 관대하다. 중요한 포인트만 좀처럼 양보하지 않을 뿐이다.

여섯째, 약속의 무게를 느껴야 한다. 협상에서도 약속은 그 어떤 것보다 우선적으로 지켜야 한다는 말이 있다. 일단 동의했다면 약속을 깨는 일은 절대로 피한다. 상대방이 합의사항을 뒤집으려고 하면 결코 용납하지 않는다. 협상에서 약속을 깨는 일은 지금까지 쌓아온 명성과 신뢰, 신용을 단번에 잃는 가장 쉬운 방법이다.

일곱째, 기록을 남긴다. 뭔가에 대해 합의를 했다면 기록으로 남기는 것이 중요하다. 형식을 갖춘 계약서는 물론이고 말로 오고간 것 중에서 중요한 부분은 녹음이나 노트에 기록해야 나중에 탈이 없다.

진심과 상식

현장에 갔을 때 가끔 상황에 맞게 신혼부부, 실거주자, 초보 투자자 등으로 이야기하면서 접근하지만 오히려 역효과를 부르거나 진실해 보이지 않고 속이는 것 같다는 의견을 많이 받았다. 그래서 당당하게 투자자라고 밝힌다.

한 지역에서 여러 채를 사면 공인중개사가 우리 부부를 대하는 태도가 달라짐을 느낄 수 있다. 좋은 물건이 나오면 우선 연락을 주

5장 돈 되는 아파트 투자 3단계 _ 협상의 고수가 되자

거나 급하게 내놓은 물건을 주변에 아는 사람이 살 수 있도록 연결해준다.

처음 관계를 맺는 세입자나 공인중개사에게는 기념 선물을 주고 이후 특정한 날(생일, 출산 등)이 되면 그에 맞는 선물을 주려고 노력한다. 목적이 있어서 준다는 생각은 버리고 이것도 인연이라고 생각하며 우리 부부와 관계 맺은 사람들을 세심하게 챙겼다. 되도록 상식선에서 일을 처리했고 억지를 부리지 않았다. 부동산 투자에서도 '진심은 통하고 상식은 우리 부부를 이롭게' 한다.

공인중개사는 최고의 파트너

공인중개사는 자리 잡은 지역의 시세와 호재를 그 누구보다 잘 알고 있는 전문가다. 우리 부부는 부동산 투자를 공인중개사와 함께 하면서 발전했다고 해도 과언이 아니다. 그만큼 도움도 많이 받았으며 각별한 관계를 유지하고자 노력했다. 매입, 임차인 구하기, 인테리어 등의 관리 부분뿐만 아니라 최종적으로 매도할 때까지 전 과정을 함께 하기에 더욱 각별하다고 할 수 있다. 물론 나와 잘 맞는 공인중개사가 있는 반면, 잘 맞지 않아 다른 공인중개사로 바꾸기도 한다. 정답은 없다. 나와 잘 맞는 관계를 만들어 가면 된다. 집을 구하는 사람이든, 투자를 하는 사람이든 공인중개사는 최고의 파트너이자 비서실장이다.

공인중개사와 대등해야 한다

보통 아파트 투자를 위해서 거치는 과정은 다음과 같다.

손품 팔아 적정한 아파트 찾기 → 발품 팔기 전에 공인중개사에게 전화로 문의하기 → 그중에 나와 맞는 공인중개사 찾아서 방문하기 → 방문 전에는 해당 부동산의 주변 입지를 둘러본 다음, 만나기 → 공인중개사와 함께 방문하기 → 계약 여부 결정하기

원하는 아파트에 대해 좀 더 자세한 정보를 얻기 위해서는 중개사무소에 전화한다. 여러 중개사무소에 통화하다 보면 그중에서 끌리는 공인중개사가 있다. 어떤 공인중개사가 좋다는 정답은 없지만 사소한 질문까지 다 받아주면서 친절하게 응해주는 공인중개사를 찾으면 된다.

공인중개사를 만나기 전에 미리 해당 매물 주변을 둘러본다. 그리고 공인중개사를 만나 매물에 대한 궁금한 부분을 집중적으로 물어본 다음, 계약 여부를 결정하면 된다.

이 과정에서 내가 주도적인 투자자가 되어야 한다. 즉, 해당 매물에 대해 최대한 많이 알고 있어서 적어도 공인중개사와는 이야기가 통할 정도가 되어야 하는 것이다. 손품 정도 팔아서 아는 정보를 갖고 공인중개사를 만나면 이미 끌려가게 된다. 주도적으로 이야기를 나누는 투자자와 끌려가는 초보자 간의 차이는 매우 크다.

관계 유지의 중요성

지금까지 투자하면서 남자 공인중개사보다는 여자 공인중개사와 지속적으로 관계를 유지하는 것 같다. 현장에서도 여자 공인중개사가 대부분 꼼꼼하고 유연하며 자기 일처럼 진행해준다. 현재 관계를 유지하고 있는 남자 공인중개사는 딱 한 명이 있는데 수완이 좋고 일 처리가 깔끔하며 우리 부부에게 많은 도움을 준다.

투자를 같이 하고 있는 공인중개사는 일반 투자자에게 있어 금상첨화다. 단순히 중개만 하는 공인중개사보다 투자에 대한 이해가 훨씬 빠르고 투자의 위험에 대해 알게 모르게 조언을 준다. 이런 공인중개사를 만나면 관계를 계속 유지하고 싶은 마음에 이런저런 이야기로 수다 떨기, 속사정 조금씩 터놓기 등을 하면서 좀 더 친밀감을 쌓고자 노력한다.

나와 관계를 맺고 있는 공인중개사는 전국 각지에 흩어져 있어서 자주 만나지 못하지만 되도록 자주 통화하고 문자 등을 통해 관계를 유지하고 있다. 안부 연락을 하면서 매물 이야기를 슬쩍 할 때도 있고 중간 중간 궁금한 점을 묻기도 한다.

타 지역에 살면서도 전국에 있는 매물 관리가 가능했던 비결은 아마도 경청, 관심, 정(情)이었던 것 같다. 가급적 내 이야기뿐만 아니라 공인중개사의 이야기도 잘 들어주려고 노력했다. 서로의 가정사에도 관심을 갖고 때로는 친구처럼, 때로는 형님이나 누님처럼 친근하게 다가갔던 것이 도움이 되었다.

이러한 관계 유지는 매물과 임차인 관리, 급매물 정보 등을 얻는데 큰 도움이 되었다. 공인중개사를 내 편으로 만들면 가만히 있어도 정보는 들어오기 마련이다. 물론 내가 노력하지 않으면 관계는 금세 흐지부지되고 만다. 끊임없이 마음이 맞는 공인중개사와 좋은 관계를 유지하도록 노력한다.

중개보수 더블 외치기

투자 3호를 살 때였다. 당시에는 투자 초보였는데 아는 공인중개사에게서 급매물이 나왔다는 연락을 받았다. 매도인의 상황을 확인해봤다. 매도인도 투자자인데 다른 지역에 투자하다가 갑자기 급전이 필요해서 팔게 되었다. 매도인에게 불리한 상황이었다.

좀 더 깎을 수 있을 것이라는 생각이 들어서 공인중개사에게 매도인이 처한 상황도 있고 현재 투자금도 좀 부족하니 300만 원 정도 네고(nego, negotiation 줄임말)를 할 수 있는지 확인을 부탁드렸다. 그 대신 중개보수는 더블로 드리겠다고 했다. 100만 원을 깎아도 이득이라고 생각하는 상황이라서 300만 원을 깎고 중개보수를 2배로 줘도 괜찮았다.

결국 공인중개사의 노력으로 목표를 달성했고 중개보수는 시원하게 드렸다. 중개보수가 아깝다고 생각하지 말고 경우에 따라서는 협상 조건으로 잘 활용하는 것도 좋은 방법이다.

항상 감사함을 느끼는 투자 멘토

공인중개사처럼 중요한 사람이 바로 투자 멘토다. 나보다 투자를 오래 하고 성공한 거래가 많은 고수들이다. 투자를 하다 보면 내가 과연 맞는 선택을 하고 있는지 의구심이 들 때가 많다. 우리 부부도 처음으로 투자를 결정할 때에는 하룻밤을 꼬박 새면서 고민하다가 투자 멘토였던 지인에게 물은 다음, 결정했다.

부동산을 사고팔 때 최종 결정은 내가 내리지만 그 전까지는 돌다리도 두들겨보는 심정으로 최대한 검증해야 한다. 투자의 위험성을 최소화할 수 있는 유용한 방법이기도 하다. 그러기 위해서는 공부를 하거나 강의를 듣는 것이 중요하지만 투자 멘토라고 부를 수 있는 고수와 친해지면 더욱 좋다. 고수가 나의 투자 멘토가 되면 중요한 시점에 좋은 정보와 의견을 바로 들을 수 있다. 나도 지금까지 투자하면서 좋은 고수를 많이 만났고 필요할 때에 고견을 들을 수 있었다.

투자할 때 매도인을 다루는 기술

매도인의 상황부터 파악한다

비가 많이 내리던 어느 여름날이었다. 임장을 다니다가 마지막으로 평소 알고 지내던 공인중개사와 이런저런 이야기를 나눴다. 이야기를 나누는 중간에 휴대전화로 그 지역의 부동산을 검색하다가 본 2,000만 원 싸게 나온 급매물에 대해 물어봤다.

특이하게도 잔금 만기와 전세 만기가 같은 날짜였고 대략 내년 봄이었다. 바로 매도인 상황부터 확인하기로 했다. 공동 중개하는 물건이라서 매도인 측의 공인중개사에게 문의를 부탁하고 등기부등본을 확인해보니 올해 봄에 전세를 끼고 매입한 아파트였다. 산지 반년도 안 됐는데 전세를 끼고 파는 상황을 보니 주인은 투자자인데 갑자기 돈이 필요해진 것이다. 양도세 문제 때문에 최소 1년을 채우기 위해 내년 봄으로 잡았다고 생각되었다. 역시 확인한 결과,

예측은 맞아떨어졌다. 계약금을 받아 급전으로 활용하려는 점을 잘 공략하면 싸게 살 수 있겠다는 확신이 들었다. 중도금 부분 때문에 실랑이가 좀 있었지만 결국 내가 원하는 방향으로 마무리!

이렇듯 팔려는 사람, 즉 매도인의 상황을 알면 협상의 우위를 점하는 데 유리하다. 매도인의 상황을 알기 위해서는 내성적인 성격이라도 얼굴과 목소리에 철판을 까는 게 중요하다. 볼멘소리에도 굴하지 않는 넉살과 여유가 있으면 더할 나위 없다.

이때는 늘 궁금증을 가져야 한다. '어디로 이사를 갈까?', '왜 이 가격과 이 시기에 매도하는 걸까?', '임차인과의 관계는 어땠을까?', '집 상태는 어떨까?' 등 꼬리에 꼬리를 물고 이어지는 궁금증을 해소하도록 노력하면 더 많은 것이 보인다.

궁금증 해소의 가장 좋은 방법은 공인중개사를 통하는 것이다. 때로는 공인중개사가 매도인의 사생활이라면서 핀잔을 주는데 그렇다고 해도 넉살 좋게 다시 물어야 한다. 커피, 빵 등 적절한 선물을 주면서 어떻게든 분위기를 부드럽게 만들 필요도 있다.

그다음으로 임차인(세입자)에게 묻는 방법이 있다. 뒤에 임차인을 다루는 부분이 나오는데 참고하길 바란다.

마지막으로 등기부등본 확인이다. 매입 일자, 금액, 대출 상황, 또는 가끔 보이는 경매 또는 압류 등 과거와 현재 상황을 확인할 수 있다. 앞의 사례에서도 등기부등본을 통해 매도인의 상황을 유추할 수 있었다.

내게 유리한 상황을 조성하려고 얼마나 노력하느냐에 따라 적게는 몇 십만 원에서 많게는 몇 천만 원까지 조정된다. 처음 가격에 그냥 살 것인지, 충분한 협상을 통해 조금이라도 싸게 살 것인지는 나의 태도에 달렸다. 말 한마디에 우리 아기 분유와 기저귀 몇 달치를 벌 수 있다.

계약금이 10%일 필요는 없다

보통 계약금은 10%를 준다. 그런데 꼭 그럴 필요는 없다. 상황에 따라 계약금을 10% 밑으로 줄 수 있다. 앞의 사례가 계약금을 10% 밑으로 준 경우다.

예를 들어, 계약금으로 3,000만 원을 줘야 하는데 자금 부족을 이유로 2,000만 원에 계약하고 이후에 주는 중도금 때 1,000만 원을 더 주는 것이다.

사실 잔머리를 굴린 것이 아니라 정말 계약금이 부족해서 협의를 하는 도중에 중도금 요구가 추가로 들어와서 계약금 중 일부인 1,000만 원을 중도금 명목으로 주게 되었다. 결과적으로는 나름 괜찮은 방법인 것 같아 이번 책에서 소개해본다.

1억 원 정도의 매물은 보통 계약금만 서로 주고받은 다음, 나머지는 잔금 때 준다. 하지만 2억 원 이상인 매물은 중도금을 주는 경우가 많아서 상황에 따라 '계약금 10%'에 대한 운용의 묘를 잘 살리면 충분히 협상 카드로 쓸 수 있다.

중도금은 가급적 주지 않기

중도금은 거래 약정금액의 10% 정도를 계약금 다음에 2차로 지급하는 것을 말한다. 물론 거래 내용에 따라 다르다. 법에서는 중도금이 지급되면 매도인이 일방적으로 계약을 해제할 수 없는 것으로 본다. 만일 매수인이 계약 기간 안에 잔금을 내지 않으면 일단 내용증명을 2~3차례 보내 잔금 납부를 독촉한다. 그렇게 했는데도 반응이 없으면 최후의 수단으로 법적 절차를 따라 계약금은 몰수하고 중도금은 공탁하는 방법으로 매매 계약을 해제할 수 있다.

2억 원 이상 매물이나 급전이 필요한 매도인의 경우에 중도금 요구가 강하다. 투자금을 적게 하기 위해서는 계약금만을 주는 선에서 끝내면 좋지만 그렇지 못하면 각각의 상황에 맞는 전략이 필요하다. 전세 만기와 잔금 만기가 같다면 새로 들어오는 임차인의 계약금을 중도금으로 활용하는 것도 한 방법이다.

시장이 상승기라면 중도금이 좋은 수단이 될 수 있다. 매도인이 변심해서 팔지 않는다고 해도 중도금을 받았다면 해제가 어렵기 때문이다.

때로는 승부수를 던져라

서울에 있는 아파트를 계약하기 위해 중개사무소에 다 모였다. 매도인의 성격도 시원시원해서 분위기가 좋게 가고 있는데 갑자기 임차인의 연락이 왔다. 보일러 때문인지, 배관 때문인지 모르겠지만 갑자기 물이 샌다는 것이 아닌가. 오늘은 편하게 가나 싶었는데 역시 쉬운 것이 하나도 없다. 조심스럽게 제안했다.

"누수라면 당연히 매도인 책임인 걸로 아는데 보일러 노후 문제라면 좀 처리해주셨으면 합니다."

솔직히 좀 떨렸다. 그러자 매도인은 "그 전에 집 보실 때 확인하시지, 이제 와서 그러시면 안 되죠? 그냥 갈까요?"라고 말하는 것이 아닌가? 하지만 계약 당일에 보일러가 터진 것을 전에 집 볼 때 어떻게 알 수 있겠는가?

침묵이 흐르기 시작했다. 하지만 시간은 내 편이 아닌 것 같았다.

"이번 사안은 이렇게 하시죠. 단순 보일러 노후 문제라면 그냥 제가 책임을 지겠습니다. 그런데 누수 문제라면 매도인께서 책임을 지셨으면 합니다."

매도인이 내 제안을 승낙하면서 엎어질 것 같았던 계약은 잘 마무리가 되었다. 나중에 보일러 노후 문제로 판명되어 새 보일러로 바로 교체했다. 지금은 가격이 꽤 올라서 보일러 교체 비용은 그리 타격이 아닌 정도가 되었다. 만약 그때 50만 원도 안 되는 보일러 문제로 계약이 취소됐다면 이후 몇 천만 원의 수익을 얻기 힘들었을 것이다.

가끔 어떤 상황에 이르러서는 승부수를 과감하게 던져야 한다. 나중에 더 큰 이익이 들어온다는 확신이 들면 지금의 작은 손해는 감수하겠다는 지혜가 필요하다.

협상은 계약서 도장을 찍기 바로 전까지 계속되어야 한다. 매매나 전세 계약 모두 내가 협상의 주도권을 쥐고 가려고 해야 한다. 기회비용을 고려하고 활용 가능한 모든 요소를 내 손에 쥐고 유리한 조건을 만들기 위해 최선을 다한다. 특별한 비법이 있지 않다. 항상 논리적으로 합당해야 그만큼 상대방을 설득하기 쉬워진다. 줄이려는 노력과 제값을 받으려는 노력은 방법이 다를 뿐이지 본질은 같다. 원하는 목표를 위해서는 최종 계약 전까지 협상에 노력하는 자세가 필요하다. 계약서를 쓰는 당일 현장에서 협상하는 것이 경우에 벗어난다고 해도 단돈 얼마라도 깎으면 아이 분유 값을 벌 수 있다는 사실을 명심한다.

매도 막바지에 집 상태 등의 문제로 100만 원을 더 줄인 적도 있다. 논리보다 정(情)에 호소했다. 아이가 아직 돌도 안 됐으니 좀 더 고려해달라고 요청하면서 신혼부부의 고충까지 꺼냈다. 결국 매도인이 받아들였다. 사실 내 생각이 현장에서도 통하는지 알고 싶은 생각도 있었다.

내가 원하는 조건과 목표를 미리 세워두고 거기에 맞춰 진행하는 것이 중요하다. 서로 상대방이 갖고 있는 논리의 허점 파악과 인간적인 정에 호소하는 양날의 쌍검을 들고 승부하기 때문에 적절하게 피하고 대처하는 노력이 필요하다.

사진만 보고 가격 협상하기

전국을 무대로 투자하다 보니 (공인중개사가 찍어서 보낸) 내부 사진만 보고 결정하는 상황이 종종 생긴다. 현장에서 가격이 싼 급매물은 바로 결정하지 않으면 눈 깜짝할 사이에 다른 사람에게 가버린다. 2013년부터 2016년 초반까지 우리 부부가 경북과 전북에서 거주할 때는 전국 어느 곳을 가려고 해도 거리가 멀었다. 그래서 타 지역의 물건이라도 급매로 나왔으면 사진만 보고 바로 가계약금을 보냈다.

물론 사진을 보기 전에 해당 지역에 미리 가서 아파트 내부 구조, 주변 환경, 교통 요건 등을 대략적으로 파악해놓고 있었다. 어느 정도는 알고 있는 상황에서 공인중개사가 보내준 사진을 보고 결정하는 것이다.

그렇다고 해도 몇 만 원 하는 옷도 내 몸에 잘 맞는지 입어본 다음에 사는데 하물며 몇 천만 원에서 몇 억 원 하는 부동산을 사진만 보고 산다는 사실에 놀라는 사람이 많다. 그러나 우리 부부는 투자 초기에 무모할 정도로 과감하게 실행했다. 좋은 급매가 착하게 우리 부부를 기다려주지 않는다는 사실을 깨달았기 때문이다. 인테리어 전문가에게 조언을 구하면서 보다 보니 이제는 어느 정도 감(感)이 생겼다(우리 부부의 경우 직접 인테리어를 하는 아시나무 님에게 조언을 구한다).

내부 사진을 볼 때 집이 예쁜지만을 보지 않는다. 우리 부부에게 유리한 가격으로 협상할 인테리어 부분이 있는지 눈에 불을 켜고 본다. 인테리어가 부족하다면 가격 조정을 시도한다.

- 원하는 곳을 사전에 정확하게 요구한다. 보통 각 방, 거실, 싱크대, 화장실, 세탁실, 발코니, 현관 등의 전체와 일부분이다. 거실이나 발코니에서의 조망도 찍어서 보내달라고 한다. 세탁실의 경우에는 세탁실 뒤쪽, 발코니의 경우에는 천장 전체까지 받아서 본다. 만일 발코니에 결로나 누수가 보이면 좀 더 집중적으로 찍어서 보내달라고 한다. 보일러는 브랜드와 연식이 나오게 찍어 달라고 한다. 전체를 담을 때는 세로 방향이, 부분일 때는 가로 방향이 좋다.
- 잘 안 보인다고 여러 번 다시 찍어줄 것을 요구하지 않는다. 서로 번거롭고 공인중개사와 거주하는 사람 입장에서는 짜증이 날 수 있다.
- 가능하면 낮뿐만 아니라 밤 시간대 사진도 요구한다.

우리 부부가 사진에서 가장 중요하게 생각하는 부분이 바로 화장실과 싱크대다. 집을 살 때나 전세 또는 월세로 들어올 때나 대부분 여자의 마음에 들어야 계약이 이뤄진다. 그래서 화장실과 싱크대가 체크리스트 제일 위로 올라간다.

화장실과 욕실에 대해서는 뒤에서 좀 더 자세히 설명하겠지만 주요 사항을 일단 말하자면 화장실은 UBR(Unit Bath Room, 일체식 단위 욕실)인지, 아닌지 먼저 확인한다. UBR은 공장에서 제작되어 나오는 반영구적 벽체나 욕조로 된 조립식 화장실을 말한다. 이로 인해 수리할 때 일반 욕실보다 비용이 100만 원~150만 원 정도 더 추가된다. UBR 욕실과 일반 욕실의 구분은 바로 세면대 트랩관이 세면대에서 바닥으로 향하느냐, 아니면 욕조로 향해 있느냐 차이로 쉽게 알 수 있다. 간혹 사진으로 정확하게 구분하기 힘들 수 있으니 공인중개사에게 확인을 부탁한다. 그리고 세면대, 변기, 욕조, 타일 상태를 보고 수리 비용의 견적을 유추해본다. 욕조를 없애고 샤워 부스를 만드는 요즘 추세도 고려한다.

싱크대도 같은 맥락이다. 예를 들어, 깨끗한 벽면 타일, 쿡탑, 그리고 하얀색 실크 하이그로시(high glossy) 재질의 수납장으로 구성된 유명 브랜드의 싱크대와 그렇지 않은 싱크대는 분명 호감의 차이가 생기며 가격에도 영향을 미친다. 또 여자들이 좋아하는 (인조)대리석 아일랜드 식탁이 있다면 마음이 더 갈 수밖에 없다.

거실의 경우 답답해 보이는지, 해가 어느 정도 들어오는지, 낮에도 불을 켜야 하는지 살펴본다. 또한 수납장이나 발코니가 넓은지,

물건을 보관하는 공간, 빨래를 말리는 공간이 충분한지 등도 본다.

이해를 돕기 위해 투자했던 물건의 사진을 예로 들면서 사진을 보는 법에 대해 좀 더 자세히 설명하고자 한다. 사진을 통해 알아야 하는 내용과 수리를 해야 한다면 어디를 하는 것이 좋은지, 수리 비용을 협상의 자리에서 어떻게 활용할 것인지를 알 수 있을 것이다. 사진을 보면서 '내가 이 사진을 보고 결정해야 하는 상황이라면 어떻게 할까?'를 함께 고민하면 나중에 큰 도움이 될 것이다.

화장실 및 욕실

A는 화장실의 기본 구조다. 세면대, 욕조, 타일, 수납장의 상태로 봐 분양 당시 상태로 생각된다. 특히 천장 아랫부분이 들떠 있다. 이런 기본 구조라면 전체 리모델링을 가정하고 매도인과의 가격 협상에 임한다. 현재 상태로 세입자를 구한다면 천장 아랫부분 수리 등

작은 흠이라도 협상 테이블에서 이야기해 가격을 조정하면 유리하다. 욕조를 들어내고 샤워 부스를 설치하는 것에서부터 세면대와 변기 교체, 타일 덧붙임 등의 임대용 리모델링 작업을 하려면 200만 원~250만 원 정도 든다.

B는 UBR 구조다. 플라스틱 박스 자체가 욕실공간이 된 형태인데 벽면 위에 타일 덧붙임 공사가 어렵다. 일반 욕실에서 할 수 있는 벽면 덧붙임 시공이 제한되므로 전체 철거한 다음에 벽돌을 쌓아서 공간을 확보해야 한다. 그런 다음, 그 위에 방수를 하고 작업한다. 그래서 일반 욕실 수리 때보다 100만 원 이상이 추가되며 기간도 오래 걸린다. UBR 구조라면 이러한 부분을 들어 가격을 조정할 필요가 있다. 물론 부분 리모델링도 가능하다. 도기와 액세서리 교체, 벽면 코팅, 바닥 타일 덧붙임 등으로 새롭게 연출할 수 있다.

C는 최신 스타일로 수리한 화장실이다. 거의 대부분을 바꿨다고 보면 된다. 실거주용이라서 자신의 스타일에 맞게 전체 리모델링을 한 것으로 300만 원 정도 사용했을 것이다. 리모델링을 해서 임대로 내놓을 것이라면 전반적으로 무난한 화이트 계열에 약간의 그레이 톤으로 포인트를 주는 경우가 많다.

싱크대

A는 처음 지을 때부터 있었던 싱크대와 수납장이다. 언뜻 보면 상태가 나쁘지 않은 것 같지만 전체적으로 장판 색깔과 비슷해서 어

둡고 오래된 주방처럼 보인다. A와 같은 상황이라면 전체 리모델링을 염두하고 가격 협상을 하는 것이 좋다. 200만 원~250만 원 정도로 인테리어가 가능할 것이다. 싱크대 상태가 괜찮아서 매도인이 깎지 않으려고 할 수 있지만 일단 협상해본다.

B를 보면, 상부장과 하부장의 색깔이 다르다. 상부장에는 시트지를 붙였기 때문이다. 시트지는 제대로 붙이지 않으면 울퉁불퉁하고 시간이 지나면 들뜸 현상이 나타난다. 싱크대 정도 교체한다고 했을 때에는 100만 원 정도 협상이 가능하다고 본다.

C는 요즘 많이 하는 투톤 스타일로 인조 대리석 상판과 하이그로시 재질의 싱크대다. 길이나 재질 옵션에 따라 가격대는 다양하지만 200만 원~300만 원 정도 예상한다.

A는 21평형 아파트의 거실을 밤에 찍은 것이다. 벽지 무늬와 색깔이 하얀색이라 튀지 않고 몰딩(벽, 문 등의 윗부분에 돌, 목재 등을 띠처럼 댄 장식)과 장판은 진하지 않은 나무색이라 거실이 좁아 보이지 않는다.

B는 A와 같은 곳을 낮에 찍은 것이다. 불을 켜지 않고 해가 어느 정도 들어오는지 확인할 수 있다. 현관에서 찍어서 신발장과 전체적인 거실을 볼 수 있는데 신발장이 오래 되어 보이고 거실이 그리 넓어 보이지 않는다. 신발장을 하얀색 하이그로시 재질로 바꾸려면 40만 원 정도 들 것이다. 현관 바닥 타일도 신발장에 맞게 밝은 색으로 바꾸면 20만 원 정도로 할 수 있다.

어떻게 찍느냐에 따라 보이지 않는 사각지대가 보이거나 보이지 않을 수 있다. 이로 인해 집 느낌이 확연히 달라 보이게 된다. 그래서 공인중개사에게 중요한 포인트 위주로 사진을 되도록 여러 장 찍어달라고 부탁해야 한다.

인테리어는 유행을 따르기 때문에 그 당시의 유행 스타일을 보여준다. 어떤 스타일이냐에 따라 시공년도를 추측할 수 있다.

A를 보면 바로 도배, 장판 교체, 조명 교체, 페인팅까지 무조건 해야 한다는 판단이 설 것이다. 붙박이장을 보면 있어야 할 문도 없다. 문의 행방부터 확인해봐야 할 것 같다. 붙박이장 안쪽이 검은데 분명 결로나 곰팡이가 생겼을 것이다. 몰딩 부분을 보면 색깔만 봐도 몰딩에 한 번의 페인팅 작업이 있었음을 알 수 있다.

B를 보면 A와 비슷한 느낌을 받겠지만 그래도 좀 더 괜찮게 보일 것이다. 도배, 장판, 조명 등을 교체 부분으로 염두하고 비용 산정을 해둔다. 이 비용을 가격 조정에 활용하면 효과적이다. 보통 25평형 기준으로 도배와 장판 교체 비용은 100만 원~140만 원 정도다.

C의 경우 그대로 임대를 놔도 될 정도로 상태가 좋아 보인다. 사진으로는 괜찮게 보여도 장판에 큰 흠집이 있을 수 있기 때문에 공인중개사에게 꼼꼼히 봐달라고 부탁한다. 만일 눈에 거슬리는 부분이 있으면 확대해서 찍어달라고 부탁한다.

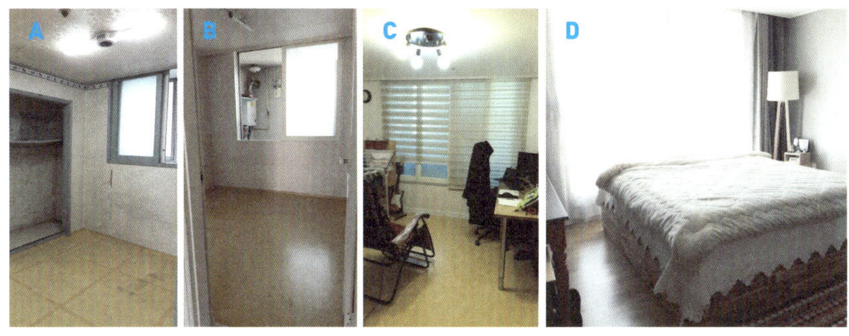

사진에서 걸레받이(벽면의 맨 아래 부분에 바닥과 벽의 마무리를 위해 부착한 수평 부재)의 색깔이 유난히도 하얗다. 새시와 같은 화이트 계열인데도 서로 색깔이 달라 보인다. 따로 장판을 새로 할 때 덤으로 걸레받이 작업을 한 것으로 보인다. 사실 이 정도는 상태가 좋은 것으로 볼 수 있어서 추가적으로 인테리어가 든다고 하기 힘들다.

D는 4년 전에 입주한 아파트 내부 사진이다. 강화마루 바닥에 요즘 하는 인테리어 스타일이다. 특별한 하자가 없다면 인테리어 부분을 갖고 가격 협상은 어렵다.

누수와 결로

보통 구축 아파트에 투자하면 누수와 결로는 어느 정도 있을 것이라는 생각으로 접근한다. 누수는 매도인과 매수인에게 큰 스트레스를 주기 때문에 이전에 누수가 된 적이 있었는지, 발생했을 때 누가 책임져야 하는지를 꼭 협의하고 계약을 진행한다. 복도식 아파트의 양 끝 집을 사게 되었다면 대부분 곰팡이와 결로가 있다고 생각하고 협상에 임한다.

A를 보면 창문 밑으로 물이 흘러내린 흔적이 있다. 매도인에게 상태에 대해 자세하게 들어서 전달해달라고 공인중개사에게 부탁한다. 협상 테이블에서 유리한 정보가 될 수 있다.

B를 보면 천장에서 결로가 의심되는 흔적이 있다. 사진으로는 정확한 판단이 어려우므로 정확한 상황을 매도인에게 들어본다. 그리

고 벽으로 나온 에어컨 배관이 보인다. 배관과 함께 나온 호스는 무엇이고 왜 배관을 천장으로 올렸는지, 실외기는 어디에 설치했는지 확인한다.

C의 상황이라면 비용 산정이 어렵다. 외벽의 결로가 심한 상태인데 관리가 전혀 되지 않아 보인다. 비용이 추가적으로 꽤 들어간다는 가정하에 가격 협상을 한다.

발코니는 상태에 따라 여러 작업이 필요하다. 크랙(crack, 균열)이 심하게 생겼으면 보수한 다음, 결로 방지용 페인트(30만 원)나 탄성코트(40만 원~50만 원)로 마감 작업을 한다. 면적이나 상태에 따라 비용은 달라진다.

바닥의 타일은 사진으로 보면 양호해 보인다. 전체 리모델링을 하기로 했다면 예쁜 타일로 마감한다. 새시를 교체하면 좋겠지만 비용 부담이 크다. 새시는 양도소득세 계산 시 필요 경비로 인정된다.

발코니

서울의 한 아파트 발코니 사진이다. 핫(hot)한 지역의 남향 아파트인데 왜 공실인지 궁금하던 차에 내부 사진을 보고 그 이유를 알았다. 발코니에서 다른 집 거실이 보인다. 블라인드를 치지 않고서는 프라이버시가 보호되지 않는 것 같았다. 공인중개사도 이래서 한 번 본 사람은 계약하지 않고 그냥 돌아간다고 했다.

주변에 새로 생긴 아파트는 25평형 기준으로 8억 원이 조금 넘었는데 해당 아파트는 5억 원대였다(호가는 5억 2,000만 원). 그런 상황에 이 물건은 1,000만 원 정도 싼 4억 9,000만 원에 나왔지만 공실이었다.

2년 만에 1억 원 넘게 올랐지만 발코니 부분을 강하게 말해서 좀 더 싸게 협상을 할 수 있다. 거실의 텔레비전 자리를 기존과 반대로 하고 발코니에서 보이는 집과 반대되는 쪽에 소파를 두는 방향으로 인테리어를 한다. 만약 만족스러운 가격으로 협상이 이뤄졌다면 발코니 라운드 쪽이 옆의 동과 마주하게 되므로 이 부분의 새시에 블라인드를 설치한다.

매수할 때 내부 상태가 좋지 않다면 그 부분을 강조해 가격 조정을 한다. 또한 거주하는 데 있어 불편함이 없도록 배려한 기색이 보이게 인테리어에 신경을 쓰면 매도할 때 좀 더 높은 가격에 내놓아도 매수인은 금방 나타난다.

이렇게 사진만으로도 집을 확인할 수 있다. 그래서 사진만 보고 수리 비용이 어느 정도 들지 아는 것이 중요하다. 매매가에서 그만큼을 깎아달라고 요구할 수 있기 때문이다.

욕실과 도배 상태가 엉망이어서 사람들마다 놀라 계약을 하지 않던 지방의 아파트가 있었다. 6,000만 원 정도였는데 집값이 상승하던 시기라서 집 상태가 좋지 않았지만 매도자는 한 푼도 깎아줄 수 없다는 것이 아닌가. 그래서 계속 매수인을 구하지 못하고 있었다.

우리 부부도 내부 사진을 보고 깜짝 놀랐다. 그러나 깨져 있는 욕조는 들어내고 샤워 부스를 만든 다음, 도배와 장판을 새로 하면 되겠다고 생각했다. 500만 원을 깎아 5,500만 원에 샀다. 물론 쉽게 깎은 것은 아니다. 여러 번의 협상 끝에 깎았다. 실제 리모델링에 들어간 비용은 300만 원이다. 200만 원 싸게 구입했다고 생각했다.

아는 공인중개사는 일부러 상태가 좋지 않은 물건만 아주 싸게 사서 수리한 다음, 단기간에 팔아 수익을 남긴다. 상태가 좋지 않다는 점을 협상 테이블로 가져와서 싸게 사면 내게는 이익이다.

상승기에는 매도인이 가격을 깎아주지 않으려고 하지만 그렇다고 해도 그대로 사는 것보다는 100만 원~200만 원이라도 깎아주면 이득이니 꼭 가격 협상을 한다. 시장에서 1,000원, 2,000원 깎는 것보다 집을 살 때 깎는 것이 훨씬 큰 이득이다.

가격 협상이 시작되면 원하는 가격보다 좀 더 높게 부른 다음, 조금씩 내리면서 맞춰가는 방법이 유리하다. 100만 원을 깎고 싶다면 200만 원이나 300만 원부터, 200만 원~300만 원을 깎고 싶다면 500만 원부터 이야기하는 것이다.

임차인과 관계 맺기

세상에는 두 종류의 임차인이 있다. 내가 투자하려는 아파트에 살고 있는 임차인(세입자)과 투자한 아파트에 들어올 임차인이다. '살고 있는 임차인(현 임차인)'은 내가 투자할 때 필요한 집의 현재 정보를 줄 수 있는 사람이고, '들어올 임차인(새 임차인)'은 투자한 아파트에 들어와서 수익을 내주는 사람이다.

현 임차인 만나기

실거주보다 투자가 목적이라면 현재 살고 있는 임차인(현 임차인)을 되도록 만나서 현재 상황을 들어야 한다. 그래야 좀 더 투자의 정확한 기준을 세울 수 있다.

처음 방문할 때부터 화장지, 세제 등 가벼운 선물을 손에 들고 가면 효과가 좋다. 분위기가 훨씬 부드러워지고 현 임차인은 협조적인 태도를 보인다.

방문의 목적이 집의 상태를 파악해서 매도인과의 협상 때 유리한 고지를 선점하기 위함임을 명심하고 집안을 잘 둘러본다. 이때 임차인 앞에서 굳이 집의 흠을 지적하고 말할 필요는 없다. 오히려 "집을 깨끗하게 잘 꾸미고 사시네요" 등의 칭찬이 좋다.

칭찬은 과도할 정도로 한다. 해당 물건을 사고 새 임차인을 구하게 될 때 현 임차인이 청소도 잘 해놓고 보여줘야 좀 더 좋은 조건으로 계약할 수 있다. 그래서 현 임차인은 지금뿐만 아니라 나중까지 중요한 사람이다. 기분 좋게 해주면 미처 생각하지 못한 부분에 대해서도 이야기해준다. 칭찬은 임차인도 춤추게 한다!

만일 아이가 있거나 아이 사진을 봤다면 "아이가 정말 예쁘네요" 등의 말로 분위기를 좋게 이끌 수 있다. 우리 부부는 보통 아이와 함께 임장을 가는데 아이 이야기를 통해 서로 공감대를 형성하는 경우가 많았다.

현 임차인과 친해지면 슬쩍 매도인(현 주인)과의 관계, 성격, 특성 등을 물어볼 수 있고 혹시 모를 집의 이력(수리 여부, 누수 공사, 살 때 불편한 점 등)을 알 수 있다. 차후 매도인과의 협상에 좋은 카드가 된다.

사진은 양해를 구하고 꼼꼼하게 찍어둔다. 돌아가서 인테리어 계획을 세우고 매도인과의 협상전략을 세우기 위해서 필수인 자료다. 단, 현 임차인의 개인적인 일상이 들어있는 사진 액자 등 민감한 부분은 찍지 않는다. 사진을 찍으라고 허락했어도 들이대면서 찍지 않는다. 중간 중간 이야기를 나누고 칭찬하면서 자연스럽게 찍는다.

새 임차인을 선한 임차인으로

투자한 아파트에 들어올 새 임차인이 정말 중요하다. 이상한 임차인이 들어오면 계약기간 동안 정말 피가 마른다. 하지만 현실적으로 나와 맞는 임차인, 내가 원하는 임차인을 알 수 있는 방법이 거의 없다. 새 임차인과 좋은 관계를 맺으면서 '선한 임차인'으로 만들 수밖에 없다.

'선한 임차인'이란? 임대기간 동안 현 상태 수준을 잘 유지해주면서 클레임(claim) 하나 없이 살다가 재계약을 해주거나 이사 가는 임차인을 말한다. 그래서 보통 신혼부부를 선호하는 경향이 있다. 첫 보금자리이다 보니 집을 깨끗하게 쓰고 집주인의 뜻에 잘 따라주기 때문이다.

보통 이사를 하면 이사 당일에 기존 살던 집에서 잔금을 받아 들어갈 집의 주인에게 준다. 그런데 리모델링을 할 필요가 있다면? 현 임차인을 내보내고 새 임차인이 들어오기 전까지 리모델링을 해야 하는데 입주하는 날에 잔금을 처리할 경우 리모델링 기간 때문에 서로 일정이 어긋날 수 있다. 리모델링 기간 동안 자금을 융통해야 하는 상황이 발생한다. 신혼부부는 이러한 제약에서 벗어날 수 있다.

물론 신혼부부라고 꼭 좋은 것은 아니다. 간혹 자기 비용으로 리모델링을 하겠다는 신혼부부가 있다. 집주인 입장에서는 내 돈 들이지 않고 리모델링을 하니 좋다고 생각해서 승낙했는데 2년 뒤에 인테리어 소품(전등 등)을 다 가져가겠다고 하는 바람에 실랑이를

5장 돈 되는 아파트 투자 3단계 _ 협상의 고수가 되자

벌인 사례도 봤다. 이런 상황에 대비해 미리 논의하고 계약서에 명시한다.

신혼부부가 아니라도 계약을 진행하면서 나오는 본성을 확인하는 것도 하나의 방법이다. 지나치게 트집을 잡는다거나 터무니없는 조건을 요구하면 차라리 계약하지 않는다.

물론 계약을 한 이후에도 불편하게 만드는 임차인이 있다. 전세 최고가로 1년 재계약을 한 임차인이 있었는데 매매가 대비 전세가 비율이 높아지자 고작 몇 백만 원, 몇 천만 원으로 집 사면서 내 전세금을 활용했느냐며 화를 내는 것이 아닌가? 이런 경우에는 논리적으로 대응하는 것이 좋다.

"집 사면 내는 취득세, 재산세 등 각종 세금은 제가 내고 있습니다. 전세금이야 나중에 다시 돌려받는데 무슨 말씀을 그렇게 하시나요? 그리고 제가 1년을 더 살라고 애원한 것은 아니지 않습니까? 임차인 분이 1년 뒤에 이사를 가기 위해서, 저는 최소 투자를 원해서 그렇게 서로의 필요가 맞아서 계약한 것 아닙니까?

임차인 분의 돈이 중요하면 제 돈도 중요합니다. 취득세, 중개보수 포함한 몇 백만 원에 앞으로 낼 재산세, 종부세에다 양도세까지 들어가는데 임차인 분이 내는 것은 아니지 않습니까? 정 그렇다면 계약 해제하고 당장 나가세요!"

임차인이지만 나이가 많다며 틈만 나면 억지를 부리기에 잘됐다 싶어서 조목조목 반박해줬다. 나갈 때까지 끊임없이 과도한 요구를 하는 바람에 정말 힘든 임차인이었다.

임차인과는 좋은 관계를 유지하려고 노력하지만 먼저 도발하면 어쩔 수 없이 대응한다. 가는 말이 고와야 오는 말이 곱다는 사실을 다시 한 번 상기시켜준 임차인이다.

선한 임차인을 들이는 것은 쉽지 않지만 선한 임차인으로 관계를 맺는 것은 노력 여하에 따라 가능하다. 정성과 노력을 들여 좋은 관계를 만들되 일정한 거리를 둔다(너무 가깝게 지내면 시시콜콜 요구하는 것이 많아지는데 딱 자르기가 힘들어서 애를 먹는다).

새 임차인을 처음으로 만나면 계약 관련 특약 등을 상세히 설명해주고 따르도록 반드시 요구해야 한다. 특히 결로현상에 대비해 자주 환기를 하도록 하고 "가구는 벽에서 일정 거리를 떼고 배치하라"처럼 상세하게 말해줘야 나중에 서로에게 좋다.

재계약 때 원하는 가격으로 유도하기

보통 계약 만료 2~3개월 전이 되면 마음의 준비를 해야 한다. 현 임차인의 만기에 맞춰 이후 이 집을 어떻게 운용할 것인가에 대해서다. 보통 다음과 같은 상황이 예상된다.

① 실거주자 또는 투자자에게 판다(매수 후 최소 1년 이상 되었을 때).
② 현 임차인과 시세에 맞춰 재계약한다.
③ 임차인을 시세에 맞춰 새로 받는다.

④ 임차 조건을 바꾼다(전세 → 반전세 또는 월세, 월세 →

반전세 또는 전세).

반드시 2~3개월 전에 현 임차인의 상황과 의중을 확인한 다음에 앞의 4가지 상황 중 하나 혹은 두세 가지를 예상하고 대책을 세워야 한다. 바쁘다는 핑계로 또는 깜빡해서 만료가 임박했을 때 물어보면 준비할 시간이 많이 부족하다. 심지어 임대인뿐만 아니라 임차인도 계약 만료 때까지 아무 말도 하지 않아 결국 묵시적 갱신의 상태까지 가면 상황이 더 복잡해진다. 전세 계약의 경우 전세 임차인은 2년 동안 법적으로 보호를 받는다. 2년 후에 계약을 해제하려면 임대인은 만료 6개월 전부터 1개월 전까지 연락(갱신 거절 통지)해야 한다. 만일 그런 연락이 없으면 임대 계약은 동일한 조건으로 갱신되었다고 하는 것을 '묵시적 갱신'이라고 한다. 묵시적 갱신이 된 경우라면 임차인은 언제든지 계약 해제를 통지할 수 있고 통지 이후 3개월이 지나면 바로 효력이 발생한다.

팔 생각이 없다면 대체적으로 ②가 서로 원하는 방향이다. 원하는 가격으로 현 임차인과 재계약을 한다면 임대인은 추가적으로 들어갈 인테리어 비용과 (상황에 따라 낼 수 있는) 전세 중개보수를 절약할 수 있다. 임차인도 이사비와 이사에 따른 수고, 전세 중개보수를 낼 필요가 없어서 서로 윈윈이 된다.

이때부터 가격 협상이 중요하다. 임차인은 현 시세보다는 좀 더 저렴하기를, 임대인은 재투자를 하거나 예비 자금으로 남겨놓을 생각에 오른 시세로 받기를 원한다. 재계약 관련한 이야기는 문자로 하는 것이 좋다.

문자는 생각할 시간을 준다는 장점이 있다. 분명히 입장 차이가 있는데 굳이 전화로 입 아프게 떠들 필요가 없고 당장 결정할 수 있는 문제가 아니기에 충분하게 시간을 줄 수 있다. 당일에 연락을 주는 임차인이 있는가 하면, 3일 뒤에 주는 임차인도 있다.

가격에 대해서는 호가의 범위를 잘 활용한다. 새 임차인을 받아들일 때의 금액은 현 호가의 최고치로 하고, 재계약 시 금액은 호가의 평균치로 제시하는 것이다. 재계약이 좀 더 싸다는 뉘앙스를 주기 위해서다. 보통 특별한 상황이 없는 한 재계약 비중이 높다. 어차피 임차인도 재계약이나 이사를 염두하고 시세를 알아보기 때문에 시세를 벗어난 과도한 금액을 제시했다가는 오히려 재계약에 악영향을 미친다.

임차인의 현재 상황을 알면 재계약 유도에 유리하다. 가령 임차인이 분양을 받은 아파트에 들어간다는 사실을 알게 됐다면 굳이 재계약에 신경 쓸 필요가 없다. 새 임차인을 구하는데 주력할 수 있어서 감정 소모나 에너지 낭비를 할 일이 없어진다. 이렇듯 임차인의 상황을 사전에 알고 있는 것이 재계약에 중요하다.

내게 맞는 대출 방법

대출을 잘 받기 위해서는 요령과 손품, 발품이 필요하다. 주거래 은행의 대출 조건과 이자가 제일 유리할까? 결코 그렇지 않다. 지점에 따라 조건이 다르기도 하며 주거래 은행의 장점은 이미 각종 상품과 카드 등에 가입되어 있어 대출 금리 우대 상품에 추가로 가입할 필요가 없다는 것뿐이다.

우리 부부가 투자를 하면서 접하게 되는 대출의 경로는 공인중개사의 소개, 주거래 은행, 대출 금리 비교 사이트, 광고 전단지 등이 있다.

투자를 하다 보면 대출이 필요한 상황이 많다. 월세로 돌리기 위해 대출받는 경우, 전세 투자를 하는 데 전세 갈이(현 임차인을 내보내고 새 임차인과 계약하는 일) 기간이 맞지 않아서 짧은 기간 동안 필요해 대출받는 경우, 임대 전환 매물의 국민 기금 대출을 승계받는 경우 등이 있다. 이 중에서 전세 갈이를 위한 초단기 대출에 대해 알아보자.

투자자 A는 갭 투자(매매가와 전세가 간의 차이가 크지 않은 아파트를 전세 끼고 사서 시세 차익을 기대하는 투자)로 서울의 24평형 아파트를 3억 원에 샀다. 잔금일과 새 임차인 입주일을 넉넉하게 3개월 뒤 같은 날짜로 정하고 하루하루 임차인이 구해지길 기대하고 있었다.

하지만 실제 계약이 된 임차인은 매도일로부터 보름 이후에 입주가 가능했다. 매수 잔금을 대신 처리할 초단기 대출이 필요해진 것이다. A의 경우 1~2개월 사용하는 단기 대출은 금리보다 중도 상환 수수료가 저렴한 금융사를 선택해야 유리하다. 제1금융권보다 제2금융권에 중도 상환 수수료 면제 같은 금융상품이 있다는 것을 알았다. 제1금융권은 집 근처의 은행으로 가면 되는데 제2금융권은 어디서부터 어떻게 찾아봐야 할지 막막했다. 문득 거주하고 있는 아파트 현관 게시판의 대출 광고 전단지를 보게 됐다. 전단지에는 대출상품의 조건과 나대상이라는 대출 상담사의 이름과 연락처, 여신금융협회 번호가 적혀 있었다.

'혹시 대출 사기가 아닐까?'라고 의심하는 A에게 나대상은 여신금융협회 홈페이지에서 전단지에 있는 번호를 조회하면 어디 소속인지 확인이 가능하다는 안내를 받았다. 확인 결과, ○○금융의 정식 대출 상담사였다.

A는 본인의 현재 상황을 얘기하고 보름 정도 사용할 수 있으면서 중도 상환 수수료가 최대한 저렴한 상품을 요청했다. 나대상 상담

사는 소속된 금융기관에는 제1금융권의 은행보다 저렴한 중도 상환 수수료 상품은 없으니 다른 제2금융사를 찾아본 후에 연락을 주겠다고 했다. 대출 상담을 처음 받아본 A는 자신의 조건에 맞는 대출상품을 찾아주려는 나대상에게 신뢰감을 느꼈다. 결과적으로 나대상이 알아봐준 금융사에서 좋은 조건의 대출을 진행하게 됐다. 그 후부터 각종 뉴스, 신문 기사에 언급되는 금융 관련 이슈들 관련해서 궁금한 점이 있을 때마다 나대상에게 문의하면서 친분을 쌓았다. 이렇게 믿음과 친분이 쌓아지자 A는 투자를 하며 알게 된 지인들을 나대상에게 소개해줬다. 나대상도 A에게 좀 더 조건이 좋은 대출상품을 연결해줬다.

대출도 사람과 사람이 만나 이뤄지는 것이다. 현업에 종사하는 대출 상담사는 부동산 투자에 있어 빼놓을 수 없는 사람 중 한 명이다. 물론 그렇다고 해도 비교 분석은 필수다. 최적의 조건을 찾기 위한 노력(예를 들어 금리 비교 사이트 검색 등)을 해야 좀 더 좋은 결과를 얻을 수 있기 때문이다.

이처럼 초단기 대출은 1주일에서 2개월 정도의 기간 동안 대출을 받아 필요한 곳에 쓰고 바로 갚는 것이다. 이때 저금리, 중도 상환 수수료 지급 또는 상대적 고금리, 중도 상환 수수료 면제 또는 금리 0.1~0.5% 정도 등의 조건을 잘 비교해서 활용한다.

최근 들어 유난히 매입과 동시에 전세 임차인이 구해지지 않아서 짧은 기간 동안 필요한 자금을 초단기 대출로 쓰는 경우가 많아졌다. 대출 조건을 비교해봤더니 고금리지만 중도 상환 수수료가 면

5장 돈 되는 아파트 투자 3단계 _ 협상의 고수가 되자

제인 상품이 약 2개월까지는 유리하다. 그 이상의 기간이라도 되도록 중도 상환 수수료가 적은 상품이 낫다.

경매나 공매로 낙찰을 받았는데 중도 상환 수수료가 최소 3개월 후 면제가 되는 대출상품을 이용했다면 임차인을 빨리 들일 경우 오히려 손해가 될 수 있다. 기한을 지켜 중도 상환 수수료를 면제받고 대출 이자를 내는 것이 낫다. 중도 상환 수수료 면제시점인 날짜에 잔금을 받는 것이 좋은 방법이다.

대출금을 최대한 많이 받기 위해서는 방 공제 없이 대출이 가능한 MCI 하나 정도 여유를 두는 것이 좋다. 채 수 관리를 위해 필요한 하나의 안전장치라고 보면 된다.

초단기 대출처럼 계획했던 대로 되지 않아 추가적인 자금이 필요할 때 해결하는 또 다른 방법은 다음과 같다.

첫 번째, 내 자금 활용이다. 갖고 있는 돈으로 잔금을 해결하면 되는 것이다. 제일 손쉽고 좋은 방법이다. 이렇게 하는 투자자가 있는데 그렇지 않은 대부분의 투자자가 봤을 때는 항상 부러운 존재다.

두 번째, 일명 '밀어 넣기'다. 부득이한 경우 공인중개사에게 단기간으로 빌리는 것이다(직접 거래해준 매물 한정). 실제로 공인중개사의 자금 사정에 따라 가능하다. 투자하면서 종종 이런 상황에 직면한다. 매입과 동시에 (전세) 새 임차인이 들어오면 돈이 남는데 구하지 못했다. 다행히 현 임차인이 새 임차인을 구할 때까지 계속 살기로 했다. 매입금액 중 부족한 부분을 공인중개사가 빌려줬다. 이런 관계를 위해서는 서로 간의 신뢰가 가장 중요하다. 신뢰가 부족하고 관계 설정이 깊지 않으면 거의 가능하지 않은 방법이다. 그러한 일을 경험하면서 너무 타이트하게 자금을 관리한 것에 대해 반성했다. 항상 느끼지만 돌발 변수는 있기 때문에 그에 따른 대처방안을 염두하고 있어야 한다.

세 번째, 임차인에게 미리 잔금을 받는다. 보통 임차인이 신혼부부이거나 자금 사정이 좋을 때 가능하다. 전세 자금 대출을 미리 당겨 받을 수 있지만 잔금 등기를 하지 않은 시점에서는 매도인의 협조 등이 필요해 복잡하다.

투자하다 보면, 공실인 상황에서 매수하는 경우가 있다. 매도인이 거주하다가 미리 나가거나 임차인을 매도인이 내보내고 계약하는 경우다. 이때 매도인에게 양해를 구해서 리모델링을 진행한 다음에 임차인이 들어올 때까지 잔금을 미룬다. 그렇게 해서 새 임차인을 받으면 추가로 자금이 거의 들어가지 않는다. 단, 리모델링을 시작하면 관례상 관리비는 매수인이 부담한다.

5장 돈 되는 아파트 투자 3단계 _ 협상의 고수가 되자

인테리어는 임차인 관점에서

인테리어는 임차인 관점으로 무난하게 진행한다. 독특한 색상의 벽지나 난해한 무늬의 장판, 타일 등은 임차인이 꺼리는 1순위다.

인테리어를 해주는 사람들과의 관계가 정말 중요하다(편의상 '인테리어 사장님'이라고 하겠다). 우리 부부는 공인중개사의 추천을 받거나 기존에 거래했던 인테리어업체에서 견적을 받아 비교해서 결정한다.

작업과정별로 따로 공사하는 것보다 마음이 맞는 인테리어 사장님을 섭외해서 진행을 맡기는 것이 좋다. 우리 부부는 여건상 일일이 작업을 볼 수 없어서 공사를 전적으로 맡겼는데 돌이켜보니 그 방법이 나은 것 같다. 문제가 생기면 인테리어 사장님과 잘 협의하면서 해결하면 된다.

투자에 탄력이 붙은 2013년 말에 경기도의 한 단지에서 3채를 매입했다. 첫 아파트는 직접 가서 내부를 본 다음에 계약했는데 나머지 2채는 간 크게 사진만 보고 매입했다. 임차인이 도배를 하기로 해서 굳이 신경을 쓰지 않은 이유도 있다.

2014년 중반, 임차인이 갑자기 이사를 가게 되어 다시 임차인을 구해야 했다. 전세가 잘 나가는 지역인데도 우리 부부가 투자한 집만 나가지 않는 것 같았다. 느낌이 이상해서 공인중개사에게 사진을 찍어서 보내달라고 했다. 사진을 받아 봤는데 진한 파란색(진청색) 벽지로 집 전체가 도배되어 있는 것이 아닌가! 오 마이 갓! 공포가 느껴질 정도였다. 그제야 집을 보러 온 사람마다 기겁을 하고 간 이유를 알게 되었다. 알고 보니 전 임차인이 다문화가정이었는데 아내가 자기 취향대로 벽지를 선택했던 것이다. 결국 벽지를 새로 해주기로 하고 새 임차인을 구했다. 기본적인 부분을 간과한 뼈아픈 실수였다. 인테리어는 임차인의 시각을 존중하는 것은 맞지만 초창기 우리 부부처럼 전적으로 맡기면 안 된다.

그렇다면 임차인들이 원하는 인테리어는 무엇일까? 어떻게 인테리어를 해야 계약하겠다고 할까? 바로, '평균적인 것이 보편적'이라는 사실을 따라야 한다.

내 눈에도 예쁘고 남들 눈에도 예쁜 평균적인 것이 무난하게 거주 결정을 하게 만든다. 임대 목적의 인테리어라면 비싼 돈 들여서 고급스럽게 하기에는 무리가 따른다. 최소 비용으로 최대 효과를 뽑아낼 수 있어야 한다.

다음 사진은 부동산 시장에 찬바람이 불고 단지 내에 전세 매물

5장 돈 되는 아파트 투자 3단계 _ 협상의 고수가 되자

이 많이 나와서 거래가 주춤하던 시기에 가장 먼저 임차인을 만난 집의 내부이다. 역시 무난한 듯 깔끔한 인테리어가 효과적이다.

임차인이 선호하는 인테리어는 깔끔해야 한다. 다소 어둡고 어딘지 어수선하게 보이는 인테리어는 그 누가 봐도 바로 고개가 돌려진다. 반면 현관문을 열고 들어서는 순간부터 한눈에 밝고 깨끗함이 느껴진다면 이미 집을 보러온 임차인의 마음을 사로잡기에 충분하다.

법무사와 등기 진행하기

먼 지역에 투자할 때, 가까운 지역이라도 셀프 등기를 하지 못할 때, 우리 부부는 법무사에게 의뢰한다. 엄밀히 말하면 법무사가 아니라 법무사 사무소의 사무장이나 실장을 상대한다.

법무사는 대부분 공인중개사의 소개로 만난다. 공인중개사가 잘해준다고 추천하면 대부분 문제가 발생하지 않는다. 그래도 법무통 같은 앱을 이용해 견적을 받으면 비교할 수 있다. 법무통을 사용할 때 견적서에는 국민주택채권 가격이 나오지 않으므로 추가적으로 확인한다. 채권 가격은 주택도시기금 홈페이지에서 날짜별로 확인할 수 있다.

그렇게 견적서를 받아서 적정한 가격을 파악했는데 만일 공인중개사가 소개해준 법무사의 견적이 좀 많이 나온 것 같으면 공인중개사에게 조정을 부탁한다. 소개해준 법무사 측과 하고 싶은데 가격을 이 정도로 조정해주시면 좋겠다고 말한다. 최근에도 우리 부부는 이렇게 등기를 했다.

우리 부부는 괜찮은 법무사와 한번 거래하면 다음 매물도 가능한 지역인지 물어보고 부탁한다. 적정한 가격이면 꾸준히 관계를 유지하는 것이 좋다. 여러 채를 진행할 때 좀 더 저렴하게 의뢰할 수 있기 때문이다.

투자 초반에 지방에서 아파트 3채를 매입할 때 낸 법무비가 나중에 꽤 높았음을 알게 되었다. 법무사에게 연락해서 1채당 5만 원씩 돌려받았다.

투자 물건의 수를 효율적으로 늘리기

지금까지 부동산 투자의 큰 틀을 알아봤다. 이번 장에서는 아파트의 수를 늘리는 방법을 단계별로 알려주는 동시에 효과적인 매물 관리 방법에 대해 설명하고자 한다.

투자한 물건이 늘어날수록 세금과 관리에 신경을 써야 한다. 그래야 투자가 안정적으로 지속될 수 있기 때문이다.

월급 통장과 수익 통장은 분리한다

지금까지 투자를 하면서 첫 번째 원칙으로 삼은 것이 바로 '통장 분리'다. 즉, 월급 통장과 임대 수익 통장을 분리하는 것이다.

투자 초반에는 전세와 월세를 적절히 섞어서 투자하려고 했다. 투자금 자체가 많지 않아 각종 대출을 활용했다. 그래서 대출 이자를 처음부터 준비하지 않으면 생활하는 데 어려울 것이라고 생각되어 대출 이자는 월세로 충당이 되도록 설계했다. 예를 들어, 각종 대출 이자가 한 달에 100만 원이라면 월세는 150만 원~200만 원을 받아 월세에서 이자를 빼고 수익이 나도록 만드는 것이다. 이렇게 하면 월급은 그대로 유지하면서 여유자금을 만들어 재투자가 가능했다. 이와 같은 분리원칙을 지키지 않으면 투자 시스템이 무너지고 일상생활 자체가 힘들어질 가능성이 높다.

투자를 막 시작하던 지인이 있었다. 갭 투자를 통해 채 수를 공격적으로 늘렸는데 통장을 제대로 분리해놓지 않았다. 대출금을 바탕으로 투자를 하다 보니 대출 이자는 점점 늘어났다. 그런데 이에 대한 계획을 제대로 세우지 않아 월급으로 해결할 수밖에 없었다. 나중에 매도해서 수익을 얻자며 버텼는데 점점 생활에 여유가 없어지고 부부 싸움을 여러 차례 하게 되었다. 설상가상으로 계약이 만료되기 전에 일부 세입자가 나갔는데 공실이 지속되다 보니 결국 몇 채를 손해 보면서 팔게 되었다. 큰 손실을 본 것이다.

이와 같은 상황에 빠지지 않기 위해서는 최소한의 안전장치인 통장 분리를 반드시 해야 한다.

6장 투자 물건의 수를 효율적으로 늘리기

월세와 전세 투자를 병행한다

우리 부부는 월세 투자를 목표로 투자를 시작했다. 그런데 채 수를 늘리다 보니 월세 투자만 할 수 없다는 사실을 알았다. 순수 보증금을 제외한 나머지 투자금 확보가 쉽지 않았기 때문이다. 대출도 한계가 있어서 전세 투자도 병행하기로 했다.

사실 '월세 투자를 하느냐?', '전세 투자를 하느냐?'는 추구하는 목표에 따라 다르다. 월세 투자는 지속적인 현금 흐름을 만들 수 있지만 초기 투자금이 많이 들고 대출이 거의 필수다. 전세 투자는 전세가율이 높을수록 상대적으로 투자금이 적게 들어가고 향후 시세차익을 기대할 수 있다. 그러나 물량이 많은 지역에서는 역전세가 발생할 위험이 있다. 여유자금 확보가 필수다. 부동산 상승기에는 월세 투자보다 전세 투자가 수익이 높다. 그러나 현금 흐름이 중요하다면 월세 투자도 좋은 방법이다.

투자의 방향은 각자의 취향이나 환경에 의해 결정하겠지만 그래도 월세 투자만 하거나 전세 투자만 하는 것보다는 월세 투자와 전세 투자를 병행하는 것이 좋다. 꾸준한 현금 흐름과 시세 차익을 동시에 기대하면서 위험을 줄일 수 있기 때문이다.

투자 초반에는 물건마다 전세 또는 월세로 지정하지만 시간이 지나면서 전세가 월세로, 월세가 전세로 바뀌는 경우가 허다하다. 우리 부부의 경우 월세로 시작한 물건이 있었는데 재계약 시점에서 다른 아파트를 사기 위한 돈이 필요해져 월세를 전세로 돌리고 재투자를 한 적도 있었다. 이와는 반대로 전세로 시작한 물건이었는데 갑자기 전세 절벽(전세를 찾는 세입자가 자취를 갖춘 상황)이 되는 바람에 결국 월세로 바꾸면서 투자금이 갑자기 배로 들어간 적도 있었다. 만일 한 방식으로만 투자했다면 이러한 상황 대처가 힘들었을 것이다.

나만의 투자 노트를 만들어라

투자에서 빠지지 않는 활동이 바로 '기록'이다. 기록은 기억의 망각을 줄여주는 좋은 방법이다. 수많은 물건에 대한 내용, 계약 조건, 관리 내용 등을 기록해놓지 않으면 오래 지나지 않아 뒤죽박죽이 될 것이다. 그래서 기록은 꼭 해야 한다.

기록이라고 해서 꼭 필기일 필요는 없다. 사진, 녹취 등 나중에 확인할 수 있으면 다 괜찮다.

아내는 5년간의 투자 노트가 총 2권인데 앞에는 공부할 것들(칼럼, 부동산 상식, 강의 후기, 법령, 세금 등)을 적었고 중간 이후부터는 투자 활동을 날짜별로 적고 있다. 사진으로 정리한 매물 목록표는 컴퓨터에 파일로 저장해서 수시로 업데이트하고 프린트를 해서 투자 노트에 붙여서 보고 있다. 각종 임장 사진, 인테리어 전후 사진, 매매 및 전·월세 계약서, 영수증 등은 카테고리별로 에버노트에 저장해서 활용한다.

요즘은 경매 고수인 호빵 님의 《INVESTMENT DIARY: 투자 다이어리》를 활용해서 기록하고 있다. 제목은 '다이어리'지만 엄밀히 말해 투자 기록 및 임장 노트이다. 흔히 접하는 다이어리처럼 월간, 주간, 일간 캘린더로 구성되어 있고 사전 조사, 임장 조사, 부동산 계약, 자산 관리 등과 관련해서 적을 수 있는 부분과 부록으로 분양 일정, 전·월세 수익률 분석표까지 있어 요긴하게 사용하고 있다.

채 수 늘리기 전략

우리 부부는 갭 투자와 레버리지 투자를 적절하게 섞으면서 채 수 늘리기 전략을 펼쳤다. 채 수 늘리기 전략은 채 수를 순차적으로 늘린 다음에 늘어난 채 수에서 전세금 증액분, 대출 증액분 등의 비용을 회수하여 다시 투자에 활용하는 것을 말한다. 이러한 전략은 투자 매물 모듈화 개념을 통해 구체화했다.

'투자 매물 모듈화'는 블럭을 자유롭게 붙였다 뗐다 할 수 있는 레

고처럼 늘어난 각 물건들을 상황에 맞게 매도, 전·월세로 들이기, 전·월세 전환하기, 증액분 활용하기 등으로 유연하게 대처하는 것을 말한다. 늘어난 물건을 잘 활용하면 상황에 대처하는 경우의 수가 많아지는 장점이 있다. 물론 숫자가 많아져서 관리에 시간이 많이 들어간다는 단점이 있다.

물건을 많이 늘릴수록 단순히 매도에만 집중하기는 힘들다. 단기 수익을 올리기 위한 사고팔기는 채 수 늘리기 전략에 악영향을 미친다. 보통 반기에 '2채 매입, 1채 매도' 정도로 진행해야 매매 사업자로 간주되지 않는다. 중장기 투자로 보면서 가는 게 좋다.

채 수 늘리기 전략을 위해서는 월세와 전세를 적절하게 섞어 현금 흐름과 대출 이자의 위험성을 벗어나는 것이 중요하다. '1채 월세+2채 전세' 전략으로 가는 것도 좋은 방법이다(그렇다고 소액 갭 투자를 강조하는 것은 아니다). 다음 표는 1억 원으로 3채 만드는 방법의 예시다(세금, 부대 비용 제외).

1호 월세 투자(지방 24평형)	2호 전세 투자(서울 24평형)	3호 전세 투자(지방 24평형)
• 매매가: 1억 원 • 보증금: 2,000만 원 • 월세: 30만 원 • 대출: 5,000만 원 • 투자금: 3,000만 원	• 매매가: 3억 원 • 보증금: 2억 5,000만 원 • 투자금: 5,000만 원	• 매매가: 1억 원 • 보증금: 8,000만 원 • 투자금: 2,000만 원

이처럼 3채씩 묶어서 관리 및 투자를 해보는 것도 좋다. 소액 갭 투자의 경우 1억 원으로 5채 이상에 투자할 수 있으나 무리하지 않는 것이 오래 투자하는 길이다.

처음 3채를 투자하고 나서 다시 채 수를 늘리는 방법은 다음과 같

6장 투자 물건의 수를 효율적으로 늘리기

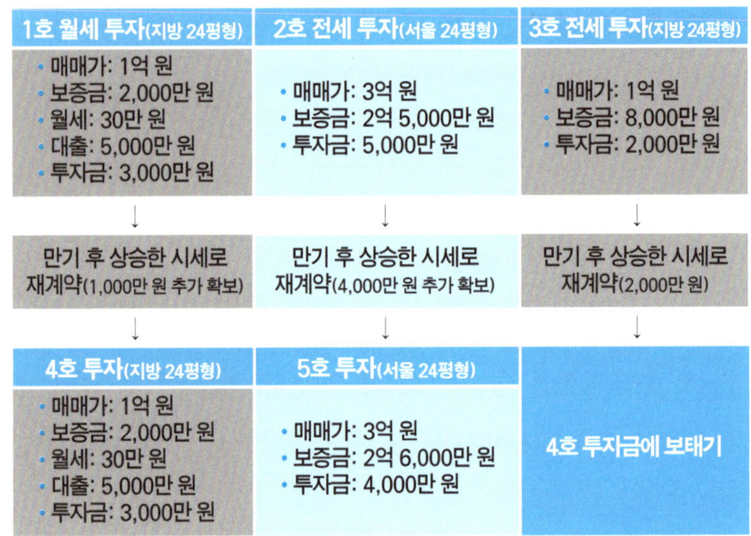

다. 이와 같은 방법으로 차근차근 채 수를 늘려가면 된다. 물론 늘려가는 동시에 내실 다지기도 같이 해야 한다. 우리 부부는 10채 이상에 투자했던 시점부터 전세와 대출 증액분, (매도 후에 얻는) 시세 차익분으로 재투자를 할 수 있었다. 아파트가 아파트를 사는 시스템이 가능해진 것이다. 독자 여러분도 우리 부부의 방법을 참고삼아 투자금과 여건에 맞춰 도전해보길 바란다.

갭 투자는 급매물 위주로 한다

갭(Gap) 투자는 매매가의 60~90% 정도의 전세가율을 바탕으로 매매가와 전세가 간의 차이를 활용하여 투자금액을 최소화하는 방식이다(전세 낀 아파트 투자는 보통 매매가의 60~70%인 경우가 많다). 예전의 갭 투자는 주택의 가격 상승을 전제로 됐다면, 지금의 갭 투자 방식은 전세가 상승을 전제로 한다.

집값에서 전세금을 뺀 나머지 금액만 투자하는 것인데 간혹 매매가와 전세가가 같아져서 내 돈 한 푼 들이지 않고 아파트를 산 것이 되거나(무피 투자) 전세가가 매매가보다 더 올라서 오히려 수익이 나는 경험을 하기도 한다(플러스 피 투자).

1억 원짜리 물건이 급매물로 8,500만 원에 나왔다. C는 좀 더 흥정해서 500만 원을 깎았다. 전세를 원하는 사람과 7,000만 원에 계약했다. 결과적으로 1,000만 원으로 산 것이 된다. 2년 뒤, 1억

구분	C(급매물 갭 투자)	D(일반 매물 갭 투자)	비고
매매가	1억 원	1억 원	동일
전세가	7,000만 원	9,000만 원	2,000만 원 차이
갭 차이(투자금)	3,000만 원	1,000만 원	2,000만 원 차이
급매가	8,500만 원	급매 아님	.
흥정 결과	8,000만 원	9,900만 원	500만 원 vs 100만 원
최종 투자금	1,000만 원	900만 원	100만 원 차이
2년 뒤 시세	1억 3,000만 원	1억 3,000만 원	.
수익	5,000만 원	3,100만 원	1,900만 원 차이

3,000만 원에 매도하면서 5,000만 원의 수익을 얻었다. 반면 D는 중개사무소에서 소개한 1억 원짜리 물건을 100만 원 깎아서 샀다. 그리고 9,000만 원에 전세를 놨다. 투자금은 900만 원이었다. 2년 뒤, 1억 3,000만 원에 매도해서 3,100만 원의 수익을 얻었다.

같은 갭 투자이고 같은 가격에 팔았는데 수익에서 큰 차이가 났다. C가 급매물을 잡았기 때문에 출발부터 수익이 높아질 조건이 됐기 때문이다. 그래서 갭 투자는 급매물 중심으로 하면 좀 더 많은 수익을 낼 수 있다. 갭을 줄이는 투자보다 되도록 싸게 사는 것이 더 좋다는 말이다.

입주 물량이 늘어나서 전세 가격이 떨어지는 역전세난이 발생하거나 매매가와 전세가가 동반 하락하는 끔찍한 상황이 발생할 수 있기 때문에 갭 투자를 할 때는 반드시 전세가 하락에 대한 리스크 관리가 필요하다.

SOS

투자가 계획대로 되면 정말 행복할 것이다. 하지만 그렇지 않은 경우가 훨씬 많다. 부동산에 투자할 때 많이 겪는 상황에 대한 해결 방안을 우리 부부의 경험을 바탕으로 소개하고자 한다.

전세가 빠지지 않는다

매입했는데 전세가 빠지지 않으면 난감하다. 정말 난감하다. 사는 동시에 전세를 들이려는 계획이었다면 더욱 힘들어진다. 여유자금마저 없다면 숨이 턱턱 막힌다. 설령 그렇다고 너무 걱정만 하지 말자. 다 방법이 있다.

첫 번째, 기존 세입자와 밀당한다. 기존 세입자가 전세 만기에 시세보다 좀 더 저렴하게 재계약을 할 의향이 있는지 물어본다. 이사

갈 집을 구하지 않았다면 다음 세입자를 구할 때까지 있도록 하는 것도 하나의 방법이다.

두 번째, 주변 중개사무소에 뿌린다. 한 곳의 중개사무소에 맡길 때 이점이 있지만 현실이 그리 만만치 않아서 잘 안 되는 경우가 있다. 두세 곳의 중개사무소에 맡겨도 마찬가지다. 역세권에 있는 중개사무소나 전세가가 더 높은 주변 지역의 중개사무소에도 내놓는다. 특정 지역만 보러 다니는 사람도 있지만 대부분 편한 교통을 생각해 역이나 버스 정류장 주변의 중개사무소를 찾는다. 또한 받고자 하는 금액보다 비싼 지역에 내놓으면 상대적으로 싸게 느껴져서 계약이 빨리 되기도 한다. 우리 부부도 단지 내에서는 최고가였지만 옆 동네보다 싼 점을 이용했더니 일주일 만에 임차인을 구했다.

세 번째, 중개보수 더블 외치기다. 말이 필요 없다. 계약이 위태롭다면 중개보수 더블도 감수해야 한다. 더블이면 공인중개사는 다른 매물보다 더 신경을 쓴다. 주변 중개사무소에 뿌리면서 중개보수 더블까지 외치면 확실한 방법이 될 것이다.

네 번째, 전통적인 단기 대출 및 리모델링이다. 단기 대출 관련해서는 5장을 참조한다. 현재 집 상태로 세입자 구하기가 힘들다는 판단이 들면 기존 세입자를 내보내고 과감하게 리모델링부터 한다. 동시에 동일 조건으로 리모델링을 한 다른 매물의 사진으로 공인중개사에게 광고를 부탁한다. 조금이라도 빨리 세입자를 구하기 위한 것이다.

가끔 기존 세입자가 내부를 보여주지 않아서 애를 먹기도 한다.

사람들은 전세든, 매매든 계약하기 전에 집을 보고 싶어 한다. 그런데 문 앞까지 공인중개사와 보려는 새로운 세입자가 왔지만 집을 보여주지 않는 기존 세입자가 있다. 전 주인(내게 판 매도인)과 사이가 좋지 않아서 화풀이로 그러거나 사는 모습을 보여주기 싫어서다. 물론 직장 때문에 저녁에만 가능하다고 하는 세입자도 있다. 전자의 경우 선물 등을 주면서 부드럽게 설득한다. 밤에만 가능한 세입자라면 믿음직한 공인중개사 한 명을 소개해줘서 그에게만 보여주기로 약속한다. 가능하면 도어락 비밀번호를 확인해서 밤에 없을 때도 볼 수 있도록 부탁한다.

공실을 피하라

그동안 수십 채를 사고팔면서 세입자가 빨리 구해지는 물건을 보면 그 물건만의 경쟁력이 있다고 본다. 그런 경쟁력을 갖춘 물건이 되도록 하면 당연히 공실을 피할 수 있다.

내가 세입자라면 이 시기에 어떤 조건을 원하는지 고민부터 해야 한다. 가령 학군 위주의 시장이라면 보통 학기 전 방학 때 수요가 많다. 인테리어와 가격도 중요하지만 시기를 맞춰 임대하는 것이 중요하기 때문에 전세 낀 매물이나 기존 임차인과의 시기 조정 등의 협상을 통해 유리한 시기를 택하는 것이 좋다.

경쟁력의 우선순위는 향, 전망 등 여러 가지가 있을 수 있겠지만 뭐니 뭐니 해도 '가격'이다. 시세보다 더 받고 싶은 것이 모든 투자자의 마음이다. 하지만 기회비용을 고려해보고 아니다 싶으면 과감하게 가격을 낮춘다. 낮춘 가격이 경쟁력이 되는 것이다.

집 상태가 좋지 않다면 과감하게 리모델링을 한다. 부동산에서도 첫인상이 매우 중요하다. 예쁘게 꾸며진 집 내부는 금방이라도 살고 싶은 욕구를 불러일으킨다. 반대로 보자마자 더 이상 보기 싫은 집도 있다.

처음 분양할 때부터 20년 넘게 산 사람이 소유한 매물을 본 적이 있다. 현관문을 연 순간, 오지의 동굴을 탐험하는 줄 알았다. 수집벽까지 있어서 현관부터 거실을 가는 양쪽 복도와 집안 곳곳에 물건이 가득 쌓여 발 디딜 틈 없는 숨 막히는 집이었다. 안방의 경우에는 문을 제대로 열 수 없을 정도였다. 이후 들은 얘기로는 다른 사람이 리모델링을 한 다음, 전세가 최고로 내놓았다고 한다. 투자금을 적게 들이는 방법을 쓴 것이다. 역시 첫인상이 중요하다는 것을 다시 느꼈다.

투자하면서 가장 기뻤던 순간은 싸게 산 순간도, 팔아서 수익이 생긴 순간도 아니다. 구해지지 않았던 전·월세 세입자가 어느 순간 계획대로 맞게 구해졌을 때 그 기쁨이 가장 컸다. 그만큼 초조하게 마음고생을 하기 때문이라고 생각한다.

투자 경력이 조금씩 쌓인 지금은 세입자가 구해지지 않으면 그러려니 하지만 그래도 마음 한구석에 생기는 불편함과 초조함은 어쩔 수가 없다. 불편함과 초초함이 예전보다 좀 작게 느껴진다는 정도일 뿐이다. 매입도 중요하지만 전·월세 수요도 반드시 확인하면서 투자해야 한다.

　매입한 후의 공실이 걱정되면 처음 살 때부터 좀 더 싸게 내놓을 수 있는 매물을 고르는 것도 하나의 방법이다. 동향이나 저층 등의 매물을 싸게 사서 주변 시세보다 임대료를 낮게 내놓는 것이다. 로열층에만 사람들이 사는 것은 아니다. 다들 자기가 처한 상황과 원하는 스타일이 다르기 때문에 수요는 분명히 있다. 투자 초보일수록 예쁘고 좋은 매물만 찾는데 겉보기에는 허름해도 리모델링을 해서 내놓는 방법을 잊지 말자.

　우리 부부는 2015년 여름, 서울 강서에 있는 아파트를 중심으로 임장을 다닌 적이 있었다. 이미 많이 오른 상태에서 저층이나 탑층, 전세 긴 아파트 등 좋지 않은 조건의 매물(일명 '못난이 물건')만 남아 있었다. 고민하다가 포기했는데 1년 뒤에 그런 매물마저 1억 원 이상 올랐다. 시장의 분위기상 시기와 수요가 맞는 상황이었는데 2015년 우리 부부에게는 그것을 판단하는 능력이 없었다.

　임대사업을 할 때에는 내가 가진 물건의 경쟁력은 무엇인가를 항상 생각하면서 경쟁력을 확보하는 방안을 끊임없이 고민해야 한다.

세금 ① 기본기부터 다지기

세금은 우리에게 과연 어떤 존재일까? 하다못해 어릴 때 사먹었던 과자에도 부가가치세가 붙어 있으니 말이다. 세금은 살아가면서 누구나 다 경험하게 된다. 결코 친해지고 싶지 않은 불편한 선물이라는 말도 있다. 월급 대부분을 세금으로 가져가지만 그만큼 복지혜택으로 돌아오는 북유럽 국가들과 비교해보면 우리나라에서는 아직까지 내 자산을 갉아먹는 세균으로 인식하기도 한다.

그래서 세금 환급처럼 반가운 선물도 없다. 직장인에게는 13월의 월급이라고 불리는 연말정산 환급이 제일 반가울 것이고 부동산 투자자라면 간혹 있는 취득세 환급 등이 해당된다(2013년도에 취득 세율 조정으로 인한 취득세 환급사례가 있었다).

투자자에게 또 다른 선물은 바로 '절세'다. 매도 시기를 잘 맞췄으면 내지 않아도 될 세금을 더 내거나 판 다음에 후회하는 경우를 자주 본다. 세금을 얼마만큼 아느냐에 따라 최종 수익률이 달라지기 때문에 세금도 반드시 공부해야 한다.

부동산은 다른 자산에 비해 세금이 많다. 매수할 때는 취득세, 보

임대소득자 과세

연간 수입금액(필요 경비를 제하기 전 금액) 2,000만 원 이하 임대소득자에 대한 과세가 2년간 유예되었다가 2019년부터 적용된다. 임대소득자에 대한 과세는 연간 수입금액이 2,000만 원 이하인 2주택자의 경우 필요 경비(임대 소득의 60%)와 기본 공제인 400만 원을 공제한 금액에 14%의 단일세율로 분리 과세하는 것을 말한다.

소형 주택(전용 60제곱미터 이하, 기준 시가 3억 원 이하 주택)의 전세 보증금에 대한 비과세도 2018년까지 연장되었다. 단, 소형 주택 기준이 전용 85제곱미터서 60제곱미터로 축소되었고 이 기준은 2017년부터 적용된다.

이제 기존 보유 매물에 대한 매도 전략을 고민해야 한다. 앞으로도 소형 주택의 절세 장점을 살린 역세권 소형 매물에 대한 수요가 좀 더 늘어날 것으로 보인다.

[보유 단계별 부과되는 국세와 지방세]

구분	국세	지방세제	
		지방세	관련 부가세
취득 시	• 인지세(계약서 작성 시) • 상속세(상속받는 경우) • 증여세(증여받는 경우)	취득세	• 농어촌특별세(국세) • 지방교육세
보유 시	• 종합부동산세 (일정 기준금액 초과 시) • 농어촌 특별세 (종합부동산세 관련 부가세)	재산세	• 지방교육세 • 지역자원시설세 • 재산세 과세특례 (재산세에 통합 과세)
처분 시	• 양도소득세	지방소득세 (소득분)	• 해당 없음

6장 투자 물건의 수를 효율적으로 늘리기

유할 때는 재산세와 종합부동산세, 그리고 종합소득세가 있다. 매도할 때는 양도세, 부가가치세, 그리고 명의를 넘길 때는 증여세와 상속세가 기다리고 있다.

투자하기 전에 반드시 세금 전문가와 상의한다

투자하면서 자주 후회하는 것이 있다. 바로 투자 초반 때부터 세금에 대해 너무 안일하게 생각한 것이다. 단순히 물건 분석을 하고 매입해서 전·월세를 놓으면 끝인 줄 알았다.

갖고 있을 때 내는 세금에 대해 신경을 제대로 쓰지 않았고 매도시기에 따라 세금 액수가 달라진다는 사실을 크게 고려하지 않았다(6월 1일 기준으로 재산세가 결정되는 사항 등). 물론 예전이나 지금이나 세금은 두려워하지 말고 시원하게 내자는 주의다. 구더기 무서워 장 못 담그지 말고 투자해서 나오는 세금에 대해서는 정정당당하게 납부하자는 의미다.

투자에서 절세는 필수다. 지금도 절세의 필요성을 절실히 느끼고 있다. 이제는 살 때 매도 시점을 우선적으로 생각하면서 현재 갖고 있는 매물과의 세금 문제를 항상 고려한다. 투자의 방향을 결정하는 중요한 지표 중 하나가 세금이다.

재야 고수로 유명한 제네시스박 님이나《투에이스의 부동산 절세의 기술》로 유명한 투에이스 님처럼 투자자이면서 동시에 세금 전문가의 강의를 통해 도움을 받거나 국세청의 국세상담센터(전화번호 126번 등), 마을 세무사 등에 문의한다.

꼭 명심하자! 투자할 계획이라면 반드시 세금 공부를 하고, 계약서에 도장을 찍기 전에는 세금 전문가와 상의를 하고 나서 진행한다. 절세라는 날개를 투자에 달 수 있을 것이다.

세금이 최종 수익률을 결정한다

투자자인 초대박은 실거주용으로 아파트 E를 2014년 10월에 샀다. 그리고 열심히 종잣돈을 모아서 2015년 9월에 투자용으로 아파트 F를 샀다. 그동안 두 채 모두 시세는 잘 올라줬고 팔았을 경우에 얻을 수익에 행복한 하루하루가 지나가고 있었다. 그런데 갑자기 F의 임차인이 11개월 만에 나간다고 하는 것이 아닌가(2016년 8월). 새 임차인을 구하려다가 공인중개사가 좋은 조건을 이야기하는 매수자가 나타났다는 말에 매도를 결정했다. 계약서에 도장까지 찍었으니 이제 세금만 남았다. 세무서에 양도소득세 신고를 하는데 수익이 반 토막이 되었다. 도대체 뭐가 잘못된 거지?

바로 세금의 무지에서 비롯된 결과였다. 일시적 2주택 비과세 혜택(처음 집을 산 지 1년 후에 두 번째 집을 샀다면 처음 집을 2년 이상 보유하고 3년 이내에 팔았을 때 양도소득세가 면제되는 혜택)을 간과한 것이다.

E를 사고 1년 후에 F를 사야 E가 비과세 혜택을 받는데 그 요건이 되지 못했다. 만일 초대박이 처음부터 세금을 알았다면 1개월이 더

지나길 기다린 다음에 F를 샀을 것이다.

또 다른 실수는 임차인이 나간다고 11개월 만에 매도한 부분이다. 1년 이상 보유하면 일반 세율이 적용되어 수익의 6~40%만 내면 되지만 1년 미만은 40%를 내야 한다. 시세 차익이 5,000만 원이라면 1년 미만의 경우 양도소득세는 2,000만 원(5,000만 원×40%), 1년 이후 때는 700만 원[5,000만 원×24% − 522만 원(기본 공제)] 정도를 낸다(지방소득세는 포함시키지 않았다). 1,300만 원 정도의 차이가 난다.

어떻게 절세를 하느냐에 따라 실제 수익금에서 차이가 크다. 매수자와 협의해서 잔금일을 좀 더 늦추는 것도 하나의 방법이 될 수 있다.

수익률 계산할 때 취득세가 중요하다

취득세는 농어촌특별세(농특세)와 지방교육세(교육세)가 합쳐진 것이다. 취득세의 기본 세율은 4%이지만 주택은 그보다 적은 세율이 적용된다. 9억 원 이하의 주택이라면 면적에 따라 다르다. 주택과 관련한 취득세는 다음과 같다.

구분		취득세	농어촌특별세	지방교육세	세율(합)
6억 원 이하	85m^2 이하	1%	비과세	0.1%	1.1%
	85m^2 초과	1%	0.2%	0.1%	1.3%
6억 원 초과 ~9억 원 이하	85m^2 이하	2%	비과세	0.2%	2.2%
	85m^2 초과	2%	0.2%	0.2%	2.4%
9억 원 초과	85m^2 이하	3%	비과세	0.3%	3.3%
	85m^2 초과	3%	0.2%	0.3%	3.5%

부동산 투자를 할 때는 반드시 수익률을 계산한다. 투자금이 적게 들수록 수익률은 커진다. 그런데 의외로 많은 투자자가 투자금을 계산하면서 세금과 중개보수 등 각종 비용을 간과한다. 처음부터 세금 등의 부대 비용을 고려하지 않으면 나중에 적지 않은 부대비용에 대해 곤란을 겪는다. 가격이 큰 물건이나 채 수가 많을수록 세금 규모도 커지므로 처음부터 세금을 빼놓지 않는다.

6억 원 초과, 9억 원 이하의 부동산을 살 때 심리적인 부담을 강하게 느낀다. 취득세가 1.1(1.3)%에서 2.2(2.4)%로 확 올라가기 때문이다. 물론 9억 원 전후에서도 2.2(2.4)%에서 3.3(3.5)%로 올라 부담감이 꽤 크다.

이미 서울 아파트의 중위가격(서울에서 '중간' 가는 아파트의 가격)이 6억 원을 넘었다고 하니 서울에 투자할 계획이라면 취득세의 무게감을 잘 견뎌야 한다. 2013년 취득세 영구 인하가 확정되기 전에 1채당 4.4%를 냈는데 채 수가 많다 보니 우리 부부에게는 정말 큰돈이었다(확정될 것으로 생각해 구입했으며 나중에 소급 적용을 받았다). 물론 취득세는 양도소득세의 필요 경비로 인정된다.

6월 1일을 기억하자

재산세는 물건을 보유하는 동안 내는 세금이다. 그래서 재산세 부과 기준일인 6월 1일을 반드시 알고 있어야 한다. 5월 31일까지 갖고 있었지만 6월 1일에 소유권이 넘어가면 그 부동산에 대한 재산세는 내지 않는다. 6월 1일까지 갖고 있다가 다음 날인 6월 2일에 소유권을 넘겼다면 재산세는 내야 한다. 소유권이 이전되는 날짜의 기준은 등기 날짜와 잔금을 지급하는 날짜 중 더 빠른 날짜이다.

최근에 재미있는 일을 경험했다. 매도하려는 물건의 소유권 이전 시기를 두고 매수자와 은근히 실랑이를 벌였다. 이미 과도하게 매도 가격의 조정을 요구해서 감정이 살짝 상한 상태였다. 결국 100만 원, 50만 원 단위까지 가는 실랑이 끝에 합의했다. 마지막으로 매수자는 '6월 2일 소유권 이전'을 요구했다. 딱 봐도 재산세 때문인 것 같다. 그래서 5월 25일에 등기를 하자고 받아쳤다. 사실 다른 물건의 대출일(대출받아 세입자를 내보내고 리모델링 공사를 하는 날)이라 자금이 필요하기도 했다. 매수자가 고수였다면 자금이 부족한 것은 매한가지니 6월 2일에 등기하자고 줄기차게 요구했을 것이다. 그런데 5월 25일에 잔금을 다 줄 테니 등기는 6월 2일에 하자는 것이 아닌가. 역시 재산세 납부가 목적이었다. 밀당을 한 결과, 6월 2일에 소유권 이전을 하되 재산세는 절반씩 부담하기로 했다.

사실 6월 2일에 등기를 해도 잔금을 5월 25일에 지급하기 때문에 매수자가 재산세를 내게 되어 있다. 자신의 꼼수에 자신이 당한 것이다. 원칙은 그렇다고 해도 굳이 긁어 부스럼을 만들고 싶지 않아서 얘기한 대로 갔다. 현장에서는 이런 경우도 있으니 주의하라는 이야기를 하고자 하나의 사례를 든 것이다. 이처럼 불필요한 갈등 요소를 불러오기 때문에 6월 1일 기준으로 재산세를 내는 부분은 법을 개정해서 일할 계산하면 좋겠다는 생각이 든다.

과세표준	세율	누진공제액	계산법
6,000만 원 이하	0.1%	0원	과세표준 금액 × 0.1%
6,000만 원 초과~1억 5,000만 원 이하	0.15%	3만 원	과세표준 금액 × 0.15% –3만 원
1억 5,000만 원 초과~3억 원 이하	0.25%	18만 원	과세표준 금액 × 0.25% –18만 원
3억 원 초과	0.4%	63만 원	과세표준 금액 × 0.4% –63만 원

재산세와 관련해서 누진세를 알고 있어야 한다. 과세표준이 높을수록 세율이 높아지는 것이다. 소득과 재산이 많으면 상대적으로 세금을 더 내는 것과 같다. 누진세는 과세표준 구간에 따라 차등적으로 적용이 된다.

임대사업자라면 기억해야 할 종합부동산세

종합부동산세는 특정 계층에 부(富)가 집중되는 것을 막겠다는 취지로 일정한 기준을 초과하는 주택이나 토지 소유자에게 재산세와 별도로 부과하는 세금이다. 주택의 경우 공시 가격을 합산했을 때 1주택자는 9억 원 초과, 다주택자는 6억 원 초과가 되면 부과된다. 종합부동산세를 산정할 때는 이미 낸 재산세만큼의 금액은 공제해준다.

우리 부부는 명의를 나누거나 임대사업자 등록 등으로 작년에 예상보다 훨씬 적은 종합부동산세를 냈다. 이처럼 명의 분산이나 공동 명의, 임대사업자 등록 등의 절세 방법을 활용하면 좋다. 단, 임대사업자는 4년 동안 매도가 제한되니 주의한다. 다음은 종합부동산세의 과세표준 및 계산법이다.

[종합부동산세의 과세표준 및 누진세율]

과세표준	세율	누진공제액	계산법
6억 원 이하	0.5%	0원	과세표준 금액 × 0.5%
6억 원 초과~12억 원 이하	0.75%	150만 원	과세표준 금액 × 0.75%-150만 원
12억 원 초과~50억 원 이하	1%	450만 원	과세표준 금액 × 1% -450만 원
50억 원 초과~94억 원 이하	1.5%	2,950만 원	과세표준 금액 × 1.5% -2,950만 원
94억 원 초과	2%	7,650만 원	과세표준 금액 × 2% -7,650만 원

세금 ② 임대사업자는 다르다

투자를 하고 점점 채 수가 늘어나면 (주택)임대사업자 등록에 대해 고민하게 된다. 이때 부동산 세금 강의로 유명한 제네시스박 님의 타입별 분석표가 유용할 것이다. 투자 성향에 따라 3가지 타입으로 구분되는데 다음 페이지의 표를 보면서 등록 여부에 대해 고민해보자.

아내는 2013년 임대사업자가 되었다. 지방의 분양 전환 임대 아파트를 매입하려고 했는데 임대사업자로 등록하면 취득세가 면제되고 재산세도 절감된다는 이야기에 솔깃했다. 4채를 사려고 했기 때문에 세금만 해도 약 1,000만 원의 큰돈이었다. 며칠 동안 임대사업자의 장점과 단점을 공부하면서 고민했다. 세금 감면의 장점이 있지만 특별한 이유가 없으면 5년 동안 갖고 있어야 한다는 점(현재는 4년)과 아내가 직장을 그만두면 국민연금, 건강보험료 등이 부과

6장 투자 물건의 수를 효율적으로 늘리기

A 타입 시세 차익 추구형	B 타입 다양한 전략 구사형	C 타입 안전 지속 지향형
• **투자 성향** –공격적 투자 선호 –투자 초기에 자산 형성이 중요(2~3년마다 매도, 자산 증가) –큰 시세 차익 추구	• **투자 성향** –공격, 안정에 있어 중간 정도의 리스크 관리 –다양한 전략 활용 선호 –A 타입과 C 타입 중 과도기 상태	• **투자 성향** –안정 지향 –일정 수준 이상 자산(현금) 보유 –매수하면 장기 보유 선호 –작더라도 꾸준한 이익 선호
• **중요 내용** –'흐름'에 대한 이해 –매수, 매도 타이밍 중요 –전국이 투자 무대 –생각보다 '행동' 우선!	• **중요 내용** –물건별로 최적의 세팅 추구 –단기, 준공공 등 상황별 대처 선호 –다양한 경험 선호	• **중요 내용** –리스크 관리 –똘똘한 물건 보유 –철저하고 꼼꼼한 관리 –지속적인 현금 흐름 선호
세금? 낼 건 낸다. 대신 더 큰 수익을 원하기에 기간에 얽매이고 싶지 않다! ⋯› 미등록	세금 지출에는 큰 관심이 없다. 다만, 상황에 맞는 다양한 방법을 구사하고 싶다. ⋯› 일부 등록(단기, 준공공)	티끌 모아 태산! 불필요한 지출을 줄이고 소액이라도 꾸준한 현금 흐름 선호! ⋯› 거주 주택 제외 전체 등록

된다는 점이 고민스러웠다. 그러나 일단 임대사업자가 되어 부딪쳐 보기로 결정했다.

군청 주택과에 가서 임대 매물을 신고하고 일주일 후 서류를 받아 세무서로 갔더니 사업자등록증이 나왔다. 직장을 다니고 있었지만 사업자등록증을 받게 되니 기분이 묘했다. 뭔가 모르게 자신감이 생기면서 짜릿하고 흥분됐다.

그러나 임대사업자가 되니 의무사항이 많았다. 계약서를 보통 한 장짜리로 작성하는 것이 아니라 표준임대차계약서로 작성해야 하는 것이 가장 큰 변화였다. 과거에는 보통 한 장짜리로 쓰기도 했는데 이제는 꼭 표준임대차계약서로 써야 했다. 직거래를 할 경우 아내가 작성하고 간인을 해서 등기로 주고받아야 했다. 그런 다음, 임대 조건 신고를 했다. 보통 임대차 계약 후 계약 체결일로부터 3개월 이내에 민원24(www.minwon.go.kr)에 신고해야 하고 갱신될 때에도 꼭 신고해야 한다. 위반하면 1,000만 원 이하의 과태료가 부과된다. 그다음에는 해당 군청(구청, 시청)에 전화해서 꼭 임대 조건 신고의 접수 여부를 확인했다(확인을 하지 않은 직원 때문에 부득이 새로 작성한 적이 있었다). 계약이 갱신될 때마다 임대 조건 신고를 해야 하는데 여러 채를 관리하다 보니 1년에 여러 번 하게 된다. 1년 기준으로 본 임대사업자의 일정은 다음과 같다(5월에 하는 종합소득세 신고 관련해서 2018년까지 연간 수입금액 2,000만 원 이하는 비과세다).

시기	해당 기간의 업무
1월 1일~2월 10일	사업장 현황 신고
5월 1일~5월 31일	종합소득세 확정 신고
9월 16일~9월 30일	종합부동산세 합산 배제 신청
12월 1일~12월 15일	종합부동산세 신고

현재 아내는 주부이면서 임대사업자이고 아이까지 기르다 보니 바쁘게 살고 있다. 임대사업을 한다면 편하게 돈 번다고 생각하지만 정말 신경 쓸 것도 많고 노력을 많이 해야 한다. 편하게 돈 번다는 환상은 가지지 않았으면 좋겠다.

임대사업자로 등록하면 다음과 같은 장점이 있다.

① 최초 분양 시(분양 전환 시) 취득세가 면제된다. 전용면적 60제곱미터 이하는 100%, 전용면적 60~85제곱미터이하는 50% 감면 혜택이 있다. 감면 혜택이 200만 원 초과하면 85%만 감면받는 것으로 조정된다. 즉, 15%는 납부해야 한다. 취득일로부터 60일 이내에 등록해야 한다. 기존 주택은 감면되지 않는다.

6장 투자 물건의 수를 효율적으로 늘리기

② 재산세가 감면된다. 전용면적 60제곱미터 이하는 50%, 85제곱미터 이하는 25% 감면된다(준공공 임대사업의 경우 40~60제곱미터 이하는 75%, 60~85제곱미터 이하는 50% 감면된다). 2018년까지 적용되는데 2016년부터는 감면받은 세액이 50만 원을 초과하면 15%는 납부해야 한다. 단, 지역에 2채 이상 등록이 되어 있을 때만 감면된다(1채는 감면 대상 아님).

③ 종합부동산세가 비과세된다. 주택 가격이 6억 원(수도권 외 3억 원 이하)인 경우 합산 배제 신청을 하면 종합부동산세의 주택으로 합산되지 않는다(주택 수에 포함되지 않음). 주택 수가 늘어나서 종합부동산세가 부담스럽다면 임대사업자로 등록하는 것도 한 방법이다.

④ 거주주택 양도세 비과세 혜택이 있다. 본인이 속한 전 세대원이 2년 이상 한 집에 거주하고, 그 외 나머지 주택(수도권의 경우 공시가격 6억 원 이하, 지방의 경우 3억 원 이하 기준)으로 5년 이상 임대를 하면 나중에 해당 거주주택을 양도할 때 비과세가 적용된다(준공공 임대주택사업자의 경우 2015년에서 2017년 사이에 해당 조건에 맞는 주택을 구입하고 등록해서 10년 이상 임대하면 양도소득세 면제, 2017년 8월 세법 개정안에 따르면 2020년 12월 31일까지 연장한다고 발표되었으나 국회 통과절차가 남았음). 5년 뒤에 임대사업으로 등록한 주택을 처분하면 일반 과세가 적용된다.

'준공공 임대주택'이란, 공공 임대주택의 성격을 띤 민간임대주택을 말한다. 민간 주택사업자에게 세제 혜택을 주는 대신 주택을 값싸게 임대하도록 유도하기 위해서다. 하지만 준공공 임대주택사업은 이제 막 투자를 시작하는 사람들에게는 추천하지 않는다. 8년 보유가 그리 쉬운 일이 아니다. 그리고 양도세 비과세가 아닌 감면이 되는 부분이라는 점도 명심해야 한다. 제네시스박 님이 정리한 준공공 임대 관련 장·단점을 보고 자신과 맞는지 확인해보자(★ 부분은 반드시 고려한다).

[준공공 임대주택사업 등록의 장점과 단점]

장점	단점
☐ 취득세 100% 감면(신규 취득 限)	☐ 초기 투자자 불리(의무 기간 8년) ★
☐ 재산세 감면(50~100%)	☐ 타 소득이 많은 경우 불리(종합소득) ★
☐ 종부세 부과 대상 제외	☐ 4대 보험(건강, 연금, 산재, 고용)
☐ 양도소득세 100% 감면(17년 등록 限) ★	☐ 방 공제(대출)
☐ 장기 보유 특별공제 70%까지 공제	☐ 인상률 연 5% 제한 ★
☐ 임대사업 소득 75% 세액 감면	☐ 등록 절차 및 관리 필요
☐ 거주 주택 양도소득세 비과세 ★	☐ 필요 시 기장 수수료 발생
☐ 필요 경비 대상 폭넓게 인정	☐ 규정 미준수할 경우, 제재가 매우 큼(과태료, 심한 경우 전과자)
☐ 임대 사업자는 대출 용이	
☐ 결손금 이월, 다른 소득과 통산 가능	

반면 장점이 있으면 단점도 있다.

① 피부양자 자격이 상실된다. 직장을 다니지 않아도 1원 이상의 소득이 있으면 지역의료보험 대상자가 될 수도 있고 국민연금을 낼 수도 있다. 직장의료보험을 내고 있으면 큰 변동이 없지만 직장생활을 하지 않는 주부나 퇴직자 입장에서는 부담스러운 금액이다. 임대소득이 미미하다면 국민연금공단에 유예신청을 할 수 있지만 건강보험료는 내야 한다.

② 보유 의무기간 동안 매도가 어렵다. 2016년부터 임대사업자의 임대 의무기간이 5년에서 4년(준공공 임대주택사업자는 10년에서 8년)으로 1년(준공공 임대주택사업자는 2년) 줄었다. 그렇더라도 4년(8년) 동안은 매도가 어렵다(이전에 등록한 사람은 각각 5년, 10년을 보유해야 한다). 단, 임대사업자에게 매각하거나(감면받은 취득세는 추징됨) 부도 또는 파산 등의 경제 사정으로 인한 매각은 가능하다(2년 연속 적자 발생이나 최근 12개월간 공실의 경우 등일 때는 증빙 서류 필요).

③ 소득세 과세 대상이 된다. 매년 소득세를 신고해야 한다. 2017년 세법 개정으로 소형 주택 임대는 2018년까지 수입금액 2,000만 원 이하인 경우 비과세다.

④ 인상이 연 5%로 제한된다. 2015년 12월 29일에 개정된 민간 임대주택에 관한 특별법에 의하면, 임대사업자는 1년에 보증금과 임대료를 5%밖에 인상하지 못한다(2016년 12월 27일 제44조와 동일). 매입 임대나 준공공 임대 둘 다 해당한다. 위반하면 1,000만 원 이하의 과태료가 부과되니 주의한다.

임대사업자의 경우 장기 보유 특별공제에 있어 추가로 세금 혜

[임대사업자의 장기 보유 특별공제]

구분	장기 보유 특별공제율	임대사업자 추가 공제율	합계
6년 이상~7년 미만	18%	2%	20%
7년 이상~8년 미만	21%	4%	25%
8년 이상~9년 미만	24%	6%	30%
9년 이상~10년 미만	27%	8%	35%
10년 이상	30%	10%	40%

택을 받을 수 있는 부분이 있다. 장기 보유 특별공제는 보유 기간이 길어질수록 양도소득세를 낼 때 일정 금액을 공제해주는 제도다.

임대사업자에 대한 아내의 생각

아내는 임대사업자로 살면서 1~2채 정도 있는 투자자는 굳이 임대사업자로 등록할 필요가 없다고 한다. 단, 주택이 2채라면 한 채는 임대사업자로 등록하고 다른 한 채에서 2년 이상 거주하면 비과세가 되므로 활용하면 효과적이다. 1년에 보증금과 월세를 합산해서 5%밖에 올리지 못한다는 사항과 의무 보유 기간은 상당히 부담되는 조건이다. 그래서 주부나 은퇴자들이 임대사업자를 낸다고 할 때는 한 번 더 고려하길 바란다.

지역의료보험료는 직장의료보험보다 상당히 높은 편이다. 아내는 직장 때 받은 월급이 지금의 임대소득보다 2배 이상 많았는데도 9만 원 정도 냈지만 지금은 17만 원 정도 내고 있다. 국민연금도 유예 기간이 끝나서 내게 되면 수익이 더 줄어든다. 배보다 배꼽이 더 크다는 말을 실감한다. 다행히 우리 부부는 전·월세를 같이 하기 때문에 추가적으로 드는 부분을 월급에서 내지 않아도 되지만 전세만 투자한다면 월급이나 다른 소득에서 충당해야 한다.

의무 보유 기간이 끝나는 시기에 공급이 많아지는 지역이라면 팔 수 있을 때 제값을 받지 못할 수 있다. 그래서 '꼭' 여러 가지 사항을 종합한 다음에 임대사업자를 신청한다.

여러 가지 제한이 있지만 현재 직장을 다니고 있는 사람 이름으로 서울 역세권에 있는 10년 미만의 소형 아파트를 전세 끼고 산 다음(3개월 이내에 준공공 임대사업자로 등록), 10년 동안 보유했다가 양도세를 100% 감면(농어촌특별세 20% 부과)받는 것도 좋은 투자법이라고 생각한다. 그 대신 2017년까지만 한시적이다(단, 현재 세법 개정안을 보면 이 기간을 2020년까지 연장한다고 하니 최종 세법 개정 내용을 확인할 필요가 있다). 2017년 8월 2일에 발표된 부동산 정책의 영향으로 임대사업 등록을 한 물건은 기존의 종합부동산세 배제와 더불어 양도소득세 중과와 장기 보유 특별공제 배제 대상이 되므로 장기적으로 보유할 물건은 임대 등록을 하는 것이 좋다. 이제 매도할 것인지, 임대사업자로 등록할 것인지 전략을 잘 세워야 한다.

마지막으로 간주 매매사업자 지정을 주의한다. 우리 부부처럼 채수 늘리기 전략을 취한 다주택자가 계획 없이 단기간 투자를 하면 간주 매매사업자로 지정될 가능성이 높다. 단기간에 많은 부동산을 사고팔면 실질적인 매매사업을 하는 부동산 매매사업자로 보는 것이다. 부가세 1과세 기간인 상반기(1~6월), 하반기(7~12월)로 나눴을 때 1과세 기간 중에 한 번 사고 두 번 팔면 매매사업자로 간주될 수 있다. 보통 1년에 두 번 사고 네 번 팔면 간주된다고 본다. 그렇게 되면 지금까지 거래했던 부동산 매매가의 10%를 부가가치세로 내야 한다. 전용면적 85제곱미터 초과면 부가가치세 납부의무가 발생하므로 1년 기준으로 매도와 매수 횟수를 주의할 필요가 있다.

세금 ③ 양도소득세, 증여세, 상속세

'양도세'라고도 불리는 양도소득세는 매도할 때마다 만나는 세금이다. 꽤 높지만 절세할 수 있는 방법도 있다.

양도소득세도 다른 세금처럼 '과세표준×세율'로 계산된다. 집을 매도한 가격에서 매입 가격과 필요 경비를 빼면 양도차익이 나온다. 그다음에 장기 보유 특별공제와 기본공제를 빼면 과세표준이 나온다.

보유 기간에 따른 양도소득세 세율이 1년 미만은 40%, 1년 이상

과세표준	세율	누진공제액	계산법
1,200만 원 이하	6%	0원	과세표준 금액 × 6%
1,200만 원 초과~4,600만 원 이하	15%	108만 원	과세표준 금액 × 15% −108만 원
4,600만 원 초과~8,800만 원 이하	24%	522만 원	과세표준 금액 × 24% −522만 원
8,800만 원 초과~1억 5,000만 원 이하	35%	1,490만 원	과세표준 금액 × 35% −1,490만 원
1억 5,000만 원 초과~5억 원 이하	38%	1,940만 원	과세표준 금액 × 38% −1,940만 원
5억 원 초과	40%	2,940만 원	과세표준 금액 × 40% −2,940만 원

은 6~38%이기 때문에 가급적 주택은 1년 이상, 주택 이외 다른 부
동산은 2년 이상 보유하는 것이 세금을 줄이는 방법이다.

2017년 8월 2일에 발표된 부동산 대책에 따르면, 투기과열지구
(서울 25개 구, 과천시, 세종시)와 투기지역(강남, 서초, 송파, 강동, 용산,
성동, 노원, 마포, 양천, 영등포, 강서 등 서울 11개 구와 세종시)은 2017년
8월 3일 이후부터 기본 세율에 10% 가산 세율이 적용된다. 그리고
2018월 4월 1일 이후부터는 조정 대상지역 내 2주택자는 기본 세율
에 10%, 3주택자는 기본 세율에 20%를 더 내야 한다.

그렇다면 양도소득세를 줄이는 가장 좋은 방법은 무엇일까? 바로
과세표준을 줄이는 것이다. 과세표준은 공제를 많이 받을수록 절세
에 유리하다.

필요 경비란, 부동산을 양수 또는 양도할 때 들어가는 비용을 말
한다. 계약서나 신고서 등의 작성 비용, 인지대, 중개보수 등이 해당

[인정(불인정)되는 필요 경비]

인정	불인정
• 취득세 등	• 도배, 장판 비용
• 각종 수수료(법무사, 세무사, 공인중개사)	• 보일러 수리 비용
• 새시 설치비	• 싱크대, 주방 기구 구입비
• 발코니 개조 비용(확장비 포함)	• 페인트, 방수 공사비
• 난방시설(보일러) 교체 비용(수리 ×)	• 대출금 지급 이자
• 상, 하수도 배관 공사비	• 경매 취득 시 명도비
• 자산을 양도하는 데 있어 직접 지출한 계약서 작성 비용, 소개비, 양도세 신고서 작성 비용	• 매매 계약 해약으로 인한 위약금
• 자산 취득과정에서 발생한 소송 비용	• 기타 각종 소모성 경비들 (자본적 지출이 아닌 것)
⋯▶ 세금계산서, 인터넷 뱅킹 이체 내역 등	

한다. 기본 공제는 1년에 한 사람당 250만 원까지 가능하다.

장기 보유 특별공제는 오래 보유하다가 매도했을 경우 양도소득세액에서 일정 비율을 공제해주는 것을 말한다. 매입 후 3년 뒤부터 적용되며 10년까지 보유하면 최저 10%에서 최고 30%까지 공제가 가능하다. 2017년 8월 2일에 발표된 부동산 대책에 따르면 2018년 4월 1일부터는 2주택 이상 다주택자(조합원 입주권 포함)가 조정 대상지역의 주택을 양도하면 장기 보유 특별공제가 적용되지 않는다. 양도소득세 비과세를 적용받는 1가구 1주택의 요건은 다음과 같다.

- 1가구가 국내에 1주택을 보유할 것.
- 2년 이상 보유할 것(17년 8월 3일 이후 취득한 주택은 2년 거주 요건 추가).
- 양도가액이 9억 원을 초과하지 않을 것.

증여세와 상속세

증여세와 상속세는 재산이 무상으로 넘어갈 때 발생한다는 공통점이 있다. 그래서 세율구조가 같다는 등의 비슷한 점이 많다. 반면 증여세는 재산이 무상으로 이전될 때마다 발생하지만, 상속세는 재산을 넘겨주는 사람이 사망할 때만 발생한다는 차이점이 있다.

'증여세'는 증여받은 재산에 대해 부과되는 세금이다. 증여를 받은 사람이 증여받은 날이 속하는 달의 말일부터 3개월 이내에 세무

[증여세와 상속세의 과세표준 및 세율]

과세표준	세율	누진공제액
1억 원 이하	10%	.
1억 원 초과 ~ 5억 원 이하	20%	1,000만 원
5억 원 초과 ~ 10억 원 이하	30%	6,000만 원
10억 원 초과 ~ 30억 원 이하	40%	1억 6,000만 원
30억 원 초과	50%	4억 6,000만 원

서에 자진 신고하고 납부해야 한다. 이렇게 신고 기한 내에 자진 신고를 하면 증여세 산출세액의 일정 비율을 신고세액 공제를 적용해 일부분 공제해준다.

증여를 하면 증여에 따른 신고세액 공제율이 7%다. 증여세액이 100만 원이라면 7만 원을 공제받아 93만 원만 납부하면 된다(2016년까지는 10%였다). 얼마 되지 않는다고 생각할 수 있지만 증여세가 커질수록 그 부담이 상당해진다. 예를 들어, 증여세가 2억 원이라면 공제율 인하에 따라 3%에 해당하는 600만 원을 더 내야 한다. 그래서 증여를 계획했던 사람들이 2016년에 서둘렀다.

갭 투자를 하다 보니 이와 관련해 궁금한 부분이 있었다. 미성년자 증여 공제 한도가 2,000만 원인데 갭 투자를 한 3,000만 원 물건을 증여하면 나머지 1,000만 원에 대해서만 증여세를 낼까? 매도했을 때 양도차익 관련해서 추가 세금(양도세 제외)은 없을까? 확인해보니, 3000만 원 갭 투자의 경우 부담부 증여가 아닌 최초 취득이므로 현금 증여가 되어 2,000만 원을 제외한 1,000만 원 부분에 대해서만 증여세를 부담한다. 나중에 자녀(미성년자) 이름으로 전세금을

[대상에 따른 증여 공제액]

증여 대상	증여 공제액(10년간 합산)	비고
배우자	6억 원	
직계존속 (부모, 조부모, 외조부모 등)	5,000만 원	10년간 통산 (증여 후 10년이 지나면 재차 증여 가능)
직계비속 (자녀, 손자녀, 외손자녀 등)	5,000만 원 (미성년자: 2,000만 원)	
기타 친족 (6촌 이내 혈족, 4촌 이내 인척)	1,000만 원	

받고 빼주는 등 증빙 자료를 잘 갖춰놓아야 한다. 매도할 경우에는 양도차익에 대해 별도의 세금 없이 양도소득세만 내면 된다.

'상속세'는 부모나 배우자 등의 사망에 의해 남은 가족이나 친지들이 유산을 물려받을 때 부여되는 세금이다. 사망한 사람을 피상속인, 물려받은 사람을 상속인이라고 한다.

피상속인이 국내 거주자라면 국내외의 모든 재산에 대해 상속세가 과세되며 비거주자라면 국내에 있는 재산에만 과세된다. 물론 상속세를 절세하는 방법도 있다.

첫째, 받기 힘든 대여금이나 투자금이 있다면 회수하기 위해 노력했다는 증빙 서류를 갖춘다. 주변에 돈을 빌려줬는데 못 받는 경우가 있다. 상속 시점의 조사과정에서 투자금이나 대여금에 대한 인출 확인을 요구받으면 상속인에게 요청한다. 제대로 답변이 안 되면 가산세까지 부과될 수 있으니 회수하려는 노력에 대한 증빙을 갖춘다.

둘째, 배우자 상속 공제를 최대한 활용한다. 일반적으로 상속이 진행되면 배우자에게 6억 원의 배우자 상속 공제가 적용된다. 그런데 배우자에게 많은 재산을 상속해야 한다는 단점이 발생한다. 이

6장 투자 물건의 수를 효율적으로 늘리기

1순위	직계비속, 배우자	제일 우선인 상속인
2순위	직계존속, 배우자	직계비속이 없는 경우의 상속인
3순위	형제자매	1, 2순위가 없는 경우의 상속인
4순위	4촌 이내의 방계혈족	1, 2, 3순위가 없는 경우의 상속인
비고	• 상속 순위 결정 시 태아는 이미 출생한 것으로 간주한다. • 상속권을 주장하는 사람이 없다면 국가에 귀속된다(공고 기간 1년 이상).	

후 자녀들에게 상속세 부담이 될 수 있다. 그래서 대부분 배우자에게 최소한의 재산을 물려준다.

현행 세법에서는 상속인 간에 연대 납세의무가 있다. 상속받은 재산 내에서 다른 상속인의 상속세를 내줘도 증여로 보지 않는다. 어머니(배우자)와 자녀가 동시에 상속받았을 때 자녀가 내야 할 상속세를 어머니가 납부해주는 것도 절세의 한 방법이다.

셋째, 상속세는 연부연납이 가능하다. 원칙적으로 상속세 신고 납부 시기는 상속이 발생한 해당 월 말일부터 6개월 이내가 된다. 그러나 일반적으로 비상장 주식이나 부동산을 상속받으면 납부 기한 6개월 내에 처분해서 상속세를 내는 것이 현실적으로 불가능하다. 이때는 연부연납제도를 활용한다. 상속세를 5년 동안 6번으로 나눠 내는 제도다. 단, 관할 세무서에 납세 담보를 제공해야 하며 연부연납 가산금으로 연 2.5%의 이자 상당액을 추가로 납부해야 하는 단점이 발생한다. 그러나 부동산 등을 급하게 내놓는 것보다 훨씬 현실적인 방안이 될 수 있다.

상속세를 절세하기 위해서는 합법적인 장기간의 사전 준비가 필요하다. 부동산이 많다면 가족법인을 설립하는 것도 좋은 방안이다.

의외로 많은 사람이 매달 900만 원 정도씩 인출해서 주면 괜찮다고 생각한다. 1,000만 원 이하 현금을 인출하는 것은 조사대상이 아니라고 보기 때문이다. 그러나 매달 현금을 주는 것은 독이다. 수년 동안 반복적으로 출처를 알 수 없는 현금 인출은 향후 상속세 조사 때 반영되어 과세될 수 있다.

6장 투자 물건의 수를 효율적으로 늘리기

한순간도 방심하지 마라

지금껏 투자를 하면서 목표에 대한 주기적인 점검과 흐름에 대한 이해가 필요하다는 것을 매번 느낀다. 임대사업 초창기에는 '매입 → 리모델링 → 임차인 구하기' 과정을 거치면 특별한 문제가 없는 한 연락하거나 관심을 가질 필요가 없다. 다른 사업에 비해 시간적 여유가 많다는 장점이 있다.

투자를 마음먹고 시작해도 의지가 확실히 서지 않으면 초반에 시세 확인 등을 하다가 시들해진다. 그럴 때일수록 초반에 세운 목표들을 점검하면서 흐름이 막히지 않고 원활하게 굴러가도록 계속 신경을 써야 한다.

특히 월세를 받는 날이나 만기 현황들은 놓치지 말고 수시로 확인해야 한다. 적어도 2~3개월 전부터 임차인에게 연락하고 재계약 여부를 확인한다. 재계약을 할 것인지, 아니면 새 임차인을 받을 것인지를 결정하고 이후 일련의 과정을 물 흐르듯이 진행해야 한다. 그렇지 않으면 투자자 자신이 쉽게 피곤해진다. 물 흐르듯이 진행하기 위해서는 꾸준한 수요와 공급에 대해 파악하면서 보유 매물의 매도 시기와 증액 시기를 가늠해본다.

항상 신경 쓰이는 부분이 바로 여유자금이다. 투자한 물건의 수가 많은데 어느 순간 현금 흐름이 막힌다면 도미노처럼 무너질 수 있다. 임대사업은 불확실성의 연속이다. 내가 원하는 대로, 계획하는 대로 결코 흘러가지 않는다. 갑자기 임차인을 구하기 어려운데 여유자금까지 없다면 급하게 팔거나 대출을 받아야 한다. 그것마저 안 되면 부모, 지인에게 손을 벌려야 한다. 이렇게 되지 않으려면 여유자금 확보는 필수적이다. 그래서 여유자금마저 투자금으로 넣고 내일 당장 대박이 나길 바라는 우(憂)를 범하면 안 된다.

임대사업은 매수에서부터 잔금 등기, 세입자 맞추는 것까지 어느 것 하나 쉽게 이뤄지는 것이 없다. 세세하게 신경 쓰지 않으면 구멍이 날 수 밖에 없다. 파트너이자 비서실장이라는 공인중개사에게 위임을 해도 중요한 부분은 반드시 자신이 챙겨야 한다.

투자 초반에 실수하는 것 중 하나가 '매도는 반드시 2년 뒤 또는 전세 만기 때'라고 생각하는 고정관념이다. 매수한 지 1년 이상 보유했을 때 갑작스런 근무지 변경 등 일정 조건에 해당한다면 전세 긴 매물 상태에서도 충분히 매도가 가능하다. 전세 긴 매물이 대체적으로 싸게 팔 수 밖에 없다는 단점이 있지만 시기와 수요에 따라 시세대로 팔 수 있다. 이렇게 투자금과 수익을 회수해서 재투자를

6장 투자 물건의 수를 효율적으로 늘리기

하거나 보유 중인 전세 물건을 반전세로 바꿔 또 하나의 현금 흐름 통로를 만드는 것도 좋은 방법이다.

전체적인 물건의 보유 현황에 따라 흐름을 타고 매수 또는 매도 시기를 조절하는 것이야말로 투자자에게 필요한 능력이다. 당연히 이 능력을 키우기 위해서는 꾸준한 관심과 공부가 필요하다. 단순히 책을 보거나 강의에서 다 얻어지지 않는다. 현장에서 찾으려는 노력이 수반되어야 한다. 모든 부동산 전문가가 말하는 '현장에 답이 있다'라는 사실을 반드시 명심한다.

부동산이 부동산을 사다

지금까지 맞벌이 부부가 부동산 투자를 하기 위한 기본기, 투자 원칙, 그리고 관리하는 노하우에 대해 설명했다.

이번 장에서는 우리 부부가 실제 투자한 사례를 바탕으로 때로는 통쾌하고 설레었던 순간, 때로는 억울하고 슬프지만 이겨낸 순간을 생생하게 소개하려고 한다. 독자 여러분의 투자에 도움이 되는 이야기가 되길 바란다.

돈 한 푼 들이지 않고 사다

광주에 월세 투자를 하고 추가 투자를 생각하는 찰나에 같은 단지에 급매물이 나왔다는 공인중개사의 연락을 받았다. 17평형 2층 아파트였는데 매매가는 6,000만 원이었다(수리 상태는 기본). 지어진 지 오래 되었지만 대학교와 산업단지가 밀집해 있고 대형 마트 등 편의시설이 괜찮았으며 교통까지 편리해서 임대 수요는 충분했다.

바로 매도자 분석에 들어갔다. 또 다른 부동산을 사기 위해 투자금이 필요해서 급매물로 내놓은 것이었다. 호가는 좀 높게 불러놓은 상태였다. 전세가가 매매가에 근접해 있어서 잘만 하면 투자금이 거의 들지 않을 것 같았다. 이때까지 무피 투자, 플러스 피 투자를 몰랐다. 집 내부를 보니 화장실이 분양할 때 상태였고 욕조가 깨져 있어서 전면적인 공사가 필요했고 도배, 장판 등도 손을 봐야 했다. 이런 부분을 확인하고 매도인과 협상을 시작했다. 처음에는 공인중개사를 통해 집 상태를 보니 이 호가로는 안 되며 300만 원을 깎자는 의견을 전달하려고 했다. 그런데 300만 원을 깎더라도 이미 높여 놓은 호가 기준이었기 때문에 큰 실익은 없어 보였다. 좀 더 파고들었다. 현재 매도인의 상황이 급하고 몇 백만 원을 더 깎아도 매도인이 얻는 이익에 비하면 작아 보였다(당시 광주는 3,000만 원대 아파트가 몇 년 만에 5,000만 원~6,000만 원이 되었다).

공인중개사에게 중개보수 더블을 외쳤다. 의욕적으로 협상에 임해준 공인중개사 덕분에 500만 원을 깎은 5,500만 원에 계약했다. 기존 세입자가 잔금 만기일에 맞춰 나가기로 해서 전세를 5,500만 원으로 올려 새로운 세입자를 구했다. 무피 투자에 성공한 것이다.

2년 후에 6,500만 원에 팔았다. 1,000만 원 정도 회수한 것이다. 경비 등을 뺀 순익은 약 500만 원이었다(각종 경비는 초기에 지출로 잡고 매도할 때는 중개보수만 포함했다). 좀 더 갖고 있으려고 했지만 수도권에 투자를 시작해서 투자금이 필요했다. 손해는 보지 않았지만 우여곡절이 있어서 팔 때는 감회가 새로웠다. 임대사업을 하면 한 번쯤 겪는다는, 호환마마보다 무섭다는 그 이름 '누수'를 그나마 약하게 경험했기 때문이다. 20년 이상 된 아파트가 종종 걸리고 10년 이상 된 아파트도 간혹 걸린다는 무서운 질병이다.

(보유하고 있을 때) 누수가 발생해 아랫집 천장이 다 젖었다는 날벼락 같은 소식을 듣게 되었다. 아랫집에서는 관리사무소에 바로 연락을 했는데 나는 늦게 연락을 받았다. 세입자가 갑자기 돌아가시는 바람에 며칠 동안 아무도 없었는데 그 사이에 누수가 발생한

것이다. 관리사무소에 세입자의 연락처가 아닌 세입자 가족의 연락처만 있는 바람에 우리 부부나 중개해준 공인중개사에게 연락이 늦게 들어왔다. 누수 발생 5일 만에 보수 공사가 시작됐다.

거실 바닥을 다 들어내는 것까지 각오했다. 다행히 거실 바닥의 엑셀 파이프 쪽이 아니라 발코니와 거실 벽면 아래 동관 이음새 부분이 터져서 용접 시공을 했다. 아랫집은 천장 도배를 해주는 것으로 마무리했다(누수 공사 40만 원+도배 9만 원=49만 원). 다행히 큰돈 들이지 않고 공사를 마쳤으나 이번 일을 통해 아파트 관리사무소와 연락처 공유는 필수이며 동관 파이프는 내구연한이 15년이라는 사실을 알았다. 지어진 지 시간이 좀 지났다면 한 번쯤 터질 수도 있다는 사실을 알고 투자하자. 누수 때문에 600만 원 정도가 추가로 들어간 투자자도 있다는데 우리 부부의 경우에는 이 정도여서 다행이었다. 이번 투자의 결과는 다음과 같다.[5]

매입 시기	2013년 10월	매도 시기	2015년 6월
매입가	5,500만 원	매도가	6,500만 원
전세가	5,500만 원	매도 경비	100만 원
매입 경비	400만 원	실투자금	500만 원
		수익금(수익률)	500만 원(100%)

---

5) 이번 장에 나오는 표의 계산은 다음 식을 따랐다.
- 매입 경비: (매입가 − 전세가)+(취득세, 매입 관련 중개보수, 법무사 수수료, 리모델링 비용 등 매입할 때 들어가는 각종 비용의 합)
- 매도 경비: 재산세, 매도 관련 중개보수, 양도소득세 등 보유할 때와 매도할 때 들어가는 각종 비용의 합.
- 실투자금: 매입 경비+매도 경비.
- 수익금: 매도가 − 매입가 − ('실투자금'에서 '매입 경비'에 포함되는 '매입가 − 전세가'를 뺀 나머지 금액).
- 수익률: 수익금÷실투자금×100(%). 소수점 이하는 반올림.

출산 날에도 수리 문제로 실랑이

'투자 4호'에 새로 계약한 깐깐한 세입자가 들어오는 날이었다. 세입자가 노부부라서 그 어느 때보다 신경을 썼는데도 요구사항이 양파껍질 벗기듯이 계속 나오니 난감했다.

계약서에 현재 상태 그대로 쓴다고 명시했다면서 거절할 수도 있었지만 우리 부모님 같은 노부부라서 마음이 약해져 거실 장판은 새로 해줬다. 그런데 그 뒤로 크고 작은 요구가 많아졌다. 정확히는 노부부 대신 아들이 요구했다. 부모님을 생각하는 자식의 마음이라면서 말이다. 군말 없이 빨래 건조대, 새시 문고리, 세면대 트랩관 등을 해줬다. 30만 5,000원의 추가 비용이 발생했다. 아내가 출산 때문에 진통을 느끼는 상황이라서 인테리어 사장님과 통화하며 진행했다.

하나를 해주면 바로 또 다른 하나를 요구했다. 이번에는 수압이

약하니 가압펌프를 설치해달라는 것이 아닌가('투자 4호'는 탑층이었다). 전 세입자는 이에 대해 아무런 말이 없었고 직접 보지를 못해 상황을 정확히 알지 못했다. 원거리 관리의 단점인 것 같다.

아내의 제왕절개수술이 진행되어 중간에 탯줄을 자르고 나온 상황이었는데 가압펌프 요구까지 들으니 오늘 같은 날에 너무한다는 생각이 들었다. 예전과는 다르게 약간은 단호하게 말했다.

"이미 계약을 한 후였지만 지금까지 군말 없이 다 해드렸는데 이것까지는 좀 무리네요. 그래도 부모님 생각하시는 마음은 이해가 되니까 절반은 부담할게요."

그 아들은 오늘처럼 바쁘고 좋은 날에 요구사항을 들어줘서 고마운데 자기네 사정도 좋지 않으니 좀 더 배려해달라고 계속 전화했다. 다 부담해달라는 것이다. 결국 20만 원을 부담하기로 했다(총 28만 원이 들었다). 사실 그냥 해줄 생각도 있었지만 이 정도에서 선을 그을 필요가 있어서 일부러 난색을 나타냈다.

되도록 세입자들의 요구사항을 들어주려고 노력하지만 태도가 별로이거나 비상식적인 요구는 잘 들어주지 않는다. 나이가 많다고 하대하는 사람도 정을 주지 않고 잘 들어주지 않는다. 사람과 사람 간에는 기본적인 존중이 필요하다고 생각한다.

항상 느끼지만 사람 대하는 것은 참 어렵다. 그래도 '가는 말이 고와야 오는 말이 곱다'는 변함없는 진리라고 생각한다.

가압펌프 관련해서도 최대한 공손하게 이야기를 나눴다. 세입자 측도 무리한 부탁이라는 것을 알지만 사정이 있다며 간곡하게 부탁했기에 일정 부분 양보한 것이다. 난색을 보이긴 했지만 서로 덕담을 나누며 마무리했다.

이 '투자 4호'는 2013년 9월에 산 지방의 21평형 아파트다. 분양 전환 이후 가격이 올랐다. 어릴 때부터 잘 알던 지역이었는데 대형 마트가 건너편에 있고 학교가 가까워서 신혼부부가 살기에 좋다. 2014~2015년에 투자 수요가 있어서 가격이 올랐다. 이번 투자의 결과는 다음과 같다(보유 중이라서 현 시세 기준으로 수익금 등을 계산했다).

매입 시기	2013년 9월	매도 시기	보유 중
매입가	6,900만 원	현 시세 ǀ 현 전세가	9,000만 원 ǀ 7,500만 원
전세가	6,500만 원	(예상) 매도 경비	250만 원
매입 경비	700만 원	(예상) 실투자금	950만 원
		(예상) 수익금(수익률)	1,550만 원(163%)

역시 욕심을 부리면 안 된다

2013년 11월경이었다. 시세가 1억 1,000만 원인 지방의 21평형 아파트가 급매로 나왔다. 전세 8,000만 원을 끼고 9,900만 원에 매입했다. 단기 투자가 목적이었고 수익이 몇 백만 원 정도 날 것으로 봤다. 그래서 크게 고민하지 않고 결정했으며 최소 3개월 이상 보유했다가 팔 계획이었다. 2013년에 산 물건이 많다 보니 매입에 대해 순간적으로 무감각해졌던 시기였다. 그런데 갑자기 꼬이면서 자금의 유동성에 문제가 생겼다.

다른 지역에 매입하는 동시에 월세를 놓기로 예정한 아파트 3채가 있었다. 매입 당시에는 거래가 활발했는데 김장철에다 겨울 비수기에 딱 걸리는 바람에 들어올 것으로 예상했던 보증금 3,000만 원이 들어오지 않았다. 여기에다 매입과 동시에 전세를 놓으려던 다른 아파트 1채마저 거래가 실종되는 상황에 놓였다. 설상가상으로 1월에 잔금 예정인 매물 2건이 사이좋게 기다리고 있었다. 여유자금이 없는 상태에서 문어발식 투자를 하면서도 '계획대로 되겠지'라는 안일한 생각에 빠졌던 것 같다.

총액으로 보면 돈이 남는 상황인데 여유자금이 일시적으로 막히다 보니 일이 동시다발적으로 터진 것처럼 되었다. 돈이 제대로 돌지 않게 되니 피가 말랐다. 속은 바짝바짝 타들어 가고 일은 손에 잡히지 않았다.

부랴부랴 해당 지역 전역의 중개사무소에 내놨다. 공인중개사에게 문자를 보내고 수차례 전화로 사정을 설명했다. 거래가 성사될 것 같으면서도 진척이 되지 않았다.

다행히 12월에 꼬여 있던 각 매물들의 거래가 순차적으로 이뤄지면서 여유자금 문제는 거의 해결됐다. 잔금 문제가 있던 1월이 되기 전에 문제의 21평형 아파트가 극적으로 해결됐다. 돈이 돌지 않아서 매매나 전세를 동시에 알아보는 중이었는데 등기 예정(12월 27일) 전인 24일에 생애 최초 구입자가 나타나서 27일에 동시 매매를 하자는 것이 아닌가. 정말 우리에게는 기적 같은 일이었다. 내가 매도인에게 잔금을 치르는 당일에 소유권 이전 등기를 하고 동시에 매수인에게 매도하면서 소유권 이전 등기를 하는 것을 동시 매매라고 한다. 이번 거래에서 처음 해봤다. 좀 싸게 매도해서 속이 좀 쓰렸지만 골칫덩이를 해결해서 마음이 편했다.

우여곡절 끝에 일을 마무리했지만 욕심이 과했다는 생각이 들었다. 당시만 해도 투자 경험이 적다 보니 좌충우돌하면서 값비싼 경

험을 했다. '예비 자금은 꼭 손에 쥐고 있자!'

이번 투자의 결과는 다음과 같다.

매입 시기	2013년 11월	매도 시기	2013년 12월
매입가	9,900만 원	매도가	1억 500만 원
전세가	8,000만 원	매도 경비	100만 원
매입 경비	2,100만 원	실투자금	2,200만 원
		수익금(수익률)	300만 원(14%)

800만 원으로 경기도의 아파트를 사다

이번에 소개하는 투자 물건은 우리 부부에게 의미가 깊은 곳이다. 지방에만 투자하다가 경기도에서 처음 매입한 것인데 투자금이 적게 드는 착한 매물이었다. 분양 전환이 된 임대 아파트였는데 꾸준하게 올라서 투자금 대비 높은 수익률을 안겨줬다. 앞에서 말했던 공포의 진한 파란색 벽지사건(세입자가 진한 파란색 벽지로 도배를 해놓는 바람에 다음 세입자를 구하기 힘들어 결국 다시 도배한 일)이 있던 아파트다. 해당 지역에 15평형이 흔하지 않아서 희소성이 강하고 주변에 인구가 꾸준히 유입되어 수요도 끊이지 않았다.

세입자가 도배를 하고 들어오는 점, 국민주택기금이라는 대출이 있는데도 전세 수요가 있다는 점이 신기했다. 그때까지 세입자가 도배 등을 하고 들어오는 것을 보지 못했던 우리 부부에게는 신선한 충격이었다. 실거주 수요가 많은 지역일수록 이런 경향이 강한 것이다. 반면 투자자가 몰리면 경쟁이 생겨 집주인이 리모델링을 해야 한다. 국민주택기금 대출은 분양 때부터 있는 세대당 대출을 말하는데 3년이 지나면 원리금 상환으로 조건이 바뀐다.

2013년에 매입을 시작하면서 3채를 매입했다가 2년 뒤에 1채를 팔았다. 2013년에 1가구 1주택자의 주택은 양도소득세 감면(농특세 20%)이 있었는데 혜택을 받은 첫 번째 매물이었다. 적은 금액이지만 투자금 대비 수익은 만족했다. 전세 만기가 6월이었는데 일주일 만에 최고가로 매도했다. 처음에는 매수하려는 사람 쪽에서 조정을 하려고 했지만 꾸준하게 투자 수요가 있다는 것을 알고 있었기 때문에 시세대로 매도할 수 있었다. 이때 공인중개사의 도움이 컸다.

처음에 전세 끼고 매입했었고 재계약을 할 때 시세대로 500만 원을 올렸는데 당시에 세입자는 얼마 올리지 않아서 감사하다고 했다. 이번에 새로 매입한 사람은 전세가 끝나면 바로 월세로 내놓으려고 했는데 만기 때 나가야 되는 줄 알게 되어 표정이 어두워진 세입자를 보고 전세를 1년 연장한 다음에 내놓기로 계획을 바꿨다.

5년 전 분양 전환 시 가격이 6,500만 원 정도였는데 지금은 1억원이 넘었다. 당시에 10채 이상 매입한 투자자가 있다고 들었는데 결과는 어떤지 궁금하다. 역시 꾸준한 투자가 답인 듯하다.

이번 물건을 거래하면서 매도하는 아파트가 있는 지역에 또 다른 아파트가 있다면 공인중개사가 좀 더 적극적으로 내 편이 되어준다는 사실을 알았다. 사실 한 지역에 1채만 있으면 공인중개사는 대부분 사무적으로 대한다. 만일 물건을 더 갖고 있다거나 내가 투자자라는 사실을 공인중개사에 알려주면 매도 때 좀 더 혜택을 받을 수 있다. 이번 투자의 결과는 다음과 같다(이번 표의 '매입 경비'에는 기금 대출 이자가 포함되어 있다).

매입 시기	2013년 11월	매도 시기	2016년 4월
매입가	8,400만 원	매도가	1억 원
전세가	6,000만 원	매도 경비	70만 원
대출(국민주택기금)	2,000만 원	실투자금	870만 원
매입 경비	800만 원	수익금(수익률)	1,130만 원(130%)

전세가 월세로, 월세가 전세로

아파트 투자에 한창 열을 올리던 시기였다. 과하다 싶을 정도로 아파트 매입만 계속 했다. 한 번에 8채를 동시에 매매, 전·월세, 인테리어, 대출 등을 추진하기도 했다. 이런 시기에는 자금 운용이 제일 힘들다. 갑자기 계획대로 되지 않아 돈맥경화에 걸려서 피가 마르는 경험을 했다. 심지어 전세로 내놓았는데 월세가 되고, 월세로 내놓았는데 전세가 되는 상황도 발생했다. 대출 서류를 처음부터 다시 준비하기도 했다. 이 시기에 벌어진 사례 하나를 소개하고자 한다.

공부 목적으로 강원도로 임장을 갔다가 임장 현장에서 투자와 중개업을 같이 하는 공인중개사 한 분을 만났다. 같은 부동산 온라인 카페 회원이라는 것을 알고는 서로 반가워했다. 지금도 끈끈한 인연을 이어가고 있다.

지역을 둘러보고 중개사무소에서 추천하는 매물의 임장까지 마치고 나니 공부 목적이었지만 투자하고 싶은 생각이 들었다. 해당 지역은 지방 소도시지만 학군이 받쳐주고 있어서 투자 가치가 있어 보였다. 당시에는 일시적인 공급 과잉으로 가격이 하락한 상태였다. 그래도 가격 조정은 좀 더 가능해 보였다. 어느 정도 조정이 가능하면 사겠다는 주문을 넣고 집으로 돌아왔다.

며칠 뒤, 23평형 매물이 7,700만 원에 나왔다는 연락을 받았다. 좀 더 조정을 부탁하고 집 내부를 확인해 보니 화장실, 신발장, 보일러 등이 교체가 되어 있어서 추가적인 수리 없이 전세를 놓아도 될 것으로 보였다. 혹시 다른 사람에게 갈지 몰라 마음을 졸이며 기다렸는데 다행히 7,600만 원으로 조정이 끝났다.

우선 50만 원에 가계약을 했다. 계약할 때 계약금을 주고 잔금은 몇 달 뒤에 치르기로 했다. 전세가 7,000만 원대로 형성되어 있어서 실제 투자금 600만 원에 취득세, 법무사 수수료 등 포함해 850만 원 정도면 마무리가 될 것으로 보였다.

추가로 사게 된 매물은 27평형 탑층이었는데 낮은 투자금에다 시내에 인접해서 살기 좋아 보였다. 무엇보다 발코니에서 바다가 살짝 보인다는 점이 설레게 만들었다. 나중에 별장 아파트로 쓰면 좋겠다는 엉뚱한 상상도 해봤다. 월세를 받는 아파트로 정하고 인근 은행에서 대출자서까지 끝낸 상태였다. 그런데 문제가 발생했다.

약속이나 한 듯 갑자기 세입자 수요가 뚝 끊긴 것이다. 임장할 때는 꾸준히 오가던 세입자들이 김장철과 겨울로 접어드는 날씨 탓인

7장 부동산이 부동산을 사다

지 확 사라졌다. 귀신이 곡할 노릇이었다.

결국 두 물건의 처지가 뒤바뀌었다. 전·월세로 동시에 내놓고 물건을 맞추기로 했다. 전세로 계획했던 23평형 매물이 월세로 계약되는 바람에 대출자서를 작성하려고 정동진의 한 농협까지 가야 했다. 제일 나은 조건이었다. '남들은 관광하러 오는 곳을 나는 대출받으러 가는구나'라고 생각하니 기가 막혔다. 그래도 세입자를 구해서 다행이라는 위안을 삼으며 갔다. 지금까지 세입자가 두 번 바뀌었지만 월세는 한 번도 밀리지 않았으며 중간에 월세를 올렸다. 세입자와도 관계가 좋아서 서로 덕담을 나누면서 헤어졌다. 이런 부분에서는 항상 감사한 마음이다.

27평형 물건도 지금까지 전세로 잘 관리되고 있다. 매도인이 방과 거실에 에어컨을 놔두고 간 덕분에 전세를 놓으면서도 다른 곳보다 차별성을 가질 수 있었다. 마찬가지로 임차인이 두 번 바뀌었지만 좋은 관계를 유지하고 있다.

아쉽게도 이제는 매도 시기를 저울질 중이다. 두 매물 모두 흔치 않게 1가구 1주택자의 주택을 매입한 덕분에 양도소득세 감면 대상이다. 2013년에 1가구 1주택자의 주택을 매입하면 향후 5년간 양도소득세가 감면이었다(농특세 20%만 부담). 이런 감면 대상 주택은 전체 보유하고 있는 주택 수 산정에서 제외된다. 만일 집이 2채인데 감면 대상 주택이 있다면 이 조건을 잘 활용하기 바란다. 이번 투자의 결과는 다음과 같다(보유 중이라서 현 시세 기준으로 수익금 등을 계산했다).

[23평형 아파트]

매입 시기	2013년 12월	매도 시기	보유 중
매입가	7,600만 원	현 시세	9,500만 원
월세	2,000만 원 ㅣ 35만 원	월세 수익금	800만 원
대출	4,900만 원	(예상) 매도 경비	70만 원
매입 경비	930만 원	(예상) 실투자금	1,000만 원
		(예상) 수익금(수익률)	2,400만 원(240%)

• 주: '월세 수익금'은 월세에서 대출 이자를 뺀 금액을 지금까지 받은 합계다(40개월).
'(예상) 수익금'을 계산할 때는 시세 차익 외에 월세 수익금도 포함했다.

[27평형 아파트]

매입 시기	2013년 12월	매도 시기	보유 중
매입가	8,100만 원	현 시세 ㅣ 현 전세	1억 1,500만 원 ㅣ 8,500만 원
전세가	7,500만 원	(예상) 매도 경비	150만 원
매입 경비	950만 원	(예상) 실투자금	1,100만 원
		(예상) 수익금(수익률)	2,900만 원(264%)

7장 부동산이 부동산을 사다

좋은 인연이 서울의 아파트가 되다

　서울에 급매물이 나왔다는 공인중개사의 전화를 받았다. 예전에 추위를 뚫고 임장을 갔던 곳이었는데 그때만 해도 21평형이 매매가는 2억 6,500만 원~2억 7,500만 원, 전세가는 2억 2,500만 원 정도였다. 그런데 더 좋은 조건의 물건(2억 7,500만 원대)이 급매로 1,000만 원 싸게 나왔다(2억 6,500만 원). 단지 내에서 가장 전망이 좋은 동에 로열층이었다. 게다가 수리를 안 해도 입주가 가능할 정도로 깨끗한 상태였다. 가본 적이 있기 때문에 굳이 다시 둘러볼 필요는 없었다. 괜찮은 가격으로 보여 바로 협상에 들어갔다. 지방에 있는 관계로 공인중개사가 중간에서 매도인과의 연락을 전달해줬다.

　우선 계약금을 좀 짜게 불렀다. 보통 계약금은 매매가의 10%인데(2,650만 원) 돈이 없다는 핑계로 2,000만 원만 부르고 100만 원만 깎아 달라는 심산이었다. 알고 보니 매도인이 할머니셨는데 해외로 가야 해서 급하게 정리하는 물건이었다. 그런데 중도금을 2,000만 원 정도 달라는 역공격이 들어왔다. 만기는 2016년 3월 말이었다.

만만치 않음을 느꼈다. 100만 원 얘기는 아직 시작도 안 했는데…. 얼마 전 '투자 18호'를 매입할 때 생전 처음 중도금 2,000만 원을 지출하는 바람에 보유 중인 투자금도 빠듯해서 그건 안 된다고 딱 잘랐다. 이때 문득 아이디어가 생각났다. 중도금 공격을 막는 대신 계약금은 10%인 2,650만 원을 다 줄 테니 100만 원만 깎자는 제안이었다. 당연히 줘야 할 10% 계약금을 협상 조건으로 내세운 것이다. 그리고 지방에서 멀리 집을 보러 올라왔고 아기도 태어난 지 얼마 되지 않아 앞으로 돈이 많이 들어가니 이해를 부탁한다는 말도 하면서 다시 협상을 시도했다. 공인중개사도 적극적으로 도와줬다. 매도인은 고민할 시간을 달라고 했다.

그 사이 나는 헬스장에서 운동을 한 다음에 집에 와서 또 다른 부동산 매물을 검색했다. 1시간, 2시간, 3시간 …. 시간이 계속 흐르는데 연락이 없었다. 슬슬 불안해지기 시작했다. '100만 원 때문에 안 되는 것인가?'라는 생각이 들었다. 그렇게 다시 5시간, 6시간이 흘렀다. 이번에는 물 건너갔다는 생각을 할 찰나에 공인중개사에게서 연락이 왔다.

"100만 원 깎았어요. 계약 진행해도 됩니다. 가계약금 계좌는….."

협상의 처음과 끝이 하루 안에 끝난 매물 중에서 제일 오래 걸렸다. 공인중개사에게 감사하다는 말을 빼놓지 않았다.

매입과 동시에 전세를 놓았는데 공인중개사가 전세 관련 중개보수는 생략해줬다(사실 예전부터 매매와 전세를 동시에 계약하면 빼주는 공인중개사였다).

이번에 산 아파트는 지하철역이 도보로 10분 이내인데 앞으로 부근에 경전철역이 생길 예정이다. 그리고 바로 옆이 재개발지역이라 추후 이주 수요가 또 하나의 호재다.

돌이켜 보면 좋은 분들과의 만남과 인연을 통해 좋은 매물(서울의 아파트)을 잡을 수 있는 기회였다고 생각한다.

무조건 채 수만 늘리려는 투자자가 있는데 채 수의 허수에 빠지지 않으면서 이런 알짜배기 몇 채에 집중하는 것도 투자의 한 방법이라고 본다. 이번 투자의 결과는 다음과 같다(보유 중이라서 현 시세 기준으로 수익금 등을 계산했다).

매입 시기	2016년 1월	매도 시기	보유 중
매입가	2억 6,400만 원	현 시세 ǀ 현 전세	3억 3,000만 원 ǀ 2억 5,000만 원
전세가	2억 3,500만 원	(예상) 매도 경비	1,000만 원
매입 경비	3,400만 원	(예상) 실투자금	4,400만 원
		(예상) 수익금(수익률)	5,100만 원(116%)

매도인의 상황을 공략해
2,000만 원 싸게 잡다

비가 추적추적 오던 날이었다. 마침 쉬는 날이라 아기를 아기 띠에 안고 아내와 함께 평소 알고 지내던 공인중개사의 사무실을 방문했다. 요즘 분위기는 어떤지 공부를 겸한 임장이라고나 할까?

마침 중개사무소 안에서는 공인중개사와 몇 사람이 흥정 중이었다. 공인중개사가 나를 보더니 슬쩍 눈치를 줬다. 나가지 말고 옆에서 한 번 들어보라는 의미였다.

올 초에 매입한 매물에 대한 흥정이었다. 결국 계약은 이뤄졌는데 몇 달 전보다 2,000만 원 오른 가격이었다. 전세가는 그대로였지만 현재 매물은 없고 아주 가끔 나올 때마다 가격이 올라가고 있다는 것을 눈으로 확인할 수 있었다. 요즘 시장 분위기라는 생각이 들었다.

좋은 경험을 했다고 아내와 이야기를 나누면서 몇 곳을 돌아본

다음에 집으로 돌아왔다. 오후 5시가 넘어가고 있었다. 뭔가 아쉬운 마음에 컴퓨터를 켰는데 갑자기 저렴한 가격의 매물이 하나 떴다. 보통 이런 매물은 세를 안고 2~3개월 내 협의 또는 갭이 큰 것이다. 자금만 여유가 있다면 좋겠지만 항상 투자금이 아쉬운 투자자 대부분에게는 부담스럽다. 확인해 보니 역시 세를 안고 매도하는 매물이었는데 낮에 들렀던 중개사무소 근처 단지였다. 가격은 1,500만 원~2,000만 원 정도 싸게 나왔다. 예전 같았으면 그냥 넘어갔을 때는 무슨 생각이 들었는지 공인중개사에게 바로 확인을 부탁했다.

그런데 이게 웬일? 세 안은 매매는 맞는데 잔금과 전세 만기가 내년 3월이다. 향은 동향이지만 로열층이었다. 잘만 하면 계약금만 걸고 물건을 잡을 수 있겠다는 생각이 들어 중개를 부탁드렸다. 곧바로 의문이 생겼다.

'왜 잔금이 내년이지?'

기존의 매물과는 상황이 달라서 매도인의 전후사정이 궁금해졌다. 나는 투자할 때 매물의 스토리를 중시한다. 그래서 매도인, 세입자의 전후사정을 확인해본다. 특히 매도인의 사정을 알아야 급매인지, 협상할 때 주도권을 쥘 수 있는지 판단이 선다. 투자하는 내 입장에서는 정말 중요한 요소다. 그런데 이 매물은 공동 중개여서 스토리, 즉 전후사정을 알기 힘들었다. 차선책으로 등기부등본을 확인했다. 올해 1월에 세를 안고 4,000만 원 갭으로 매입을 한 매물이었다. 정답이 거의 나왔다.

'매도인도 투자자였군. 다른 투자처에 자금이 필요해서 내놨구나. 내년 3월 전세 만기에 파는 이유가 전세 만기도 있지만 세금 문제 때문일 거야. 그런데 1월에 비해 3,000만 원~4,000만 원이 올랐는데 2,000만 원만 받는 조건이면 지금 급한 상황이 아닐까?'

공인중개사에게 뒤늦게 연락을 받았는데 역시 내 예상과 거의 맞았다. 그래서 비 오는 날 급매를 던졌던 것이다.

세입자 사정으로 오늘 집을 볼 수 없었다. 신발장과 싱크대는 수리된 상태라는 말만 듣고 아내와 논의한 다음, 협상에 들어갔다. 역시 중도금 공격이 들어왔다. 그래서 중도금으로 1,000만 원을 제시했다. 다행히 공인중개사가 빌려주기로 했다. 말도 하지 않았는데 내가 자금 문제로 고민하자 먼저 제안해줬다. 정말 고마웠다. 나머지 자금은 다른 투자 아파트의 8~9월 재계약분을 미리 당기는 걸로 세입자와 잘 얘기해서 치를 생각이었다.

싸게 나온 것이라서 더 깎기는 힘들어 보였다. 매도인도 지금 당장 돈은 필요하지만 싸게 내놓았고 내년에 팔아도 상관없다며 배짱을 부렸다. 내가 보기에 적어도 내년 이야기는 그냥 하는 말 같았다. 돈이 필요해서 파는 걸 알고 있는데….

그렇게 하루가 지나갔다. 현장을 둘러본 다음에 밤 8시가 넘어서 집에 들어왔다. 우리 부부는 좀 더 따져보려는 생각을 하고 있을 때, 중도금 2차 공격이 들어왔다. 중도금 2,000만 원이 아니면 못 팔겠다는 것이었다. 계약금 2,000만 원으로 잘 이야기했다고 생각했는데 그 말을 들으니 기분이 좀 좋지 않았다. 투자금 회수 때문이라는

7장 부동산이 부동산을 사다

생각이 들었다. 매도인 입장에서 보면, 올 초보다 4,000만 원이 올랐으니 이번에 투자금 전액을 회수하면 금상첨화라고 생각한 것 같다. 하지만 나는 그건 아니라고 보고 최후통첩을 날렸다.

"어제 중도금 1,000만 원으로 이야기했을 때 긍정적이었다가 갑자기 말을 바꾸는 게 어디 있습니까? 우리도 더 이상은 여유자금이 정말 없습니다. 4,000만 원 투자했다가 3,000만 원 버는 것 아닙니까? 팔든지 말든지 알아서 하세요."

결국 중도금 1,000만 원으로 계약했다. 매도인은 계약서를 쓰면서 앞으로 최소 2,000만 원 이상은 더 오른다면서 투덜거렸다. 다음 날, 아기 띠에 아기를 안고 아내의 손을 잡고 집 내부를 보러갔다. 시장 조사 차원에서 또 다른 중개사무소에 들러 슬쩍 내가 산 물건에 대해 물어봤다.

"그 물건 팔렸어요? 오늘도 문의 많이 들어왔는데…."

아쉽다는 공인중개사의 얼굴을 뒤로 하고 집으로 향했다. 세입자의 아기가 아파서 정신이 없다고 하는 바람에 내부 사진을 간단하게 몇 장만 찍었다. 싱크대는 왼쪽에 수납장 한 칸이 더 있는 유명 브랜드의 제품이었다. 이번 매도인의 전 매도인이 실제 거주한 것 같다. 신발장과 타일, 발코니 상태도 깨끗했다. 방문 틀이 살짝 벗겨진 부분만 새로운 세입자가 들어오기 전에 하면 될 것 같았다. 다행히 전체적으로 괜찮았다.

26평형 아파트인데 지하철 1호선과 7호선을 탈 수 있어서 서울 출퇴근이 용이했다. 주변에 신규 공급 물량이 없고 서울 전세 가격에 비해 훨씬 싼 가격대가 형성되어 있었다. 향후 대형 쇼핑몰이 들어온다는 호재가 있고 공원, 박물관, 도서관 등이 있어 주변 환경이 좋았다. 초·중·고가 밀집되어 있는데 특히 중학교 학군이 좋다고 한다. 단, 세대당 주차 대수가 적고 지은 지 좀 된 단점이 있다.

처음에는 공부 목적으로 간 임장이었는데 급매에 마음이 끌려 우여곡절 끝에 매입을 하게 되었다. 지금도 매주 임장을 하고 있다. 발품과 땀방울은 결코 배신을 하지 않을 것이다. 이번 투자의 결과는 다음과 같다(보유 중이라서 현 시세 기준으로 수익금 등을 계산했다). 참고로, '(예상) 매도 경비'에서는 양도소득세를 일반 세율로 계산했다. 올해 샀지만 1년 이상 보유할 예정이기 때문이다. 1년도 되지 않은 시기에 팔면 양도소득세는 40%다.

매입 시기	2017년 3월	매도 시기	보유 중
매입가	2억 3,000만 원	현 시세 | 현 전세	2억 6,000만 원 | 2억 1,000만 원
전세가	2억 1,000만 원	(예상) 매도 경비	300만 원
매입 경비	3,300만 원	(예상) 실투자금	3,600만 원
		(예상) 수익금(수익률)	1,400만 원 (39%)

돌 선물로 아파트를 사다

아이의 첫돌을 뜻 깊은 시간으로 만들고 싶어 서울대학교 어린이병원에 형편이 어려운 소아환자를 위한 후원을 했다. 그리고 돌잔치를 하지 않는 대신 아파트를 증여하기로 했다. 엄밀히 말하면 현금 증여를 통해 전세 낀 아파트를 매입한 것이다.

이러한 결정은 서울에 보유 중인 아파트의 전세 세입자를 받으면서 하게 됐다. 2억 원이 넘는 전세금을 신랑 아버지가 선뜻 지원해주는 것을 보고 '앞으로 30년 뒤에 내 아이에게 저렇게 해줄 수 있을까?'라는 생각이 들었다. 지금부터 준비하지 않으면 그때 해주지 못할 것 같았다. 그래서 아내와 고민 끝에 증여와 부동산 투자를 접목시키려고 했다(자녀의 전세금을 부모가 대신 내주면 증여세를 낼 수 있다).

무더위가 기승을 부리던 2016년 8월이었다. 새로운 투자처를 찾기 위해 서울에서 몇 곳을 집중적으로 보고 있었다. 투자금이 많이 들어가면 항상 아깝다는 생각을 하다가 투자 가치가 있다면 5,000만 원 이상이라도 진행하자는 생각으로 바뀌는 시기였다. 그러던 중에 매물이 하나 딱 보였다.

급매로 나왔는데 현 세입자 만기가 3개월 정도 남아서 적당했다. 그런데 갭(매매가와 전세가의 차이)이 4,000만 원 정도여서 고민이 되었다. 공인중개사에게 세입자가 만기 때 올리고 연장할 것인지, 연장한다면 (전세금을 올려) 갭이 2,000만 원까지 가능한지 확인을 부탁했다. 다행히 재계약을 하고 2,000만 원도 가능하다는 연락을 줬다. 바로 그날 저녁에 집을 보기로 하고 일이 끝나자마자 아내와 함께 출발했다.

지하철로만 꼬박 한 시간이 넘게 걸리는 곳이라 밤 9시에 겨우 도착했다. 주변을 보니, 지하철역과 버스 정류장이 가깝고 옆에 초등학교가 있을 뿐만 아니라 산책이 가능한 하천을 끼고 있어서 조용하고 아늑했다. 오래된 아파트인데도 지하 주차장까지 엘리베이터가 연결이 되어 있었다. 나중에 여기서 아이를 키우면서 살면 좋겠다는 생각이 들었다. 그런데 내부를 보니 살짝 리모델링이 필요해 보였다.

집에 돌아와서 한숨을 돌리고 있었는데 세입자가 2,000만 원 인상은 안 된다고 다시 연락했다. 남편이 적극적으로 반대한다는 이유에서였다. 아쉽지만 포기하기로 했다. 그런데 자꾸만 아른거렸다. 자려고 하는데도 계속 그 아파트가 생각이 났다. 고민하다가 장기

7장 부동산이 부동산을 사다

보유 목적으로 사기로 했다.

2,000만 원 갭을 마지노선으로 잡은 것은 증여 때문이었다. 0~10세까지 미성년자 증여는 2,000만 원이 한도(비과세)다. 10년마다 비과세가 다시 적용이 된다. 그래서 산술적으로 다음과 같은 표처럼 비과세 증여가 가능하다.

나이	비과세 한도	누적 금액	나이	비과세 한도	누적 금액
0세	2,000만 원	2,000만 원	만 20세~	5,000만 원	(+) 9,000만 원
만 10세~	2,000만 원	(+) 4,000만 원	만 30세~	5,000만 원	(+)1억 4,000만 원

이번에는 전세를 좀 높여서 갭 2,000만 원으로 새로운 세입자를 구하기로 했다. 그런데 세입자가 지금 나가기에는 아쉽다고 생각한 것 같다. 공인중개사를 통해 갭 3,000만 원으로 하자는 이야기를 전달해왔다. 공인중개사가 재계약을 하면 전세 중개보수는 빼주기로 했다. 증여세 90만 원(3,000만 원 중에서 비과세 한도를 뺀 1,000만 원에 세율 10% 및 신고 세액 공제 10%가 적용된 금액, 2017년부터 신고 세액 공제는 7%임)을 내기로 했다.

향후에 매도가 잘 되면 최초 증여한 금액을 뺀 수익이 고스란히 자녀 몫이다. 그 몫을 차근차근 불려줄 생각이다. 증여한 부분은 돌려받을지 고민 중이다. 세무 당국에서 사후관리를 하면서 자녀가 어떻게 갚는지도 지켜본다고 한다.

2016년 말이 돼서 총자산을 보니 올해 초에 비해 3배 정도 오른 것 같다. 2016년 한 해 동안 부동산 시장이 정말 뜨거웠다는 것을 느꼈다. 하지만 팔아야 수익이 생기는 것이므로 팔지 않았을 때의 예상 수익은 말 그대로 예상 수익일 뿐이다. 올랐다고 경거망동하지 않고 앞으로도 투자할 때는 항상 겸손한 자세로 임하려고 한다. 이번 투자의 결과는 다음과 같다(보유 중이라서 현 시세 기준으로 수익금 등을 계산했다).

매입 시기	2016년 11월	매도 시기	보유 중
매입가	2억 9,000만 원	현 시세 | 현 전세	3억 3,000만 원 | 2억 8,000만 원
전세가	2억 6,000만 원	(예상) 매도 경비	500만 원
매입 경비	3,500만 원	(예상) 실투자금	4,000만 원
		(예상) 수익금(수익률)	3,000만 원(75%)

급매물을 3차례 협상으로 더 싸게 사다

지인의 부탁으로 투자할 매물을 찾고 있었는데 모처럼 급매물이 나왔다는 소식을 들었다. 보통 4,000만 원~5,000만 원 정도 갭인 지역에서 3,000만 원 정도의 갭인 매물이 나온 것이다. 가격 기준으로는 3억 2,000만 원~3억 3,000만 원인 매물이 3억 1,000만 원에 나왔다. 층, 향(남향)도 좋고 잔금도 내년 3월이라 괜찮아 보였다.

인터넷에 올라오기 전날 밤에 아는 공인중개사의 연락을 받았기 때문에 첫 입성(우리 공인중개사가 제일 처음 방문했다는 의미)에 성공했다. 집 상태를 확인한 다음에 협상계획을 세우고 공인중개사에게 내부 사진을 부탁했다.

잠시 후, 세입자가 민감해서 사진을 찍지 못했다는 연락을 받았다. 매도인(현 집주인)이 세입자와 전세금 조정 때문에 다투다가 결국 관계까지 나빠졌다는 이야기도 들었다. 그래서 급매물로 나온 것 같다.

해당 물건의 구조는 예전에 본 적이 있어서 집 상태는 보통이라는 말을 듣고 바로 협상에 들어갔다. 싸게 나왔지만 그래도 좀 더 깎고 싶은 마음에 500만 원 조정을 요청했다.

공인중개사의 노력 덕분에 500만 원을 깎을 수 있었다. 하루 정도 뜸을 들였다. 듣자마자 연락하면 물건을 거둬들이는 매도인이 간혹 있기 때문이다.

다음 날부터 네이버 부동산 등에 올라가자 여기저기서 입질이 시작된 것 같았다. 그런데 세입자가 집을 보여주지 않아서 다들 돌아선다는 이야기를 들었다. 그런 와중에 지방의 한 투자 모임 회원들이 주변 중개사무소를 돌고 있다는 사실이 내 레이더에 포착됐다. 내가 이미 작업하고 있는 매물에도 접근했지만 우선권은 이미 내게 있으니 신경 쓰지 않았다('무조건 싸게'를 외치는 바람에 공인중개사들이 짜증을 냈다는 후문을 들었다).

집을 보여주지 않는 세입자 때문에 매도인이 심리적으로 압박을 느낀다는 생각이 들었다. 2차 협상이 가능해 보였다. 공인중개사에게 다음과 같은 말로 설득을 부탁드렸다.

"세입자가 집을 보여주지 않아서 사려는 사람이 다 떨어져 나갈 것 같아 고민입니다. 대부분 투자 목적인데 현 세입자가 보여주지 않으면 새로운 세입자를 구하기 힘들 것 같으니까요. 이럴 때는 가격으로 승부해야 하니 300만 원 더 조정합시다."

보통 이 정도가 되면 부담스럽다면서 해주지 않는 공인중개사가 많은데 이 공인중개사는 감사하게도 더 적극적으로 해주셨다. 역시 인연이 중요하다.

매도인은 3억 250만 원까지 깎아줬다. 지인도 마음에 드는 가격이라고 했다. 그런데 이상한 오기가 생겼다. 저 '50만 원'이 은근히 거슬렸다. 지인에게 크리스마스 선물을 주고 싶었다. 마지막으로 3차 협상에 들어갔다.

"매수인이 거의 계약하려고 합니다. 그런데 현 세입자와 잘 지내야 하기 때문에 선물을 준비해서 찾아가려고 합니다. 격려 차원에서 50만 원은 그냥 빼주죠."

그렇게 해서 3억 200만 원에 도장을 찍었다. 말도 안 되는 3번의 협상이었는지 모른다. 협상의 기술이 좋아서라기보다 매도인이 너그러운 사람이었기 때문으로 생각된다. 세입자와 관계가 껄끄러우니 빨리 끝내고 싶다는 마음도 영향을 미쳤을 것이다. 그러지 않고서는 이런 과정 자체가 진행되기 힘들었을 것이다. 기쁜 마음으로 매수자인 지인에게 최종 금액을 이야기하면서 당부를 했다.

"앞으로 새로운 세입자를 쉽게 구하기 위해 현재 세입자와 좋은 관계를 맺을 필요가 있습니다. 처음 방문하실 때 뭐라도 사들고 가시면 어떨까요?"

나중에 들으니 지인은 케이크를 사들고 방문했고 세입자와 이야기가 잘 되었다고 한다.

가장 좋은 투자는 급매물을 사는 것이라고 생각한다. 이번 매물은 역세권에다 학군도 좋았고 학원도 잘 형성되어 있었다. 단지에 평형도 다양해서 아이들이 자라면 큰 평수로 옮겨 살아도 괜찮다는 생각이 들 정도로 입지가 좋았다. 입지가 좋은 아파트를 급매물로 샀으니 이것이 금상첨화라고 생각한다.

그 치열했던 누수전쟁의 현장 속으로

지금까지 부동산 임대사업을 하면서 크고 작은 일을 경험했는데 이번에 말할 사례의 경우에는 정말 마음고생이 심했다. 인간에 대해 다시 한 번 생각하는 계기가 될 정도였다. 매도인 편(전반전)과 세입자 편(후반전)으로 나눠서 이야기를 풀어보고자 한다.

매도인 편(전반전)

2016년 1월의 어느 날이었다. 산 지 3주도 되지 않은 집에 동파 때문에 물난리가 났다는 암울한 소식을 공인중개사에게서 듣게 되었다. 길고 길었던 누수전쟁의 서막을 알리는 순간이었다. 당시에 지방에 있어서 현장으로 갈 수 없었기 때문에 급하게 배관업체 사장님과 관리사무소에 연락했다.

알고 보니 작은 방의 벽면 귀퉁이(벽을 콘크리트가 아닌 석고보드로 막고 벽지를 두른 걸 그때서야 알았다)에서 누수가 폭포수처럼 시작되어 작은 방과 거실까지 흘렀다. 하필이면 모든 바닥의 재질이 강화마루였다. 장판과는 다르게 강화마루는 물에 젖으면 불거나 썩기 때문에 이 정도면 보통 전면 교체를 생각해야 한다. 비용도 만만치 않고 세입자가 있으면 교체가 쉽지 않다.

참 난감했다. 우선 배관업체 사장님에게 빠른 공사를 부탁했고 관리사무소에 아래층의 누수 여부 확인을 부탁했다. 경험상 아래층 누수를 확인하고(되도록 바로 아래층뿐만 아니라 아래로 3~4개 층은 기본으로 살펴봐야 한다) 누수가 있다면 조치를 해야 피해를 최소화할 수 있기 때문에 마음이 급했다.

이상하게 바로 아래층에서는 문제가 없었는데 그다음 아래층부터 화장실 앞 천장에 물이 새서 벽을 적셨다. 집주인들에게 죄송하다고 양해를 구한 다음, 누수를 잡고 벽이 마르면 후속 조치를 해드리겠다고 했다. 다행히 다들 이해해주셨다.

누수를 잡고 견적을 뽑는 것이 급선무여서 동시에 인테리어업체도 불렀다. 작은 방 도배 및 강화마루 교체, 거실 강화마루 교체, 아래층 도배 교체와 누수 공사비까지 약 300만 원의 견적이 나왔다.

매입한 지 3주도 되지 않았는데 이런 사고가 나다니 혹시 내가 모르는 무언가(하자)가 있었던 것은 아닌지 궁금해서 공인중개사에게 매도인과의 연락을 부탁했다. 그리고 세입자와 이야기를 나누는데 한 가지 사실을 알게 되었다. 매도 당시(내가 살 당시) 세입자가 매도

7장 부동산이 부동산을 사다

인에게 예전에 누수가 난 사실을 말해야 하는지 물어봤다고 한다. 그런데 매도인이 하지 말라고 해서 말하지 않았다는 것이다. 누수가 났던 곳과 가까운 다용도실 온수 밸브도 사용하지 말 것을 이야기해서 쓰지 않았다는 말도 해줬다. 그 말을 듣고 배관업체 사장님에게 연락해봤다. 아니나 다를까 예전 누수 공사를 했던 곳이 또 터졌다는 것이다. 당시 수리할 때 연결 부위에 정품이 아닌 불량품을 쓰는 바람에 다시 터졌고 동파가 두 군데 더 생겼다.

이러한 사실을 바탕으로 매도인 쪽의 공인중개사에게(공동 중개로 산 물건이었다) 민법 580조 매도인의 하자 담보 책임 부분과 582조 권리 행사 기간 부분을 이야기하면서 이번 사고는 매도인이 배상해야 한다는 것을 알렸다.

제580조(매도인의 하자 담보 책임) ① 매매의 목적물에 하자가 있는 때에는 제575조 제1항의 규정을 준용한다. 그러나 매수인이 하자 있는 것을 알았거나 과실로 인하여 이를 알지 못한 때에는 그러하지 아니한다.
② 전항의 규정은 경매의 경우에 적용하지 아니한다.

제582조(전2조의 권리 행사 기간) 전2조에 의한 권리는 매수인이 그 사실을 안 날로부터 6월 내에 행사하여야 한다.

참고로, 제575조 제1항은 물건에 흠결이 있는데 알리지 않으면 계약을 해제하거나 손해 배상을 청구할 수 있다는 내용이다.

얼마 지나지 않아 매도인에게서 연락이 왔고 장시간에 걸쳐 통화를 했다. 매도인은 관련 법 조항 자체를 몰랐다. 내가 친절하게 법 조항까지 알려주면서 매도인의 책임과 손해 배상을 요구했다. 매도인도 법률적인 자문을 구해보겠다고 하면서 이야기를 끝냈다. 이후부터 매도인과 나는 카톡으로 설전을 벌였다. 이번 누수는 최근 날씨로 인한 동파이므로 예전 누수와는 상관없으니 책임이 없다고 항변했다. 나는 강하게 압박했다.

"중고차 살 때도 사고 이력을 알려줍니다. 이번처럼 일부러 알려주지 않은 건 무슨 경우입니까? 누수 사실을 알았다면 살 때 가격을 더 깎거나 계약을 하지 않았을 것입니다. 이럴 거면 수리할 바에 차라리 계약을 해제하겠습니다."

계속 평행선을 달렸다. 하는 수 없이 강화마루 교체는 비용이 많이 나와 부담되니 장판으로 하면 반으로 줄어든다는 조정안을 내놓았다. 하지만 매도인은 자신도 법률 자문을 받았다면서 책임이 없다는 말만 되풀이하는 것이 아닌가. 나도 다시 강공 모드로 돌아서서 내용 증명과 민사 소송을 제기하겠다고 압박했다. 이미 부동산 전문 변호사에게 법률 자문을 받은 상황이라 아쉬울 것은 없었다. 이번 아파트를 중개해준 양쪽 공인중개사에게도 단호하게 내 뜻을 전했다.

"중개대상물 확인서를 보면 누수 없음으로 표시가 되어 있기 때문에 매도인이든 저든 이번 결과에 따라 구청에 신고하는 등 후속 조치가 있을 것입니다. 단, 저는 공인중개사님들이 다치는 것은 원하지 않습니다. 그러니 매도인을 설득해서 중재해주세요.”

철저하게 매도인을 고립시키는 전략이었다. 세입자도 내 편으로 만들었다.

“매도인이 동파를 주장하는데 분명 세입자에게도 손해 배상을 청구할 겁니다. 그러나 전 그럴 생각이 없습니다.”

세입자는 매도인과는 연락을 끊고 나하고만 연락하기로 했다.

며칠 뒤, 매도인은 총 180만 원(누수 공사 40만 원, 도배 50만 원, 장판 90만 원) 중 90만 원을 부담하라는 내 중재안에 60만 원만 주겠다는 의견을 전달해왔다. 나는 발끈해서 공인중개사에게 말했다.

“그 돈 필요 없습니다. 민사 소송으로 간다고 전해주세요. 강화마루가 부담될 것 같아 장판으로 하고 그마저도 절반은 부담하겠다고 했는데도 그렇게 나오면 최초 금액 300만 원으로 소송 간다고 전해주세요.”

결국 매도인 측 공인중개사가 설득하는 등 우여곡절 끝에 90만 원을 주기로 했다(이번 건은 매도인 책임이라는 사실을 강조하기 위해 누수 공사 40만 원, 도배 50만 원, 총 90만 원을 내라고 한 것이다). 이 모든 설전은 세입자에게 실시간으로 다 전달해줬다. 매도인과 논의하는 동안 세입자는 세입자대로 점점 진상 세입자가 되는 것 같았기 때문이다. ‘나 호락호락하지 않으니 함부로 덤비지 마세요’라는 의미였다. 하지만 역시 세입자가 앞뒤 가리지 않고 치고 들어왔다.

매도인과 한판 전쟁이 끝나자 이제 세입자가 치고 들어오기 시작했다. 자신은 전혀 책임이 없고 내부 수리 때문에 더 이상 살 수 없으니 이사비와 자신들 집을 구하는 비용까지 지불해달라고 요구했다. 아직 계약 기간이 남았는데도 말이다.

"수리를 해주지 않겠다는 것도 아니고 최대한 수리에 협조하겠다고 말씀드리지 않았습니까? 계약 기간도 남은 상황에서 본인 의사로 나가겠다는데 제가 왜 이사비와 중개보수를 내야 하는지 모르겠네요. 전 그렇게는 못하겠습니다."

그러자 이 진상 세입자는 작은 방과 거실을 들어내고 수리를 하는 것이니 당분간 살 오피스텔 비용까지 요구했다.

"말도 안 됩니다. 작은 방과 거실 수리에는 최대한 협조하겠습니다. 그리고 동파 부분에 대해 책임이 없다고 말한 것은 매도인과의 분쟁 때문에 한 말이지 세입자 책임이 없다고 할 수 있습니까? 누수에 대해 이야기하지 않은 책임은 없다고 생각하십니까? 짐을 빼고 안 빼고는 세입자 문제지 제 문제가 아닙니다."

이렇게 대립각을 세우면서 한창 입씨름을 했지만 소득 없이 끝났다. 너무 무리한 요구였기 때문에 도저히 들어줄 수가 없었다. 지금까지 매도인과 힘들게 분쟁을 치르고 가까스로 해결하는 것을 옆에서 봤으면서 오로지 자기 이득만을 생각하는 세입자의 이기주의가 싫었다. 한편으로는 자녀도 많은데 오죽 저럴까 싶어 이해도 해보려고 했지만 그래도 정상적인 사고로는 이해가 힘들었다.

며칠 뒤, 연락이 왔다. 이사비는 못 준다고 하니 나가지 않는 대신 강화마루를 걷어내고 수리해달라는 것이었다. 아기 때문에 곰팡이가 걱정되어 나가겠다며 길길이 날뛰던 사람들이라면 이사비를 못 준다고 해도 나가야 하는 것이 아닌가? 반가운 연락이 아니라 짜증이 났다. 오로지 돈밖에 모르는구나…. 그렇다고 돈이 없는 사람들도 아니었다. 가까운 곳에 자기 집이 있었지만 아이 학교 문제 때문에 전세로 살고 있었다.

또 다른 문제가 생겼다. 식구가 많다 보니 짐이 엄청 많았다. 작은 방의 강화마루를 교체하려면 짐을 빼내야 되는데 집 안에 놔둘 곳이 없었다. 결국 작은 방의 짐을 컨테이너에 옮기기로 했다. 보관 비용은 내가 지불했다.

사실 새로운 세입자를 받고 싶었으나 그 사이 전세가가 떨어지는 바람에 현 세입자를 내보내려면 내 돈이 들어가야 했다. 귀찮더라도 수리에 최대한 협조해줘서 눌러 앉히는 것이 당시에는 낫다고 봤다.

그런데 다시 진상을 부렸다. 아이 짐과 2층 침대, 장난감들을 포장 이사로 해달라고 떼를 쓰기 시작했다. 그러면서 꼭 비닐을 씌워서 먼지가 쌓이지 않게 하고 손상이 가지 않도록 조심히 다뤄줄 것을 요구했다. 결국 엘리베이터 사용료 8만 원과 포장 이사비 80만 원을 추가 부담했다. 정말이지 극도의 이기주의 끝판왕을 보는 듯했다.

이사가 끝나자 곧바로 강화마루를 걷어내고 바닥을 말리기 시작했다. 예전 강화마루 시공 때 밑에 비닐을 깔고 하는 바람에 물이 고여 있었다. 말리고 다시 장판을 까는 데 2주 정도 걸릴 것으로 봤다.

세입자 요구의 끝은 어디인지 난감했다. 세입자의 전화가 오면 심쿵('심장 쿵쿵'의 준말)하고 심장 박동이 빨라졌다. 이런 일로 심쿵하기 싫은데….

이번에는 안방 결로로 인해 곰팡이 냄새가 나니 해결해달라는 요구였다. 이번 누수와는 별개의 사안이었고 전 매도인이 페인트 비용을 지불해서 항균 페인트를 발랐다. 그런데도 그 자리에 또 곰팡이가 났다고 하는 바람에 곰팡이 제거제와 방지제를 직접 사서 보내줬다. 보내줬으니 알아서 처리하라고 했는데 아이 건강을 이유로 계속 요구하는 바람에 결국 안방 한쪽 벽면 도배를 해주기로 했다. 도배를 해준다는 말을 듣자마자 10년 된 장롱에 곰팡이가 많이 꼈다고 하는 것이 아닌가. 잘 닦아서 쓰라고 했는데 3짝 모두 버려야 한다며 또 난리를 치는 바람에 처리 비용 45,000원도 줘버렸다. 갑자기 매트리스도 버린다고 해서 "잘 버리세요. 그건 못 해줍니다"라고 말했다. 진짜 끝이 없었다. 이 집으로 고생했으니 나중에 대박 나라는 말을 들을 때는 정말 어이가 없었다. 지금까지 누구 때문에 이 고생을 했는데….

며칠 뒤 또 연락이 왔다. 안방에서 자는데 곰팡이 냄새로 도저히 못 자겠다는 연락이었다. 더 이상 신경 쓰기 싫어서 곰팡이 방지제 뿌리라고 한 다음에 전화를 끊었다. 그런데 그날 저녁에 다시 전화해서는 이사를 가겠다는 것이 아닌가. 이사비는 안 받겠다면서….

7장 부동산이 부동산을 사다

누가 준다고 했나? 이럴 거면 작은 방 이사는 왜 한 건지…. 또 열이 났다.

며칠 뒤, 세입자의 끝판왕 기질이 또 나왔다. 분명 새로운 세입자를 구해야 전세금을 줄 수 있다고 했는데 ○월 ○일부로 4,000만 원 싸게 들어갈 수 있는 집을 구했으니 무조건 달라고 난리를 쳤다. 단기 대출을 받아 돌려줬다. 전세가를 1,000만 원 낮추고 급히 새로운 세입자를 구했지만 40일 뒤에 들어오기로 해서 대출 이자 약 130만 원과 40일간의 관리비는 내가 부담하기로 했다. 작은 방 이사비부터 수리비, 대출 이자까지 거의 400만 원이 나갔다.

손해를 보더라도 이 진상 세입자를 빨리 내보내고 다시 시작하고 싶었다. 내가 아는 이삿짐센터가 좀 더 저렴한 것 같아 알려줬다. 작은 방의 짐은 컨테이너에서 바로 새로 구한 집으로 가기로 했다. 나중에 들은 이야기인데, 작은 방은 이미 내가 냈으니 견적에서 작은 방만큼은 빼달라고 했다고 한다. 정말 진정한 잔머리의 달인으로 임명했다.

계약 만료 전에 나가는 것이니 대출 이자, 관리비는 세입자가 내라고 하면서 집 상태, 벽의 낙서 등을 다 트집 잡아 전세금에서 뺄 수 있었으나 좋게 생각하기로 했다. '저렇게 하면 뭐가 좋을까?'라는 생각이 머릿속에서 계속 맴돌았다. 저런 진상 세입자들은 사람이 가장 중요하다는 사실을 잊은 듯 했다.

그래도 이번 일을 겪으면서 좋은 사람을 얻었다. 공인중개사와 좀 더 돈독해졌고 매도인이 돈 주지 않으면 증인이 되어 증명서를 써

주겠다는 배관업체 사장님, 그런 요구 때문에 힘들겠다면서 시공은
책임지고 해줄 테니 걱정하지 말라는 인테리어 사장님, "그 진상들
짐 다 던질까요?"라면서 이사비를 줄여주신 이삿짐센터 사장님 등
을 만난 것이 큰 자산이었다.

이런저런 일을 겪으면서 투자자의 마음가짐을 다시 한 번 배웠다.
그리고 '역시 사람의 인연이 소중하다', '막히더라도 꾸준히 가면 새
로운 길이 열린다'라는 사실을 깨달았다.

임대사업에 대해 어떻게 생각하세요?

예비 투자자들에게 임대사업에 대한 질문을 많이 받는다. 투자를 시작하는 사람들이 제일 많이 질문한 것을 한번 모아봤다.

Q 전세 끼고 투자할 때 정말 잔금 지급 시기와 임차인 입주 날짜가 맞춰지는가?

A 대부분 맞춰진다. 하지만 모든 일에 예외가 있는 것처럼 부동산 투자에도 예외가 생긴다. 그래서 기존 임차인과 재계약하는 것이 좋다(중개보수도 들지 않고 수리 비용도 크게 들지 않는다). 전세 가격이 오른 만큼 추가로 받으면서 재계약을 하는 것이 제일 이상적이다.

각자의 사정에 따라 나가는 임차인도 많다. 그래서 매도인과 가계약을 하기 전에 현 임차인에게 재계약 의사를 물어본다. 만일 나간다면 다음 임차인이 들어오는 날짜에 잔금을 준다고 매도인과 이야기한다. 보통 이런 내용은 공인중개사를 통해 전달한다. 혹시 있는 분쟁을 막기 위해 특약사항에 넣기도 한다. 시장이 매도인 우위 시기에는(파는 사람이 더 유리한 부동산 시장의 상승기) 이런 제안이 잘 받아들여지지 않을 수 있다. 잔금 시기를 계약한 이후 2~3개월 정도로 넉넉하게 잡는 것이 좋다.

임차인을 구하기 위해서는 여러 공인중개사에 내놓고 적극적으로 홍보한다. 대부분 계획한 기간 내에 임차인을 구하지만 혹시 모를 상황에 대비해 단기로 빌릴 수 있는 대출도 알아놓는다. 항상 최악의 시나리오인 공실까지 생각하고 투자해야 한다.

Q 전세를 끼고 투자했는데 시장이 하락한다면 어떤 방어 전략이 있는가?

A 투자한 지역에 공급이 많거나 예정되면 역전세난을 겪을 수 있다. 그러므로 투자하기 전에 입주 물량이 많거나 예정된 지역은 신중하게 고민해야 한다. 갭(매매 가격—전세 가격)이 작다고 무조건 들어갔다가는 후회할 수 있다.

최고가로 전세를 맞춰서 실제 투자금을 줄였는데 그 사이 전세 가격이 떨어지는 바람에 전세 계약을 갱신할 때 오히려 내줘야 하는 상황이 닥칠 수 있다. 갑작스런 임차인의 전근으로 인해 계약 기간이 채워지지 않은 상황에서 나가야 했는데 그 사이 전세 가격이 떨어지는 바람에 새로운 임차인을 구하면서 부족한 전세금은 우리 돈으로 준 적이 있다. 그러므로 투자자라면 현금은 어느 정도 항상 갖고 있어야 한다.

공급 물량이 많아 전세 가격이 떨어질 것으로 예상되면 임차인과 협의해서 3년이나 4년 조건으로 계약하는 것도 방법이다.

Q 집을 많이 사면 세금이 엄청 많이 나오지 않나?

A 우리 부부도 1채에서 2채 샀을 때, 2채에서 3채 샀을 때 그런 의문을 많이 가졌다. 그럴 때마다 투자 고수들의 공통적인 조언은 생각보다 세금이 많지 않다는 것이다. 우리 부부도 지금은 그렇게 생각한다.

부동산에는 취득할 때 내는 세금(취득세), 보유하면서 내는 세금(재산세, 종합부동산세, 종합소득세), 팔 때 내는 세금(양도소득세) 등이 있다. 예금, 적금이나 펀드, 주식보다 세금이 다양하고 많지만 엄청난 수준은 아니다. 6월 1일 기준으로 6,000만 원 이하의 지방 소형 아파트 2채를 가졌던 2013년 때 낸 재산세는 96,970원이었다. 그리고 2016년 소형 아파트 여러 채 보유했을 때 낸 재산세는 몇 백만 원밖에 되지 않았다. 종합부동산세는 100만 원도 되지 않았다. 물론 한 번에 내야 할 돈으로 커 보이지만 수익의 일부분이라고 보면 된다. 수익을 내서 정당하게 세금을 내는 것은 당연하다. 그 대신 합법적으로 절세할 수 있는 방안을 최대한 활용해서 수익을 극대화하는 방향으로 가야 한다.

8·2 부동산 대책으로 다주택자가 종전보다 세금을 더 많이 내게 되었다. 그러나 겁먹고 투자하지 않는 것보다는 장기적으로 꾸준한 수익을 내면서 사회적 책임까지 진다는 자세로 정책에 순응하는 것이 현명하다고 생각한다. 정책을 거스르기보다는 순응하면서 합리적인 대안을 강구하자.

Q 월세 세팅을 하면 앞으로 벌고 뒤로는 손해 보는 게 아닌가?

A 사실 월세의 경우 대출 이자, 수리비, 장기수선충당금, 재산세 등 낼 것이 많다. 다 합치면 1~2년 월세가 들어갈 때도 있다. 그렇지만 매달 몇 십만 원의 부수입에 만족한다면 월세 투자도 괜찮다. 꾸준히 오랫동안 월세 받는 것을 1차 목표로 삼고, 시세 차익은 덤으로 생각하면 된다.

일반적으로 월세 수익률이 좋은 물건은 시세 상승에 제한적이며 시장 상승기에는 전세 투자보다 수익이 작아서 실망할 수도 있다. 하지만 하락기에는 매월 정기적으로 들어오는 월세 때문에 큰 힘이 된다는 장점이 있다. 단, 요즘에는 대출이 3년 또는 5년 거치식(이자만 3년 또는 5년 동안 내고 그 다음 해부터 원금 또는 원리금 균등으로 내는 방식)이 많이 사라졌기 때문에 이 부분을 사전에 확인한다.

Q 대출이 많은데도 월세 임차인이 들어오나?

A 우리 부부는 실제 들어가는 투자금을 줄이기 위해 대출은 최대

7장 부동산이 부동산을 사다

한도까지 받는다. 그러나 대출 때문에 임차인을 못 들인 적은 이제까지 한 번도 없었다. 주택임대차 보호법상 최우선변제라는 제도가 있어서 경매로 넘어가도 해당 보증금까지는 돌려받을 수 있기 때문이다. 그러므로 월세를 받는 아파트의 경우에는 보증금을 최우선변제 금액보다 낮게 정한다.

Q 부동산을 많이 보유하고 있는데 투자와 투기 사이의 갈등은 어떻게 극복했나?

A 개인 임대사업자로 아파트를 여러 채 갖고 있으면 투기로 보는 시선이 많다. 우리 부부도 투자하기 전에는 그렇게 생각했고 아파트 수를 늘리면서 그런 고민을 했다. 행복한 부자를 꿈꾸며 투자를 시작했는데 과연 이렇게 수를 늘리는 것이 맞는지, 투기로 변질된 건 아닌지 말이다. 그러나 집주인에 대해 흔히 생각하는 '갑질 집주인'이 아닌 '선한 임대인'이 되는 것을 목표로 했기 때문에 계속 채 수를 늘리며 투자할 수 있었다.

우리는 임차인에게 리모델링된 좋은 물건을 좋은 서비스로 제공하는 사람이라고 생각하면서 관리하고 있다. 또한 각종 세금을 내는 것도 애국이라고 생각한다.

투자와 투기는 한 끗 차이인 것 같다. 마음의 욕심을 다스리지 못하면 돈에 눈이 멀어 확실하지 않은 물건에 휩쓸리듯 사려고 한다. 그러므로 맞벌이 부부라면 서로 의견을 나누고 합의가 되었을 때 투자하는 것이 좋다.

Q 앞으로 투자 계획은?

A 그동안 늘린 채 수를 조금씩 줄여서 향후 10년 이내에는 똘똘한 아파트[부동산 투자 전문가인 빠숑 님이 강조한 KBF(Key Buying Factor), 즉 교통, 학군, 상권, 자연환경 등이 좋은 아파트]를 중심으로 임대사업을 하고 싶다.

지금까지 여윳돈이 많지 않아서 소형 아파트에 꾸준히 투자했다. 농사를 짓는 마음으로 대출이나 전세를 끼고 집 나무를 심었는데 이제 매도까지 잘 실행하고 싶다. 그리고 경매를 배워서 일반 매물 투자, 급매물 투자와 더불어 한 가지 무기를 더 갖고 싶다. 가늘고 길게 살아남는 투자자가 되기 위해 열심히 공부하고 오늘도 현장으로 나갈 것이다.

Q 임대사업을 생각하는 사람들에게 꼭 해주고 싶은 말은?

A 지금까지 경험하면서 느낀 점이 몇 가지 있다. 지금도 시행착오를 겪고 배우고 있는 단계지만 시작하는 예비 투자자가 알았으면 하는 부분이다.

첫째, 사는 것보다 파는 것이 더 중요하다. 주식에 '사는 것은 기술, 파는 것은 예술'이라는 말이 있듯이 부동산에서도 마찬가지다. 마음만 먹으면 1년에 10채, 20채를 살 수 있다. 그러나 팔 때는 다르다. 1년에 10채, 20채를 팔기가 매우 힘들고 매매 사업자로 간주되어 세금이 더 많아진다. 그래서 팔 때는 살 때보다 전략이 더 필요하다.

가격이 싸다고 가치가 별로 없는 매물을 사서 채 수만 늘리지 말고 팔 때를 고려해 좋은 물건이 싸게 나왔을 때 사야 한다. 처음 투자할 때 우리 부부의 목표가 '몇 채 가지기'였는데 되돌아보니 중요한 것이 아니었다. 똘똘한 1채를 갖는 것이 오히려 큰 수익을 가져올 수 있다.

둘째, 살 때 동시에 팔 계획을 세운다. 계획하는 것과 그렇지 않은 것은 다르다. 등기 후에 바로 팔지, 2년 후에 팔지, 10년 후에 팔지 등 계획을 세워놓고 그 시기가 다가오면 시장에 맞게 결정해야 한다.

셋째, 해결하지 못할 문제는 없다. 일어나지 않은 문제를 미리 생각하고 겁을 먹지 않는다. 문제는 해결하면 된다는 담대한 마음을 가졌으면 좋겠다. 임대사업의 가장 큰 위험은 공실인데 이때도 감당할 수 있다고 생각해야 한다.

임차인이나 매도인과 대부분 돈과 관련하여 분쟁이 일어나는데 '나는 절대로 손해를 보지 않겠다'는 자세보다 유연하게 대처하는 것이 해결에 유리하다. 내가 약간 손해를 보고 해준 것이 나중에 더 좋게 돌아오는 경험을 여러 번 했다.

넷째, 임대사업 물건으로 등록할 계획이라면 해당 지역과 주변의 향후 입주 물량을 꼭 파악해야 한다. 물량이 많이 공급되면 당연히 임대 가격이 하락하고 팔려고 할 때 제 가격을 받기 힘들다.

'좋았다면 경험이고 나빴다면 배움이다'라는 말처럼 지금의 모든 경험이 배움이다. 고수가 될 때까지 같이 노력했으면 한다. 임대사업을 생각하고 준비하는 모든 투자자가 성공하길 진심으로 바란다.

에필로그

남편의 에필로그

어릴 때부터 글쓰기를 좋아했다. 책을 사랑했다. 부모님께서는 도서관에서 책 보는 습관을 기르게 해주셨다.

초등학교 시절에는 학교가 끝나면 학교 옆 오솔길을 따라서 공공 도서관에 갔다. 저학년 때에는 오전 수업을 마친 다음, 곧장 가서는 어두워질 무렵에 집으로 향했다.

닥치는 대로 책을 읽었다. 그 당시 어린이 대상의 명랑소설을 보며 키득키득 웃기도 했고 《어린 왕자》의 내용을 만화로 그린 책을 보면서 상상의 나래를 펼쳤다. 책에 푹 빠져서 밥도 잊을 정도였다. 초·중학교 시절에는 백일장에서 상을 받기도 했다. 고등학교 2학년 때는 미친 척하고 소설을 쓰기도 했다. 3개월 동안 산악 등반 관련 소설, 연애 소설을 썼다. 문학 소년을 꿈꾸던 내 생애 가장 뜨거웠던 시절로 기억된다. 언어영역 문제집을 3년 내내 거의 보지 않고도 수학능력시험 언어영역에서 만점에 가까운 점수를 받았다. 아마 독서의 영향인 것 같았다.

어쩌다 보니 법대를 가고 또 어쩌다 보니 평범한 직장인이 되어 지금까지 살아왔다. 그러면서 좀 더 관심을 가졌던 분야가 바로 기부, 기증, 후원 활동이다. 우리 부부가 부동산 투자를 통해 이루고자 하는 목표 중의 하나이기도 하다. 투자를 하면서 수익도 얻고 나누는 기쁨도 같이 느끼고 싶었다.

대학생일 때 우연히 영아원 봉사 활동을 시작한 이후로 봉사 활동 관련 온라인 카페까지 만들어서 영아원 봉사 활동을 꾸준히 다녔다. 처음으로 소풍을 간 적이 있었는데 5살 난 여자아이를 맡게 되었다. 내성적인 성격에 낯을 가리던 아이였다. 조금씩 친해졌고 소풍 후반이 돼서는 안기곤 했다. 멀미가 났는지 내 옷에 토를 하기도 했다. 그날 이후부터 '딸'이라고 부르면서 틈나는 대로 방문해 같이 놀아줬다.

영아원을 갈 때는 절대 늘어나는 옷을 입으면 안 된다. 멋모르고 니트를 입고 갔다가 예닐곱 명의 아이들이 안아달라고 달려드는 바람에 다 늘어났다. 한편으로 마음이 짠했다. 사랑이 고픈 아이들이라는 생각에 말이다.

사회생활을 하면서 자연스레 방문이 힘들어졌는데 아이들에 대한 관심이 그 사이에 미혼모로 옮겨갔다. 특히 아직 세상 살아갈 준비가 서투른 10~20대 초반 나이 어린 미혼모들이 어디 가서도 환영받지 못하는 현실이 안타까웠다. 지금까지 10년 넘게 미혼모 돕기 측에 후원을 하고 있다.

헌혈은 대학교 시절부터 꾸준히 해왔다. 골수 기증을 신청했는데 5년 만에 연락이 와서 기증을 했다. 우연히 몇 년 뒤에 서로 알게 되어 지금은 '형님', '동생' 하며 관계를 잘 유지해오고 있다.

결혼하면서 아내와 결심했던 것 중 하나가 '돌잔치 대신에 뭔가 뜻 깊은 일을 해보자'였다. 고심하다가 아이 돌에 맞춰 서울대학교 어린이병원에 후원을 했다. 어려운 형편에 있는 소아병동 아이들의 진료비에 보탬이 되었으면 하는 바람이었다. 앞으로도 기회가 된다면 꾸준히 봉사 활동과 후원을 하고 싶다.

부동산 투자를 하면서 꿈꾸고 있는 후원 활동은 소년 소녀 가장을 위한 무료 주거 제공이다. 우리 부부가 집을 제공하여 소년 소녀 가장이 자립해서 클 수 있을 때까지 도움을 주자는 것이다. 이외에 필요한 후원은 주변 투자자와 함께 뜻을 모아 해볼 계획이다(우선 부동산을 좀 더 사들여야 할 것 같은 생각이…).

먼 훗날 사회적 기업의 운영에 참여하고 싶은 생각도 있다. 투자가 사회에 환원되는 선순환 활동에 조금이라도 보탬이 되고 싶은 바람이다. 이 책을 읽는 여러분도 자연스레 기부에 동참하고 있다는 사실을 알아줬으면 한다. 인세 중 일부는 서울대학교 어린이병원 등에 후원할 계획이다. 이렇게 부득이 밝히는 이유는 여러분에게도 알리면 흔들리지 않고 그 약속을 지킬 수 있을 것이라는 생각이 들어서다.

본론으로 돌아와서 사실 나중에 50대가 되면 나만의 경험을 바탕으로 소설을 쓰고 풍경이 아름다운 곳에 멋진 카페를 운영하며 문학 모임을 만들 계획으로 살아왔다. 그러다 갑자기 30대에 부동산 투자를 시작하고 예정에도 없던 부동산 책을 쓰게 되었다. 맞벌이 투자자로 간간히 글을 올리던 아내의 블로그를 보고 출판사에서 연락이 왔고 우리 부부도 좋은 기회라는 생각에 고민하다가 집필을 시작했다. 블로그 등에 쓴 글도 있고 강의 자료도 이미 있으니 처음에는 만만하게 봤다. 하지만 결코 쉬운 일이 아니라는 것을 깨달았다. 퀀트린 님의 '영혼 탈탈 털려서 탈고'라는 표현이 참 와 닿았다.

'부동산 투자와 앞으로의 불확실한 미래에 대해 고민하고 있을 누군가에게 도움이 되어 보자'라는 소박한 심정으로 썼다. 독자 여러분도 살벌한 부동산 시장에 좀 더 친근하게 다가갔으면 한다. 막연한 두려움보다는 시장 상황에 유연하게 대처할 줄 아는 투자자가 오래 남는다.

지금껏 대박 나는 투자가 아닌 가늘고 길게 가는 투자를 꿈꿨다. 남들이 몇 천, 몇 억 벌었다는 얘기를 들으면 당연히 우리도 사람인지라 배가 아프고 자괴감이 들었다. 그래도 좌절하지 않고 할 수 있다는 각오로 욕심부리지 않는 투자를 위해 노력했다. 앞으로도 그럴 것이다. 여러분이 이 책을 다 읽을 때쯤이면 목표를 세우면서 나도 할 수 있다는 자신감을 가질 것이다.

아무쪼록 우리 부부의 이야기를 참고해서 더 멋지고 성공한 독자 여러분들만의 멋진 투자 이야기가 앞으로 널리 퍼지기를, 그래서 부의 추월차선을 타고 경제적 독립을 이루기를 간절히 소망한다.

사람은 늘 후회하며 산다. 재테크에서도 마찬가지다. '그때 살걸', '그때 사지 말걸', '그때 팔걸', '그때 팔지 말걸'이라면서 말이다.

이 책을 다 읽고 난 후 어떤 생각을 하는가? '당장이라도 조그마한 아파트를 1~2채 사볼 거야'라고 마음먹었다면 바로 독자 여러분의 물건을 찾기 위해 노력하길 바란다.

보통 책을 읽고 의지가 활활 타오르다가도 시간이 흐르면 흐지부지해지기 때문에 다짐을 한순간에 바로 행동으로 옮겨야 한다. 너무 많이 생각하는 것보다 때로는 단순하고 과감해질 필요가 있다. 가장 잘 아는 지역으로 가도 되고 유명 투자 고수가 추천해주는 지역으로 가도 된다. 단, 모든 투자의 책임은 본인이 져야 하므로 경제적으로나 심리적으로 감당할 수 있다는 확신이 들 때 투자해야 한다. 확신이 안 든다면 부동산 책과 강의를 통해 좀 더 공부하자.

투자를 통해 얻고 배우는 지식과 경험은 여러분 인생의 밑거름이 될 것이다. 배움이 쌓이고 쌓여 3년, 5년, 10년, 20년 후에 어떤 열매를 맺을지 그림 그리듯 꿈꿔보자. 간절히 도전하면서 절실하게 노력하면 어느 순간 꿈꿔왔던 모습에 가까워져 있을 것이다. 나도 아직은 다 이룬 것이 아니라 그 꿈의 길을 가고 있는 중이다.

부동산 투자는 쉽지 않은 길이다. 때로는 가장 가까운 사람들에게 부정적인 말을 듣기도 한다. 포기하고 싶은 순간도 간혹 찾아온다. 그러나 우직하게, 그리고 깊이 가다 보면 어느 순간 돈에서 자유로운 날이 올 것이다. 나는 그 날을 꿈꾼다.

내가 가장 좋아하는 시인 '가지 않은 길(The Road Not Taken)'의 마지막 부분을 내 스타일로 바꾼 글로 마무리하려고 한다. 이 글을 읽는 모든 독자 여러분이 후회하지 않는 길을 선택하길 바란다. 건 승을 빈다!

나는 이 이야기를 먼 훗날 모든 곳에서

기쁨에 넘친 채 말하게 되리라.

내 인생에 두 갈래의 길이 있었고,

결국 사람들이 덜 다니는 길을 택했다고.

그 결과 지금의 좋은 결과가 있었노라고.

투자에 도움이 되는 정보 창고

추천 도서(가나다 순)

- 《나는 마트 대신 부동산에 간다》(김유라 지음 | 한국경제신문)
- 《나는 부동산으로 아이 학비 번다》(이주현 지음 | 알키)
- 《나는 상가에서 월급 받는다》(서울휘 지음 | 베리북)
- 《나는 집 대신 상가에 투자한다》(김종율 지음 | 베리북)
- 《노후를 위해 집을 이용하라》(백원기 지음 | 알키)
- 《뉴스테이 시대, 사야 할 집 팔아야 할 집》(채상욱 지음 | 헤리티지)
- 《당신에겐 집이 필요하다》(렘군 지음 | 베리북)
- 《대한민국 부동산 투자》(김학렬 지음 | 알에이치코리아)
- 《돈 걱정 없는 노후 30년》(고득성 외 지음 | 다산북스)
- 《돈 되는 재건축 재개발》(이정열 지음 | 잇콘)
- 《돈 버는 부동산에는 공식이 있다》(민경남 지음 | 예문)
- 《돈이 없을수록 서울의 아파트를 사라》(김민규 지음 | 위즈덤하우스)
- 《부동산의 보이지 않는 진실》(이재범 외 지음 | 프레너미)
- 《부동산 투자 100문 100답》(박정수 지음 | 평단문화사)
- 《부동산 투자의 정석》(김원철 지음 | 알키)
- 《부의 추월차선》(엠제이 드마코 지음 | 신소영 옮김 | 토트출판사)
- 《부자들만 알고 있는 수도권 알짜 부동산 답사기》(김학렬 지음 | 지혜로)
- 《부자의 지도》(김학렬 지음 | 베리북)
- 《송사무장의 부동산 공매의 기술》(송희창 지음 | 지혜로)
- 《쏘쿨의 수도권 꼬마 아파트 천기누설》(쏘쿨 지음 | 국일증권경제연구소)
- 《월급으로 당신의 부동산을 가져라》(시루 지음 | 다온북스)
- 《월세의 여왕》(성선화 지음 | 리더스북)
- 《투에이스의 부동산 절세의 기술》(김동우 지음 | 지혜로)
- 《후천적 부자》(이재범 지음 | 프레너미)
- 《흔들리지 마라 집 살 기회 온다》(김학렬 지음 | 북아이콘)

부동산 및 금융 정보 관련 사이트(가나다 순)

- KB부동산 _ nland.kbstar.com
- 경기도 부동산포털 _ gris.gg.go.kr
- 국토교통부 _ www.molit.go.kr
- 국토교통부 실거래가 공개 시스템 _ rt.molit.go.kr
- 네이버 부동산 _ land.naver.com
- 닥터아파트 _ www.drapt.com
- 대법원 인터넷등기소 _ www.iros.go.kr
- 모네타 _ www.moneta.co.kr
- 법원경매정보 _ www.courtauction.go.kr
- 부동산114 _ www.r114.com
- 부동산뱅크 _ www.neonet.co.kr
- 부동산써브 _ www.serve.co.kr
- 서울부동산정보광장 _ land.seoul.go.kr
- 온나라부동산정보 _ www.onnara.go.kr
- 온비드 _ www.onbid.co.kr
- 인천시 지도 포털 _ imap.incheon.go.kr
- 전국은행연합회 _ www.kfb.or.kr
- 전월세지원센터 _ jeonse.lh.or.kr
- 조인스랜드 부동산 _ joinsland.joins.com
- 주택산업연구원 _ www.khi.re.kr
- 통계청 _ www.kostat.go.kr
- 하우스인포 _ www.houseinfo.co.kr
- 한국감정원 부동산 통계 정보 _ www.r-one.co.kr
- 한국감정원 부동산테크 _ www.ret.co.kr
- 한국개발연구원 _ www.kdi.re.kr
- 한국부동산개발협회 _ www.koda.or.kr
- 행정자치부 _ www.moi.go.kr

온라인 블로그(가나다 순)

- Dreamer _ blog.naver.com/coldreaver
- IGO 빡시다 _ blog.naver.com/stealheart99
- 겸손의 재테크 썰전 _ blog.naver.com/humility11
- 골목대장의 부동산 관견 _ blog.naver.com/ssaurajin7
- 김 반장의 이중생활 _ blog.naver.com/poderosa3
- 김 사부의 맘 편하고 우수한 투자 _ blog.naver.com/levelup4
- 난룡의 부동산 투자의 정석 _blog.naver.com/whrbaof1
- 남호 이성주의 부동산 여행 _ blog.naver.com/s2luck
- 마일리지맨의 부동산 힐링 _ blog.naver.com/sangsin0726
- 몽몽이와 부동산 투자하기 _ usmydk.com
- 바람의 색상 _ blog.naver.com/be1stwind
- 바를 공 반운 _ fogperson.blog.me
- 복부인 김유라의 선한 부자 프로젝트 _ blog.naver.com/ds3lkl
- 부동산 영토확장 _ blog.naver.com/sinms77
- 부동산 캐스터 장삿갓 _ blog.naver.com/soheejang82
- 빠쏭의 세상 답사기 _ blog.naver.com/ppassong
- 사월의 현명한 투자자의 길 _ blog.naver.com/justfre
- 서울휘의 상가 투자 네비게이션 _ www.seoulwhi.com
- 서인 부동산 투자 _ blog.naver.com/tjdls
- 시간으로부터의 자유(유나바머) _ blog.naver.com/calmwaves
- 시네케라(부동산 펀드 매니저의 부동산 투자 이야기) _ blog.naver.com/skmkn81
- 시루 부동산 _ blog.naver.com/siru13118
- 심정섭의 학군과 교육 _ blog.naver.com/jonathanshim
- 쏘쟁이의 소형 아파트 투자 _ blog.naver.com/zenwolf
- 쏘쿨의 서울, 수도권 꼬마아파트 내 집 마련 여행 _ blog.naver.com/socool222
- 아기 곰의 부동산 산책 _ blog.naver.com/a-cute-bear
- 아놀드 근육 _ blog.naver.com/tchoi09
- 아시나무 인테리어 _ blog.naver.com/manye30
- 아임 해피의 '투자의 추월차선' _ blog.naver.com/iammentor

- 앨리스 허의 행복 내비게이션 _ blog.naver.com/alicehuh2k
- 열정이 넘쳐2 _ blog.naver.com/jyleenew
- 옥탑방 보보스의 투자 이야기 _ blog.naver.com/zong6262
- 월급쟁이 렘군의 부동산 개척기 with 빅데이터 zip4 _ biboi99.blog.me
- 월천의 독한 재테크, 역전 경매 _ blog.naver.com/strongtech
- 월천 재테크 학군과 부동산 _ blog.naver.com/iampicky
- 유비 _ blog.naver.com/from28ksy
- 일풍의 세상 살아가기 _ hahajo01.blog.me/
- 직장인의 후천적 부자되기 _ blog.naver.com/saup01
- 청울림의 투자 behind _ blog.naver.com/iles1026
- 친절한 제네시스박의 '부동산과 세금' _ blog.naver.com/genesis421
- 퀴트린 _ blog.naver.com/hwaspc22
- 큐에미 _ blog.naver.com/gostma0
- 타이거준의 두번째 스무살(부동산 투자) _ blog.sizz.net
- 투에이스의 절세 이야기 _ blog.naver.com/tbank
- 플레이야데스 _ mygnom.com
- 핌비의 부동산 큐레이션 _ gogorealty.blog.me
- 핑크팬더 _ blog.naver.com/ljb1202
- 해안선의 투자 스토리 _ blog.naver.com/sungwoo9111
- 호빵의 부동산 투자 _ club_dubu.blog.me

온라인 모임(가나다 순)

- 경제적 자유를 꿈꾸는 사람들 _ cafe.naver.com/goldentree2nd
- 발품(골목대장) _ cafe.naver.com/fieldlearning
- 부의 디스커버리 _ cafe.naver.com/biboi99
- 부동산 클라우드 _ cafe.naver.com/landcloud
- 붕옹산의 부동산스터디 _ cafe.naver.com/jaegebal
- 선한 부동산 투자자 모임 _ band.us/band/56587842
- 슈퍼맨 세무사 _ cafe.naver.com/maplefreebug
- 아포유(아파트 포 유) _ cafe.naver.com/aptforu
- 열정이 넘치는 투자 모임 _ cafe.naver.com/passionate
- 우리 부자 재테크 _ cafe.naver.com/ulsanbuza
- 월천 재테크 학군과 부동산 _ cafe.naver.com/1000tech
- 젊은 부자 마을 _ cafe.naver.com/yubitown
- 종로경매학원 _ jongno1st.com
- 착한 서민들을 위한 부동산투자 정보 나눔터 _ cafe.naver.com/pusancowboy

빨리 가려면 혼자 가고

멀리 가려면 함께 가자.

힘들어도 버티면서 꾸준히 가자.

아무리 막히더라도

또 다시 길은 열린다.

맞벌이 부부의 돈 버는 부동산 투자

2017년 8월 28일 초판 1쇄 발행
2017년 9월 13일 초판 2쇄 발행

지은이 | 보리나무, 아이리쉬
펴낸이 | 이준원
펴낸곳 | (주)황금부엉이

주소 | 서울시 마포구 양화로 127 (서교동) 첨단빌딩 5층
전화 | 02-338-9151
팩스 | 02-338-9155
인터넷 홈페이지 | www.goldenowl.co.kr
출판등록 | 2002년 10월 30일 제10-2494호

본부장 | 홍종훈
편집 | 전용준, 홍종훈
디자인 | agentcat
전략마케팅 | 구본철, 차정욱, 나진호, 이동후, 강호묵
제작 | 김유석

ISBN 978-89-6030-490-1 13320

황금부엉이에서 출간하고 싶은 원고가 있으신가요? 생각해보신 책의 제목(가제), 내용에 대한 소개, 간단한 자기소개, 연락처를 book@goldenowl.co.kr 메일로 보내주세요. 집필하신 원고가 있다면 원고의 일부 또는 전체를 함께 보내주시면 더욱 좋습니다. 책의 집필이 아닌 기획안을 제안해주셔도 좋습니다. 보내주신 분이 저 자신이라는 마음으로 정성을 다해 검토하겠습니다.